EDUCATIONAL MANAGEMENT
ADMINISTRATION & LEADERSHIP

教育管理与领导

（第2卷）褚宏启◎主编

教育科学出版社
·北京·

卷首语

站在教育管理研究的国际前沿

褚宏启

20世纪末以来，大量西方教育管理著作被翻译引进到我国，促进了中西在教育管理领域的学术交流与合作，从整体上改善了我国教育管理的知识状况，功不可没。但著作的内容相对稳定，不能及时反映最新研究成果，与研究前沿尚有一定距离，具有不可避免的滞后性。因此，要跟踪世界教育管理研究的前沿成果、了解世界最新的教育管理改革进展，仅翻译著作是远远不够的。必须翻译能及时反映最新研究成果的、在国际上享有学术盛誉的学术期刊。

这就是我们选择翻译英国学术期刊《教育管理与领导》（*Educational Management Administration & Leadership*）的初衷。

《教育管理与领导》已有30多年的历史，原名《教育管理》（*Educational Management & Administration*），在教育领导研究如火如荼的背景下，于近年更名为《教育管理与领导》。

《教育管理与领导》因其权威性、原创性、国际性在世界教育管理研究领域享有崇高声誉。

《教育管理与领导》与美国的《教育管理季刊》（*Educational Administration Quarterly*）并列为国际上最具权威性的两种教育管理学术期刊。《教育管理与领导》由英国著名教育管理学家托尼·布什（Tony Bush）教授任主编，并与英国教育领导与管理学会（British Educational Leadership, Management & Administration Society）有密切合作关系，这些进一步强化了其权威性和学术性。我国教育管理学术界对于托尼·布什教授并不陌生，早在1998年，他的著作《当代西方教育管理模式》

就被译成中文，在中国颇有影响，近年他还与中国学者合作研究中国的教育管理问题，并有相关论文发表。

《教育管理与领导》发表最新、最前沿的原创性研究成果，运用最新的研究方法，研究当今世界最应该被关注的问题，内容涉及教育管理、教育行政、教育领导和教育政策等诸多方面，既关注基础教育的管理，也涉及继续教育和高等教育的管理；既关注学校层面、区域层面、国家层面的教育管理，也涉及国际层面的教育管理比较研究。

《教育管理与领导》是一个国际性的教育管理学术交流平台，该刊虽然是英国的一个学术期刊，但其作者来自世界各地，既关注发达国家的教育管理，也关注发展中国家的教育管理，在地域上具有很好的国际代表性，是比较借鉴各国教育管理理论成果和实践经验的国际化平台。该刊的国际编委会现有21名成员，来自于13个国家，皆为各国教育管理研究的精英人物，这为该刊保持其国际性追求提供了强有力的组织保障。

翻译出版《教育管理与领导》对于及时借鉴世界最新教育管理研究成果、提升我国教育管理研究水平，具有战略意义。研究方法不规范是制约我国教育管理研究水平的主要瓶颈，也是限制我国教育管理研究与国际学术界对话的主要障碍。《教育管理与领导》所发表的文章，都经过国际同行的严格评审，研究方法规范严谨，对解决我国教育管理研究所遭遇的瓶颈问题具有直接的示范作用。

翻译出版《教育管理与领导》对于及时吸收世界最新教育管理实践经验、提升我国教育管理实践水准，具有重要价值。该刊所发表的文章包含丰富的各国教育管理改革与创新的信息，为分析、评价我国的教育管理改革提供了一个国际化的、多元化的视角，为改进我国的教育管理实践提供了丰富的学术资源。

《教育管理与领导》的英文版是季刊，每年出版4期。与英文版不同，中文版的《教育管理与领导》是年刊，每年出版一卷，本卷是从2006年英文版《教育管理与领导》中精选出15篇翻译而来。

为保证选稿和翻译质量，我们成立了一个编委会，负责确定篇目和组织翻译，从选稿、翻译、校订各个环节予以严格把关。

在选择篇目方面，主要关注基础教育管理领域，并根据我国国情作必要取舍，力求内容丰富实在，方法新颖独到，对我们确有借鉴价值，能对我国的教育管理研究和实践产生积极影响。

为保持今后不同作者、不同时期翻译工作的连续性和一致性，编委会在《教育管理与领导（第一卷)》的基础上对《中英教育管理词汇对照表》进行了修订和补充，并在今后的翻译实践中不断完善。

中文版《教育管理与领导》是为提升我国教育管理研究水平而搭建的一个重要的学术平台，希望更多的人从中受益，也希望更多的人为译刊的高质量翻译和出版建言献策。

目　　录

CONTENTS

包容性、多元化与领导

——相关视角、可能性与反对意见

伊丽莎白·利奥（Elizabeth Leo），莱恩·巴顿（Len Barton）

王珏 译

摘要

通过对一所大型城市中学的纵向个案研究，本文考察了致力于拥有包容性特征的学校高层领导。其分析的重点是学校高层领导在以下问题上所起的作用：在这所学校里，包容性是如何被概念化并付诸实践的，尤其是教师的理解与行动；学校招生中的多元化问题；教师的动机以及教育成果。本研究用事实说明了，在教育的标准化程序支配下和相应的短期成绩目标的压力下，学校高层领导是如何协调处理对包容性和多元化价值的承诺以及贫困学生的学业不良问题。本研究对有争议的包容性和多元化观念是如何被领导概念化和操作化的，也进行了深入分析。并简要讨论了不同领导理论之间的区分，例如道德领导、课程领导、分布式领导和其他一些有可能掩盖领导本质多面性的领导理论。

关键词： 多元化　包容性　领导　动机　家长选择

导言

本文研究的是学校的高层领导，特别是正为包容性而努力的某一特定学校的领导。我们选择了一所大型的城市中学作纵向个案研究，比起那些仅仅收纳特殊类型的学生或以体验特殊教育需求为宗旨的学校来说，这所学校的包容性更大，它为当地3个最贫穷地区服务，这些区的综合贫困指数位列英国前3名。

不用说，这是一所全纳学校。然而，我们需要质询的是学校高层领导在以下问题上的实际作用：包容性在这所学校被概念化与被实践的方式，尤其是教师们的理解与行动；学校招生中的多元化；教师的动机和教育成效。这可以使我们进一步了解到，在教育的标准化程序支配下和相应的短期成就目标的压力下，学校高层领导如何协调以下问题：一方面是对包容性和多元化价值的承诺，另一方面是解决学生贫困和学业不良问题。本研究对有争议的包容性和多元化观念是如何被领导概念化和操作化的问题也提出了重要见解。本文特别提出几个关键性问题，希望能引起进一步的研究与探讨。

包容性的背景

本研究中的学校高层领导推崇社会包容性价值观，为了充分理解他们在工作中面临的紧张和焦虑，我们首先说明该校所处的相关政策背景。这样，我们可以很清楚地说明包容性与多元化的概念，并从中审视出领导本质的复杂性与多面性。

与教育相关的政策往往是瞬间即变，而且政策之间经常相互矛盾，然而这些政策却常常对学校的经验和实践产生持续的影响。教育政策通常以复杂方式反映社会，教育的计划及其实施系统根据学校的改变而定，而就改变程度来说，又要求学校能够满足不断变化的政策指令与干预的需要（Lynch and Lodge，2002）。其中个别学校被置于一种重要的计划等级体系之中，不平等的社会经济地理因素减缓或加剧着这种行为，从管理、资金、目的和功能等方面来说，教育系统的各个层次均受到了不同程度的市场化和全球化的影响。虽然每个国家的历史、文化、社会、经济和政策背景不同，但教育可能在一个国家乃至整个国际领域发生变化，这些变化将对我们原来所理解和经历的教育内容与形式产生影响（Lawton，2005；Poppleton and Williamson，2004）。

推动教育变化的主要力量是在教育决策中引入了市场导向观念。支持这种变化，并使其合理化的一系列言论包括：谴责地方当局过度的官僚主义政治；家长缺少选择学校的机会，而且与他们的选择有关的信息缺失；教育成就标准和学生学术能力标准下降；部分学校和教师缺乏责任意识；渐进式教学方法的负面效果；整个教育系统应追求更大的经济效益。在经济理性原则指导下的教育决策，其影响是广泛的，遍及计划与实施系统的各个层面（Mahony and Hextall，2000）。如此，教育领域涌进了一种源于商品经济理论的观点和论述，这对务实的工作者们思考、谈论和评价教育的方式产生了重大而深远的影响，而这种方式还将继续受到鼓励。上述这些观念带来的结果是，教育的主要目的受到竞争、成绩、成果、金钱价值等观念的影响（Sachs，2003；Whitty，2002）。

吉尔伯恩和尤德尔（Gillborn and Youdell，2002）考察了教育政策改革的实质及其对学校的影响。在分析教育政策议程中的关键因素时，他们认为目前存在这样一些固守的观念：

> ……可测量的英才“标准”，公布学校的“比赛名次”，加大对学校的监控力度，增强资源竞争力。(2000：1)

他们认为，各种择校方式的发展，新的监督方式的出现，提高考试数量与质量的压力，所有这些变化正加剧着学生在入学、教育经历、受教育年限等方面的不平等。他们的著作《量化教育》（*Rationing Education*）清楚地说明了学校在处理社会与教育不平等问题上的矛盾立场和作用。

教育政策制定中的不确定性和不断变化，使得教师面临的困难与挑战越来越多，并且充满矛盾。学校领导和教师们不得不在一些互相冲突的压力之间进行调节，比如促进经济再生、培养积极主动的公民、增进社会包容性等不同的期望。承担这些任务的教育环境是复杂的，并且受到许多方面的干扰。正是在这种背景下，我们来尝试理解学校领导为加大学校的包容性而作的努力。

概念化的领导

领导是一个充满诱惑、又令人难以捉摸的概念。不同的领导理论，有不同的领导概念，它们的不同又促进了对“什么是领导”和“怎么做领导”一类知识的长期探索。里士满和艾利森（Richmon and Allison，2003：31）认为，对领导问题不断给予的关注，使领导学研究中的诸多概念更加混乱。

为说服我们，他们举出了一组有关领导的相似注解：

> 领导，可能（已经）被理解为：一种行使影响力的过程，一种导致服从的方法，一种人格的测量，一种说服的形式，一种相互作用的结果，一种达成目标的工具，一种激励组织的手段，一种权利关系的谈判，一种举止行为方式。领导的概念特征，不同的理论有不同的阐释，这需要实践工作者在具体的组织背景中去决定到底哪种理论方法对领导工作更具适切性。（2003：34）

教育领域中，许多领导学研究的基础性概念来源于历史理论，然而却很少有人认识到这一点。例如，在变革型领导这个概念的分析中，如果失去历史的理论视角，那么社会等级关系就会被认为是一种结构的和政治的推动或阻碍因素。从关注领袖的共同特征的特质理论，到体现民主精英的领导行为的风格理论，再到最近反映领导行为与环境相互关系的权变理论，领导学已然成为了社会科学中一个引人注目的研究领域。

利益的矛盾和冲突支配着教育中的不同领导理论，引发了不同利益群体之间激烈的审查与竞争。学校领导和组织形式的新风尚往往被政府和其他代理机构所激发（DfES，2004；NCSL，2005）；比如，出现了以下三类领导理论：分布式、民主型领导和相关的合作领导、团队领导、网络领导的观念；教学领导；变革型领导和道德领导。

各种领导理论的提出，比如分布式领导理论，为创造民主学校提供了更多的可能性，有利于提高知识管理与知识迁移的效能和效率，有利于提供更多的自治机会，激发教师个人的创造力和对决策过程的参与性。简单地说，通过民主代理，领导一职变成了全体组织成员都可涉足的领域。对分布式领导理论的讨论表明：“分布式领导有三个思想基础：相信领导团队、需要在各个层次上分配领导、为未来创建领导人才库”（NCSL，2004）。

分布式领导理论的提出者没有对其进行概念分析，也没有在实践中检验该理论。他们认为这个概念是不容置疑的，它被直观地提出，是因为它简单实际、有成效，这种想法体现在下面的表述中：“分布式领导既不是一个新冒出来的想法，也不是一个难以理解的观念。它的基本含义是通过组织分配领导”（NCSL，2004）。值得注意的是：信众与救世主往往一条心。我们认为，在理论层面上，分布式领导方式可能比其他领导方式更具包容性，更能激发教师的动机；但是，目前只有有限的经验性证据支持这种理论假定。

哈克（Hacker，2005：249）对分布式领导理论进行了有力批评：“当参与意味着容纳，权威就被消解。”他的核心观点是，权威和影响力不可能分离，也不会被组织权力所忽视。假定每个人都想当领导或参与领导活动，也是很成问题的。许多有才华的教师就对当领导不感兴趣，认为是要他们承担额外的责任。相似地，教学领导理论认为领导的核心工作是促进教师专业发展，它假定领导最关注的是教师直接影响学生发展的行为（Leithwood et al.，1999：8）。显然，这样的领导具有更多的专业技术能力，而不仅仅是行政能力。

道德领导理论说的是目的观与人类行为，它阐明领导行为的道德目标。道德领导观与竞争、效率等市场价值观的相容程度，是颇有争议的（Dyck and Schroeder，2005）。韦伯（Weber，1958）号召商界领袖与其他从商者应清醒意识自己的道德准则，并致力于弱化市场价值理论及其在实践中的发展。

学校领导需要应对的问题有很多：政府主导的不同方面、多种资金渠道、劳动力重组、竞争等，如此复杂的政治舞台，有时会让他们觉得失去了凝聚力和方向感。例如，学校得到经费资助，往往建立在这样的前提上：某些儿童比其他儿童花费更多的教育费用，学校不需要解决这些儿童、他们的家长以及他们的社区所面临的诸多问题。所有这些因素不断增加着学校领导工作的复杂性与困难性。

领导，在其行动背景之外被概念化。因此，“领导是什么”这个问题应被重新表述为“为什么领导”，这样可以确保在任何一例领导研究中，背景都是被考虑的关键因素。

为包容而领导

在同一教育体制中质询有关多元化和包容性的领导概念，存在诸多问题。在很多国家，包容性已成为教育政策的一个中心话题；对政策制定者来说，是一个“全球性的议程”（Dyson，2000；Pijl et al.，1997）。但是，政治性的压力、对民主、学校改革和社会正义的不同理解，深深地影响了我们对多元化和包容性含义的理解与解释。例如，本杰明（Benjamin，2002：1）认为，“术语（多元化）表面上的一点进步已经变成了一种陈词滥调；它其实是21世纪支配与受支配关系的一种风格的再生产。”对此，她举例说，我们只在学生达不到最低“标准”时，才会想到“价值多元化”理念。

本研究聚焦于一所大型的城市中学，它为当地3个最贫穷的区服务，这些区的综合贫困指数位列英国前3名。该校的高层领导由一名校长、两名副校长和两名校长助理组成。在本研究中，领导概念来源于经验叙事，正如冈特（Gunter，2005：172）指出的那样，“通过叙事，过去的和现在的生活被建构与重构”。本研究搜集了该校6年来的一系列定性、定量资料，其中包括观察和访谈资料；对学生、教师、家长、地方主管、资助机构人员的大规模系统调查；大范围的学校文档（如政策文件、议事日程、各种类型会议的记录），还包括对学生能力、成绩和成就资料的全程分析。本文只针对与领导、多元化、包容性有关的问题进行初步探讨。

在“一种高期待的文化”里，该校高层领导尝试提出了一种包容性教育（全纳教育），这指的是教师们要追求教育“效率”与学生多元化之间的平衡，将全体学生的学习成果最大化，本研究考察这种背景下的学校高层领导，体会他们所经受的压力。这里提出了一个与包容性相关的复杂概念——效率。帕特南（Putnam，2004）把学校领导的上述努力描述成一种“对高成就、杰出、包容、结果分布公平的同时挑战”，其中最为重要的，是对学校包容性和减少成绩不平等的努力。在学校层面上，高层领导正试图确定这样一种理念：“教育政策和实践都应该把公平作为在各种层次上协同一致、有意识、深思熟虑的事情来处理”（Gillborn and Youdell，2000：222）。该校高层领导的工作体现着明确的社会包容性道德观，因此，道德领导是学校包容政策的一个必不可少的方面，道德领导理论也为本研究的经验资料提供了清晰的解释框架。但是，道德领导的核心是对教育标准化程序的必然挑战，所以本研究不能充分呈现出领导本质的多面性。

当我们研究这样一所追求包容的学校所面临的种种困难时，十分重要的是质询该校对包容性的确切理解，即在学校高层领导个人与集体两个层面上，分析他们是如何理解包容性的，不仅问他们“学校是否包容”，还要问他们“学校如何包容”。虽然，我们初步研究的是学校层次的领导，但我们认识到，讨论领导、多元化、包容性问题，不能脱离相关的教育制度结构，这需要更宽阔的解释体系。例如，本研究中的学校高层领导对包容性和多元化的界定和形成概念，是依托于这样一些政策背景的：家长有权选择学校，这是极为重要的；学校的经费有限，但学校欢迎来自最贫穷社区的学生（Johnson，2003a，2003b）。在本研究中，包容性概念与学校招生问题密切联系。在接下来的部分，我们将明确分析重点，进而限定资料范围。

实践中的领导

该校没有放弃过对多元化和包容性的承诺，它所取得的相关成就见表 1 和表 2。对比 1997 年和 2004 年的学生入学数，可以发现，该校接收的贫困学生越来越多（表 1）。学校中使用的语言种类已经从 49 种上升到了 57 种，难民身份的学生比例保持在 5%。另外，在同一时期对学生进行成绩测量，其中获得普通中等教育证书（GCSE）、达到 A－C 级别的人数从 14% 提高到了 40%（表 2）。

表1　学生入学情况（1997年9月—2004年9月）

1997年9月（总数：900人）	2004年9月（总数：1 150人）
45%的学生享受免费午餐	45%的学生享受免费午餐
46%的SEN	46%的SEN
49种语言	57种语言
32个学生声明有特殊教育需求	53个学生声明有特殊教育需求（23个有情绪和行为障碍，超过当地特殊学校）
30% EAL	52% EAL
5%的难民身份	5%的难民身份

该校在当地社区和家长心目中的声望提高了，这可以从表2所反映的一些数据中看出。例如，许多家长把这所学校列为他们的首选，2004年首选该校的家长数是1997年的7倍多（大约从50位增长到400位）；学校中11周岁学生人数从1997年的110人增加到2004年的210人；学校总人数已经超过了预期，六年级（最高年级）人数2004年为280人，1997年则低于90人；学生出勤人数有了明显增长，而被开除的学生人数则显著下降，从1998年的164人下降到2004年的12人。

在这期间，声明有特殊教育需要的学生人数也在增长，特别是那些有情绪和行为障碍的学生（目前学校有很多学生声明自己有情绪和行为障碍，人数比安置在当地特殊学校中的学生还多）。学校已经为有言语障碍的学生建立了一套支持系统，他们中有少数人被诊断为孤独症。以上这些学生都被安排在与他们年龄相当的健康学生所在的主流班级。

表2　学生成绩情况（1997年9月—2004年9月）

1997年成果	2003年4月成果
14%的学生获得普通中等教育证书的A－C等	40%的学生获得普通中等教育证书的A－C等
不到75%的学生对课程表示满意（Ofsted）	100%的课程满意度（HMI）
学生出勤率75%	学生出勤率92.6%
164个学生被开除（12个被永久开除）	12个学生被开除（该年引入“无开除”政策）
全校学生总数900人	全校学生总数1 150人

续表

1997 年成果	2003 年 4 月成果
11 周岁学生数 110 人	11 周岁学生数 210 人
50 位家长首选该校	403 位家长首选该校
六年级学生人数低于 90	280 个六年级学生
75% 的学生毕业时至少有一个证书	100% 的学生毕业时至少有一个证书
在英格兰和威尔士的改良学校中，至少排在第 9 位	2000 年：作为英国 25 项改进学习动机研究中最顶尖的三个学校之一，被经合组织发表的关于提高学习动机与终身学习的研究成果引用

从上述证据中可以清楚地看到，该校的多元化和包容性要求学校领导到家长中去阐明他们对贫困等相关问题的看法，包括在学校里明显出现的出勤、饥饿、疾病、压力和情绪障碍等问题。对许多学生来说，生活的不安全感抑制着他们的学习动机与创造动机，使他们没有信心独自通过学校设立的标准化程序。

该校所经历的挑战还混合着其他因素，比如种族不平等、家庭的流动或解体，这些都使学生的生活处于危机之中。学生所经历的动荡延伸到学校生活的方方面面，对该校的高层领导和学校全体成员来说，这无疑又增加了包容性的难度。承诺为贫困学生群体服务并使他们成功，不仅是要提高他们的学习成绩和学业成就，而且要维持这种成果，这一目标对于学校领导和教师们来说，是相当困难的。该校的一位校长助理这样说，“包容性是指学生有足够的安全感，敢来告诉校长他们受到了威吓或在操场上被点名，同时也包括教职员工有足够的安全感，敢于对实际工作提出意见，或彼此挑战受到了威胁的包容性。”

在最近的政策中，人们致力于帮助那些学习上的有障碍和处于危机中的儿童，有人认为，这是过去 10 年里，对标准化教育程序的最大挑战（DfES，2004）。但是，一位部长曾提醒该校领导们说：“我们不会为个别学校改变测量标准。”

针对学生在群体中遭到排斥的问题，该校高层领导选择了一种相当有见地的、潜在的批评视角。他们充满自信，该校能够创造出一种政策帮助他们的学生免遭社会排斥，尤其是他们的入学和除名政策。该校校长和副校长指出，他们的学生都经历过“挥之不去的贫穷”。

该校的立场可以用下面的话概括：

> 学校应有这样一种理念：为学生提供最高的、可行的成就标准，帮助他们在未来免遭社会排斥。(校长)

该校高层领导不断质疑有关“标准”的传统权威言论以及与“优秀”有关的种种假说。他们通过革新研讨会、工作坊和业务学习活动，促进了对“学习”和“学习者”的讨论与争辩。冈特（Gunter，2005）曾做过一个有益的提示，他肯定了学校领导对一些论述方式进行质疑的重要性（比如，学校“是培养赌金保管员还是培养公民，是考虑标准还是考虑学习者和学习本身”）。

该校高层领导十分清楚“包容性”是一个复杂的概念。一位副校长概括了他们的看法：“永远也不能说，我们具备包容性。”当他们争论入学政策可能影响当地其他学校时，学校高层的每一位领导成员都清醒地认识到，不只是对他们学校，对其他学校而言也是一个复杂问题。对本地其他学校的包容性问题，他们采取令人惊异的无批评立场，不把他们的影响直接施加于别的学校。他们对不同立场的学校看法可以从下面这段评论中清楚地看出：

> 我们相信，处理外部因素对帮助学生成功是至关重要的，但像我们这样的想法，在有些学校的高层领导那儿，已严重地缺失了。许多人（校长）在这方面做了大量工作。但是也有些人，包括我们学校教师中的一小部分，他们认为，从学校的中心工作——教学中拿出时间、精力、资金去进行包容性教育，会威胁到学校的正常达标。他们这么做，可能是忽视了学生的文化和社会背景。(校长和副校长)

关注学生个体和社会的关系，是该校教学政策的核心：

> 在我们学校，师生相互作用必须重在学生，而不是教学体系或

组织结构。教师与学生之间的关系是非常重要的，教师应该知道学生的姓名、知道学生做了什么和想做什么、知道你自己想为学生做什么。（副校长）

该校的教师们也清楚地认识到，阻隔教学与学生背景之间的关系，就意味着教学作为一种道德和政治实践途径的失败。这种教学政策要真正运用于实践，需要经历一个全体教职员工不断提升理解的漫长过程，这如同对出现的政策进行消化与贡献。教师要为学生提供教育经验，支撑这种政策的核心理论是“批判教育学”。该校有一些明确的原则支持这种教学政策：

批判教育学提供了一个教与学的框架，因为它说明知识与身份之间的复杂关系；处理受众、声音、权力和评估等问题；涉及教师和学习者、学校、社会、教室、社区之间特殊关系的结构；把教学看做一种道德的和政治的实践；积极贡献于未来的经济与社会公平。（Teaching and Learning Policy Document，2004）

该校高层领导和教师们的这种基本价值观与动机，反映在他们对学生入学的多元化和包容性原则的热心上，这种态度也反映在阿普尔的著作（Apple，1996：57）中，他提醒我们说：

我们不能威胁缺席的“学习者”……我们明白，学生的人生传记是与经济、政治、他们所属家庭和群体的意识形态、他们来自街道的政治经济状况密切联系的。

但也有人认为，学校的矛盾就出在招生多元化上，一些与该校境况差不多的学校，处在提高学生成绩标准的巨大外部压力之下，他们认为完全的包容性是有问题的。该校校长概括这种情形为“道德困境”，即他们希望能回应这种状况，但不相信能协调好包容与标准这两个对立的指标：

（有些学校）……不想冒险在这些不获支持的问题上腾出时间和

精力，对其他人是否会支持也没有信心，因此，他们努力回避那些可能需要支持的学生，也放弃支持那些处在危机中的学生。(校长)

然而对该校高层领导和教师们来说，主要的问题则是如何同时达成这样两个目标，既包容了所有学生，又使每个学生都很优秀。他们一致的看法是，要为学校的包容、高成就和优秀而努力，大家可以借助研究—反馈策略，通过教学、学习和评估活动来支持学校的实践。因此，该校高层领导们投入了大量的时间和资源来促进教师专业学习和学校各个层面上的发展。

为了确保学生入学后，能对学习和课程尽早入门，学校组织需要灵敏的应变能力。该校校长清楚地知道，他的角色是保证学校组织能在高层领导的引导下自我调节，他的目标是创造和发展一种“学校组织”，使它能“适应和支持学习和学习者”，包括在高层领导的组织水平上也是如此。

这样，该校的教与学策略就能迅速变化并得到调节，以满足学生和课程的变动与复杂需求。这些改变着眼于教师的态度和行为，还有就是学校能从技术上对正在出现的学生需求进行反应。例如，在一些重要日子调整学校校历是可行的，因为该校领导和教师们有这样的信念和应变能力，如果必要，在与主要学科教师充分协商之后可以进行调整。一位校长助理是这样解释该校高层领导的想法的：“学校的体系与结构是否体现包容性，关乎学校的建校理念。”

该校的高层领导在收集、分析定性定量资料，以预见学校的未来发展方面，具有相当专业的技术和能力。这方面的例子很多，比如对学校校历的调整，要让大家理解这种教学策略的改变是适应全体教职员工的，而更多中肯的意见被用来说服家长和学生，让他们相信这些变化有利于学生的学习和今后的成绩。这里有必要区分个人的专业学习和组织学习两个概念。有证据表明，学习是集体性的（在一种组织水平上），在这个意义上，学校难题成功解决的方案是可以在组织学习中得到的，并被组织中其他人运用。组织学习引起对新知识的集体反应，新知识又被投入到新的组织模式中（例如，学校校历的调整推动了学校针对7岁儿童的阅读干预计划）。

本文仅用一个策略改变的例子来说明此问题。该校通过对新入学的7周岁儿童的阅读成绩和读写水平进行分析，计划实施一项针对所有7

周岁学生、为期数周的教学实验。分析表明，超过75%的7岁新生是功能性文盲（即阅读年龄低于生理年龄至少两年），这对大多数新生来说，完成规定的课程就很成问题了。虽然高层领导已在全校引导设计并实施了一项教学实验计划，而且那是针对学校全部7—9岁学生的一种十分有创意的专业课程，但以这群7周岁学生的阅读水平来说，还是有一定问题的。这意味着，除非学校能够在组织水平上适应这种情况，否则无论个别教师如何教学得法，这群学生的未来学习都会出现问题。因此，该校的高层领导和教师们同意，如果在同一种组织水平，学校体制运行能更有效率，那么个别教师和部门就能着手优化学生的学习。关键是改变，这对学校中的重要群体（即教师、学生和家长们）来说，意义重大。

这项全校性的7岁儿童阅读干预计划动员了学校各个层面的教职员工，从高层领导、教学主管、主任、英语学科教师，职员到儿童问题专家。校外专家也被动员了，他们通过科学研究的证据来支持这项旨在提高儿童阅读水平的计划。暗含在这项行动中的一个关键信息，同时也是教师们的想法，学生的阅读水平是全体教职员工的责任。没有一个7岁学生被排除在这项干预计划之外，该计划包括一整套用于提高阅读技巧的教学策略，如结对阅读、图书俱乐部、小组或个别化形式的有声教学，以及专门的家庭作业。该校对校历、教学的安排，校长都引导大家彼此交流，并与家长和学生交流。

干预计划的种种结果一直在该校高层领导的监控之下。初步分析显示，实验组学生的阅读水平有了显著性提高。仔细分析，还可以分辨出该校在哪里出现了适应干预计划的相应改变。也就是说，组织的应变能力在很多层面上增强了。

对当代学习动机和学习能力研究的清楚了解，支持着该校阅读干预计划和教学政策的实施（Galloway et al.，1998；Leo and Galloway，2000）。通过一个阶段的研究，该校高层领导和教师们已经审视和发展了他们自己的教学经验。教师专业学习的热情在学校的各个层面被激发。校长鼓励教师们对当代各种理论观点进行讨论和争辩。而这些挑战和争论，在一定程度上有利于教师们建立专业学习的自信和责任感，这也成为该校的一种主要文化。本研究证明了学校高层领导和教师的专业学习的程度与组织学习的程度正相关。

结论

为使学校变得更具包容性而作的种种努力，对学校领导们来说是一种富有挑战性的学习经历。前面我们已经讨论了，一所全纳学校的观念是有很多问题的；本研究中的学校高层领导不断重估多元化和包容性的教育实践与假设。研究中发现，大多数教师和学生都理解他们正在从事一项艰苦的事业——在各种水平上创造并维护包容性学校的实践。

在当前的政策背景下，学校承诺包容性是困难的，这对于那些为最贫困群体服务的学校来说，尤其如此。本研究中，学校高层领导、教师和学生们所面临的日复一日的挑战是不能被低估的。这所学校所有学生取得了学习和教育成果的最大化，说明该校坚持招生多元化的包容性实践，与追求有效的学习成绩和学业成就，两者之间不是不相容的。但是，要理解为包容性而努力的这些学校领导，就需要在领导行动的背景特别是在环境因素中考察领导概念的形成。本研究证明，并简单区分了这样一些概念：道德领导、课程领导、分布式领导和其他在本文中所讨论的掩饰了领导本质的多面性的领导理论。

在本研究中，为了使领导包容性实践更有效率，有些问题是十分重要的，即学校高层领导要取得广泛的支持（如教师、学生和家长们），要通过各种领导方式去创造一种具有较强应变性的组织，这种组织“总是有能力运用它的结构、文化和体制去思考组织结构、文化和体制背后的东西”（Salaman and Asch，2003：152）。总之，道德领导的核心——以社会包容为价值基础的领导——是根本性的。

参考文献

Apple，M.（1996）*Cultural Politics and Education*. New York：Teachers' College Press.

Benjamin，S.（2002）'Valuing Diversity：A Cliché for the 21st Century?'，*International Journal of Inclusive Education* 6（4）：309 – 323.

DfES（2004）*Every Child Metters*：*Change for Children*. London：HMSO.

Dyck，B. and Schroeder，D.（2005）'Management，Theology and Moral Points of View：Towards an Alternative to the Conventional Materialist-Individual Ideal-Type of Management'，*Journal of Management Studies* 42（4）：705 – 734.

Dyson, A. (2000) *Schools and Special Needs: Issues of Innovation and Inclusion.* London: Paul Chapman.

Fielding, M., ed. (2001) *Taking Education Really Seriously. Four Years' Hard Labour.* London: Routledge and Falmer Press.

Galloway, D., Rogers, C., Armstrong, D. and Leo. E. L. (1998) *Motivating the Difficult to Teach.* Harlow: Longman.

Gillborn, D. and Youdell, D. (2000) *Rationing Education. Policy, Practice, Reform and Equity.* Buckingham: Open University Press.

Goffee, R. and Jones, G. (2000) 'Why Should Anyone Be Led by You?', *Harvard Business Review* September – October: 63 – 70.

Gunter, H. M. (2005) 'Conceptualising Research in Educational Leadership'. *Educational Management Administration & Leadership* 33 (2): 165 – 180.

Hacker, R. (2005) 'The Distribution of Leadership and Power in Schools', *British Journal of Sociology of Education* 26 (2): 243 – 257.

Johnson, M. (2003a) *School Budgets—Fair Enough.* London: IPPR.

Johnson, M. (2003b) *Not Choice But Champion.* London: IPPR.

Lawton, D. (2005) *Education and Labour Party Ideologies 1900 – 2001 and Beyond.* Abingdon: Routledge Farmer.

Leithwood, K. A., Jantzi, D. and Steinbach, R. (1999) *Changing Leaders for Changing Times.* Buckingham: Open University Press.

Leo, E. and Galloway, D. (2000) 'Assessing Pupil Motivation and Behaviour', in D. Indoe (ed.) *Psychology in Education Portfolio for Educational Psychologists*, pp. 59 – 62. London: NFER-Nelson.

Lynch, K. and Lodge, A. (2002) *Equality and Power in Schools: Redistribution, Recognition and Accountability.* London: Routledge and Falmer Press.

Mahony, P. and Hextall, I. (2000) *Reconstructing Teaching: Standards, Performance and Accountability.* London: Routledge and Falmer Press.

NCSL (2004/2005) Available at: http://www.ncsl.org.uk.

Pijl, S, J., Meijer. C. J. W and Hegarty, S., eds (1997) *Inclusive Education: A Global Agenda.* London: Routledge.

Poppleton, P. and Williamson, J., ed. (2004) *New Realities of Secondary Teachers' Work Lives.* Oxford: Symposium Books.

Putnam, R. (2004) 'Address to Organisation for Economic Co-operation and Development Forum on Education and Social Cohesion', Dublin, 18 March.

Richmon, M. and Allison, D. (2003) 'Towards a Conceptual Framework for Leader-

ship Inquiry', *Educational Management & Administration* 31 (1): 31 – 50.
Sachs, J. (2003) *The Activist Teaching Profession*, Buckingham: Open University Press.
Salaman, G. and Asch, D. (2003) *Strategy and Capability*. Oxford: Blackwell.
Weber, M. (1958) *The Protestant Ethic and the Spirit of Capitalism*. New York: Schribner's.
Whitty, G. (2002) *Making Sense of Educational Policy*. London: Paul Chapman.

[作者简介]

伊丽莎白·利奥，敦提大学（University of Dundee）的组织领导与学习学教授，主要研究领域是领导、动机激发与学习。

莱恩·巴顿，伦敦大学教育研究所的“全纳教育学”（Inclusive Education）教授，发表了关于包容性与残疾问题的大量论著。

[联系方式]

ELIZABETH LEO, Faculty of Education and Social Work, University of Dundee, Gardyne Road, Broughty Ferry, Dundee DD5 1NY, UK. [email: e. leo@ dundee. ac. uk]

多元化及多元化管理新探

马琳·莫里森（Marlene Morrison），杰克·卢姆比（Jacky Lumby），克里尚·苏德（Krishan Sood）

吴长宏，赵小妹 译

摘要

本文旨在探索教育领导者在面对多元化和社会公正之间的矛盾时的看法：一方面夸夸其谈，另一方面却缺乏具有前瞻性、批判性的理论和实践来推进和发展这种关系。本文运用既有的、包括能力取向（Capabilities Approach）等在内的相对新颖的概念，阐明多元管理和社会公正如何以及为什么能被确定为影响并促进领导力提高的重要概念。尽管本文的论据源自关于学习和技能的最新研究，但这些研究结果对迄今为止多元化途径变化甚微的教育领域产生了深刻的影响。文章指出研究人员、理论工作者和政策制定者要与教育工作者共同努力，使理论和实践重现活力。

关键词： 能力　多元化　多元化管理　领导　社会公正

导言

“多元化”和“社会公正”这两个概念为21世纪的教育领导者提出了新的思路。多数评论家预言未来的领导者将不再是千人一面，而愈发具有与众不同的多重特质。但是针对那些对教育拥有领导权力、对学习负有管理责任的人员的多元化的研究却少得可怜，没有得到实践者和研究者的充分关注。令人欣慰的是，教育领域以外的其他专业的实践者已经开始把兴趣转向多元化管理。这一点从对“组织”一词所下的定义中可见一斑：

> 组织的目标就是改进个体的行为和举止，这些行为和举止创造了一种改变文化、工作方式、思想、年龄、种族、性别、性倾向等方面差异在内的环境，[在这个环境中]员工寻求并利用不同的观点去解决问题、拓展思路、创造价值。(Bartlett Merton，2000：8)

除一些特殊情况外（Norte，1999；Osler and Morrison，2000），在诸如性别、教育管理等特殊领域（Blackmore，1999；Coleman，2002；Ouston，1993），多元化管理作为教育领导研究批评的焦点也极少得到实证主义的关注，这种现象十分耐人寻味。

对于这种现象，下列原因或许可以解释一二。首先，在理论界存在这样一种趋势，把多元化和多元化管理当做实际问题，在现有的管理框架下进行解决，而不是作为批判性学术研究或实际评估的“新”的研究题目。这一趋势的核心就是强调机会平等。这种观点以遵循法定权利、兼顾公正衡平为基础，尤其考虑到在内容上具有很大相似性的规定、规则以及为加强组织内部人员聘用而制订的任务说明的公正衡平。其次，尽管近来多元化管理的概念在许多文章中被提及，但是这个概念在很大程度上仍然被教育界忽视。赞同并接受这一观点的前提就是承认个体才能的差异性，这种差异通过文化及个人出生、家庭、教育、经历等背景表现出来。由于对教育方面的多元化管理缺乏实证研究，人们往往更容易批评一个游离于教育范畴之外的概念。在某种程度上讲，多元化管理最简洁明了的定义莫过于“对行动的呼唤”。之所以这样讲，是出于政治的、经济的和社会的“益处”，这种“益处”不仅利于个体，也利于组织（Lorbiecki and Jack，2000）。因此，尽管多元化管理以个人潜能差异最大化原则为基础，但是它也会像机会平等观一样可能被同化，作为可控制的组织的结果，以增进组织机构的发展。洛比克和杰克（Lorbiecki and Jack，2000）及其他学者认识到，为了理解和规范概念，有必要对组织多作一些批判性、反思性的研究，这样包括潜在的和实际的领导者在内的多样化的员工队伍中潜在的矛盾冲突和附加值就能够得到充分地认识和考察。

为了帮助人们理解工作场所的平等和多元化，特别是帮助教育领导者对这两方面的理解，本文借助英国学习与技能机构（the Learning and Skills Sector）刚刚完成的研究（Lumby et al.，2005），将深入探讨多元化、领导力等与“机会平等”“多元化管理观”相关的概念。文章的结论将考虑把多元化管理和潜能观作为概念构建的基础，这种概念构建的基础无论对研究人员，还是对政策制定者和教育工作者都具有十分重要的意义。我们坚持这样的观点：多元化和领导力是不可割裂的，它与领导力的提高和执行融为一体。以往的研究结果通常都来自教育机构以外的国营的或私营的组织机构，然而，这并不重要，重要的是这种研究是否渗透（或应该渗透）到教育领导和管理的理论和实践中。

从研究方法上来讲，正如许多对该研究产生重大影响的评论所言，通过拓展和应用一些相关的概念等多种途径来探讨多元化和多元化管理是有例可循的。

概念界定

多元化与多元化指标

“多元化”这个术语有多种内涵，关键问题是用来描述该术语的语言常常与被视为“不同”或“另类”的个体和团体联系起来。通常是从个别的和/或多重的不利方面来说的，与性别、种族或残疾有关。由于学术规范、教育旨趣以及政府的导向，多元化的含义随着时间和背景的变化而变化。总的说来，可以从狭义和广义两个视角给多元化下定义。狭义的视角突出早期法律上的机会平等（Kosseck and Lobel，

1996)。广义的视角则体现在标准的复杂多样上，如年龄、残疾、出生、宗教信仰、性倾向、价值观、种族文化传统、教育、生活方式、诚信、体态特征、阶层和经济状况等（Norton and Fox，1997)。广义层面上关于多样化最重要的定义就是身份认同观，在此观念中，工作于组织之中的个体具有如下特点：不认可、不相信甚至抵制对群体所作的笼统的、大而化之的分类，他们要求个人所承担的工作能满足个体的需要、适应个体知识、能力、经历等背景并适合个体的性格（Harung，1996)。因此，多元化着重指内化于个体和团体身上的多元化和差异性，这些个体和群体要求用不同的方法区别对待每一位员工，以便取得无论对于员工个人还是对于组织都有利的结果。研究者必须考虑的问题是，那些给“差异性”下定义的人在给出定义时，往往都以自身作参照，而本文所讲的“差异性”研究关注的焦点在于探讨对于英国学习技能机构的领导者而言，“差异性”究竟意味着什么。而“另类”则可能指那些在许多方面与领导者和管理者格格不入的人，包括他们对待领导的态度、对待工作的态度、对待业余生活的态度以及对待职业的态度，等等。由于对多元化管理缺乏批判和反思，当教育领域以外的研究结果表明（Lorbiecki and Jack，2000)，“另类们”一直在通过积极抵抗、消极反对甚或同时采取两种方式抵制那些想把他们称为“另类”或者想“主宰”他们的图谋时，也就不足为奇了。

“多元化”广义上的定义一方面给组织带来了巨大的挑战，另一方面其自身也受到了法律的推动。从字面上讲，多元化管理应该包含反思性策略，以提高融合于日常组织实践的个体行为（Audit Commission，2002：26)，并且得到许许多多多元化指标的支撑（Commission for Racial Equality，1999；Norte，1999)。这些指标从多个方面阐释多元化：领导者必须认真对待的问题（这一点通过领导者的远见卓识、政策、课程、组织的目标和提供的服务得到清晰地说明)；理解多元化的过程（监控和评估包括诸如教师和学生等关键成员参与的组织系统和组织活动)；系统分配资源的关键依据（例如把合作的机遇最大化，把阻止多样化发展的不利因素最小化)；说明员工被分配的工作职责的原因（包括特别需要关注的招聘、筛选、培训以及领导力的培养)；最后一点，关注员工工作、学习的具体环境（反映出关注个体安全、文化需求和偏好)。对于审查委员会（Audit Commission）而言（2002)，这些符号被认为是提出问题和甄别问题的开始而非结束。

平等、公平与机会平等

多元化也与其他概念相联系，如平等、公平、机会平等、反对种族歧视、反对性别歧视、教育为了社会公正以及社会包容，等等。每个概念或单独在某种程度上，或与其他概念结合对管理活动作了带有倾向性的说明和注解，而且这些说明和注解越来越明确、越来越具体。并不是所有的说明和注解都被广泛地认同，因为每个概念都产生于背景各异的学科基础、尚存争议的理论观点、不同的历史时期以及政治运动。最近，多元化指标还体现了两种需求的结合，即组织活动在工作场所推进多元化的需求，以及源于多元化所禀赋的责任、监督到见诸“实施”整个过程中的需求。就“绩效文化”而言（Gleeson and Husbands，2001），“机会平等”观已经被实践者用来展示关涉公正问题的适当行为。根据鲍尔（Ball）的观点（2001：215），“虚假行为”和“信息体系”有可能取代真实的行为和人际交往体系。他还断言，这种趋势主要是由于人们越来越依赖技术和精确计算（在我们的研究中，这些技术和精确计算是为“平等”和“多元化”提供证据），“这些技术和计算似乎使公共服务组织更加透明……但结果却导致它们变得更不透明”（Ball，2001：217）。

机会平等与社会包容

“机会平等”以往是建立在这样的设想之上的，即如果每个人被同等对待，也就实现了公平正义。即便是在这个宽泛的定义下，也存在着这样一个误区——把实现平等的途径和取得平等的结果混为一谈，这种错误的混同常常忽略教育的社会结构、复杂的体制安排和外在的影响（关于这一点的广泛讨论见［Scott，2000］）。另一个概念“包容”（有别于“一体化”）指出差异应被认为是一种有可能使个体、团体获得权利，以及增进组织活动的资源。同时，“包容”这个术语常常被当做语言的或政治的手段来“约束”或消除伴随虚假的市场而产生的各种压力，这个虚假的市场还推动个体和组织之间关于社会正义观的竞争（Gewirtz，2001）。

社会公正

正如格维尔茨（Gewirtz）（2001：49）提醒我们的，“社会公正”常常被认为“与一个我们认为好的社会应该怎样对待每一个成员密切相关”，这一定义表达了一种坚定且规范的立场。例如：与理解多元化管理联系起来，“善”的概念可能会从商业性的或利于教育市场的原则转向基于人权的、强调“机会平等”或“多元化”的“善”，或转向仅仅为了满足对术语的使用而忽视在内涵上存在差异且不具互通性的“善”。

教育领导力研究和多元化

考虑到定义和内涵多元化，不难理解像多元化和多元化管理这样的概念在试图应用时，为什么以及如何会有各种各样的理解、执行、被回避，尽管法律在一定程度上已经使回避的难度加大。领导力研究已与“**公平问题**”研究相抗衡。如：考德威尔和斯平克斯（Caldwell and Spinks）（1992：195－196，*强调是后加的*）宣称“公平问题已不再是自我管理学校之争”，批评的人和赞成的人都已经对这一宣言表了态。由于全球资源紧张，解决教育问题通用的领导方案尤具吸引力，不管这种解决方案在文化上是否得当，或是否符合当时的环境。这些对于多元化管理都是具有重要意义的问题，因为在不同的国家，公平问题千差万别。这样的问题没必要看成是“纯粹”的技术主义。相反，如果进入教育领导者的微观世界来解读，把它们与诸如合作、共议等术语联系起来，它们则具有非凡的人文魅力。然而，思拉普和威尔莫特（Thrupp and Willmott）（2003）认为，教育管理研究人员对所从事的与多元化和社会公平问题相关的研究的消极的、辩解式的反应，说明这些研究人员不愿从事批判性的理论工作［虽然这样说可能不符合专职领导的实际情况，因为领导者对深奥的学术成果越来越不感兴趣，也更不愿意接收那些看似对改进组织运行行之有效的“良方”（Gunter，2003）］。近来出现了一个令人关注的现象：在多元化和多元化管理研究领域从事研究工作的几乎都是教育领导和教育管理专业以外的研究人员，他们通常是社会科学或人文学科中专门从事种族、残疾或性别研究的理论工作者。

论述教育发展变化的文献虽然在数量上比较多，但是对多元化都缺乏具体的研究，而有关领导力分配的新文献也仅在近期才开始涉及权力的分布和分配问题，而在这些文献中关于权力冲突的讨论通常都是从价值观以及完成教育使命——形成明确的组织目标——的途径所存在的分歧这些层面展开的，而不是具体详尽地讨论具有种族和性别特征的个体之间、价值观之间、行为之间的多元化。对种族主义这一术语更加深入的追问以及更加缜密的理解会导致概念的模糊，因为这种理解需要"反种族研究视野，这种视野需要兼顾种族主义的复杂性、偶然性和矛盾性"（Blair，1998：3）。而在教育领导研究领域，涉及性别的文献（种族的文献更少）所面临的处境与研究领导权力分配的文献相同甚至还不及。

然而，尽管存在着许多可以理解的原因，从事教育领导研究的理论工作者仍密切关注着对一些有争议的理论的讨论以及这些讨论所产生的影响，这些理论涉及领导角色、对领导这一术语所附加的各种预设的范畴及理解，以及这些预设的范畴和理解对领导实践产生的影响，等等。这里已或多或少地涉及了多元化管理，尽管多元化没有得到专门地论述，但通常都包含在已发表的关于教育领导与管理哲学和价值基础的评论中，尤其是关乎社会公平和社会包容的领导哲学和价值基础更是如此（Bottery，2000；Gunter，2003；Ribbins，2003）。虽然关于"跨文化"视角重要性的批判性论述少不了多元化的内容（Walker and Dimmock，2004），但是目前却出现了这样一种趋势：多元化趋于变成"另类"的一部分，或成为冈特（Gunter，2003：190）——按照布莱克莫尔（Blackmore）（1999）的术语——所描述的"惹是生非"。

研究历史与现状：动力与背景

缺乏适当的文献资料是研究课题开始时面临的学术挑战，这些文献资料是今后得出研究结果和发现的基础，也是今后对缺乏明确的目标和实实在在行动，在实践中不时被讥讽为"政治上正确"[1]和出于检视的目的证明作为典型人为因素的"机会平等""公正"等正当性、在理论上因为太过花哨而被忽视的多元化提出一些正式思考的基础（Gunter，2003：190）。这一点变得更加紧迫，为了达到研究的目的，参与研究的个案研究组织从一开始就被认为在许多指定的范围内非常有效。考虑到法律的完善以及当代社会和政治氛围，研究工作仅在《麦克弗森报告》（the Macpherson Report）后3年就启动了（Macpherson et al., 1999; Home Office, 1999, 2000）。毋庸置疑，这一切都激励着教育领导者和管理人员在多元化社会探索发展之道的研究中发挥积极的、关键性的作用。尽管《麦克弗森报告》建议人们将管理方法的考虑和运用优先于多元化问题。然而我们不得不承认，在实际工作中疏忽是惊人的。除了《麦克弗森报告》，该项研究还有以下背景。

第一，社会变得越来越多元化、多种族、多文化，并且朝着全球化的方向发展。

第二，教育政策越发具有包容性和参与性，尤其在非义务教育领域。

第三，法律规定所有的机构（所有教育部门）不仅要对未能解决歧视问题负责，还要对未能采取积极行动帮助弱势群体负责。

第四，需要采取多元化的视野（不管被怎样定义）来增进教育机构的商业化运作，因此，多元化就可能包含"优质商机"，其目标就是国际学生。

第五，存在基于消极自由（源于歧视）和积极自由（作为个人的权利去履行和体验的机会）的人权与道德的争议。

最近刚颁布的法令包括《1995年残疾歧视法案》（Disability Discrimination Act 1995），它规定将对大面积个体就业的歧视定为非法。《2000年种族关系修正案》（Race Relations Amendment Act 2000）拓展了以往的规定，赋予地方政府消除歧视和增进种族平等职责。此外，《欧洲法令》（European Directives）（可参考1997年《阿姆斯特丹协议》[the Treaty of Amesterdam] 第13款）禁止由于信仰、残疾、性别倾向或种族起源等在工作条件和培训机会上歧视个人。自2003年起，这些法令将在6年内逐步实施。

研究课题

在研究工作的起始阶段，研究小组就意识到多元化问题可能引起的强烈反响。可以理解，为了获取有深度、有价值的数据，人们需要充分信任研究小组的观点和做法，倘若担忧“政治上的不正确”[2]，就有可能将研究扼杀在起步阶段。关键问题是研究参数和定性的数据，因为它们与多元化和多元化管理密切相关（报告全文发表在别处［Lumby et al.，2005］）。

2003—2004 年，林肯大学（the University of Lincoln）和沃里克大学（the University of Warwick）代表学习和技能研究中心（the Learning and Skills Research Centre）承担了“领导力、发展和多元化”项目（the Leadership，Development and Diversity Project）的研究（见致谢部分全体研究成员名单）。将个案研究和调查的方法结合起来用于收集人们对领导力和多元化看法的丰富资料。取自英国不同地区不同类型的关于非义务教育阶段的 10 个个案被用来探讨它们[3]之间的联系。在每个个案中采用 3 种方法收集原始数据：对高层、中层和一线领导等核心群体的采访，个人自述性的访谈，对全体员工（包括兼职人员和临时工）的问卷调查。把核心群体分为一线领导、中层领导和高级领导进行单独采访的目的是为了降低权力和身份差异对研究的影响。对核心群体调查的问题包括：你是怎样理解多元化的？多元化领导的重要性何在？如何提高领导力？另外，发到全体员工手中的问卷中都包含领导力和多元化的内容。在方法上以及调查对象上的三角测量法[4]为把多种视野、多种见解整合到一起提供了机会。鉴于该研究领域组织和背景各不相同，不可能从 10 个个案中作出一般性的归纳，但研究所揭示的观点和实践的多元化本身已预示着涉及的范围，并对本领域和其他领域提出挑战。

研究结果

研究表明许多人对多元化并不关心，而且人们用多种方式甚至是令人费解的方式理解多元化，为多元化所付诸的行动往往会达到事与愿违的效果。研究报告（Lumby et al.，2005）强调如下几点：

- 当被问及“多元化”和“包容性”等话题时，各人所表现出的紧张感差异很大。
- 对多元化问题的兴趣以及自己与多元化的关系认识肤浅，

研究工作甚至遭到相当一部分员工的抵制。

- 对多元化的理解或定义是仁者见仁，智者见智，并不总是在一致认同的基础上经过深思熟虑并且得到清晰的表述，甚至在每个参与研究的组织内亦是如此。
- 与共同体地区和民族形象相关的具有代表性的东西是它们共同的目标，这些共同目标有时会引起对“多元化”的关注，而非对“包容”的关注（正如本文开头评述中所定义的）。
- 践行多元化是间断的、不成系统的，其主要基于机会平等取向。
- 学习人数的增加、学习成绩的提高不在于成功地解决了多元化问题，而在于对所有背景知识的研究。
- 在调查中也发现许多人对多元化持认真、专注的态度，他们不仅在行动上朝多元化的方向迈进，而且还朝着包容性和授予员工更大自主权的方向努力。

大多数调查对象在定义多元化时都把它与适用于领导、员工和学生的分类系统联系起来。假设所有被研究的个案已被事先认定为是有效的组织，很显然，只有部分组织领导者的多元化而非所有组织领导者的多元化得到充分显示，同时也进一步说明多元化具有不同的含义。仅一个研究个案表明，多元化及多元化管理被视为渗透到组织生活的各方面。接受采访的人都认为领导力应该被分配和多元化，一位高层领导者在评述高层管理队伍战略重要性时认为，领导力要行使于各个层面，“而不仅仅局限于高层管理队伍”，而多元化是领导力分配的重要方面：

> 领导力表现在各个层面，从高层到教室里的教师一直到看门人。以办公室为例，走过任何一间办公室，你都会看到各种各样的员工，他们都在发挥领导的作用，他们都在扮演领导的角色。

对“真正相信多元化”的强调已被描述为“假设”，正如同一组织中另一位高层领导所言，“如果你不信多元化，你就无法在这儿待下去……这个机构就不为你工作。”然而，从这个个案中得出的结论与另外9个个案相比，是非典型的，不具有代表性。

由参与研究的人提出定义本身就意味着一种指向性代表，（无论如何定义）这仍然表明：对大多数组织而言，多元化这个术语指领导按照常用的分类系统并遵循法律的要求记录、审查员工、学生和当地社区共同体的重要性。特别当多元化管理被认为与种族而非性别和残疾有关时，多元化在策略上的重要性就很容易被忽略和回避。正如一位中层领导在一个个案通常认为没有多少多元化可以进行管理的研究中表述的那样：

> 我们没有种族问题，因为我们没有其中人。开个玩笑，其实我们是有其他种族的人的，我们有一位澳大利亚人和一位爱尔兰人，就这些。我也根据我的招聘要求和标准审查，老实说，除了白人，我们审查任何人的年龄和种族。

虽然有证据表明一些组织把审查作为一种必要但并不十分充分的首要步骤，以凸显差异性对领导力和组织的发展所具有的积极的建设性的力量，另一些证据则说明许多组织对已确立的并且也“很灵验的”机会平等原则并没有作出积极反应。一些调查对象认为用有限的方法定义和处理多元化是困难的。来自一位中层领导的评述在诸多调查对象的观点中很常见：

> 我理解的领导队伍的多元化是指你所带来的领导风格的多元化和事务的多元化，而这些都很难量化，不是吗……年龄情况、种族情况、性别情况……因为这些都不是真正要量化的……你会度量出容易度量的，你却不能度量出什么是重要的。

总之，研究表明，对“多元化”这一术语没有一致的理解。那么，与研究机构实际研究相关的“多元化”到底是什么意思呢？许多问题浮现出来，有待回答。对于一些组织的领导者来说，与多元化相关的管理政策不失为解决可能发生的诸如种族主义、性别歧视、残疾歧视（用他们的术语讲）等问题的一种方法。在下文的论述中，当多元化被视为既可感知又不可感知，并进而被定义为惹是生非的“另类”时，读者会意识到一个潜在的问题。谈到中层领导需要在团队的社会构成千差万别的境况下管理学生的学习问题时，一位中层领导指出：

> （这个组织服务的社区）传统上从来没有出现黑人区域，甚至，在出现许多难民时，他们也不将**黑人**难民考虑进去［……］多元化还没有提上议事日程——这是我的理解……我认为这样定义多元化并没有不妥之处。（强调是后加的）

在领导者眼中惹是生非的“另类”在本质上是不同的，一位个案研究组织的高层领导者在评论增进管理队伍的同质性而非多元化的趋势时说：

> 当你任命管理人员时，你倾向于任命与你自己一样的人，你认同他们及他们的行为。对于团队和你自己，同那些与你看问题不同的人共处是很大的挑战。来自不同种族背景或患有残疾的人，他们看问题的方式会与你大相径庭。使团队更具社会代表性往往会增加团队的管理难度。我不知道你是否曾遇到过此类情况，不过想处理好是非常困难的。

多元化领导集中表现在记录和审查（对残疾雇员、性别平衡、种族成分的衡量），也足以证明遵循法律、依据社区成员的可比性进行“衡量”。另外，多元化管理往往被看成利用个体的特点，如领导风格和特质。根据这样的观点，无须特别强调多元化的复杂性，多元化管理作为对组织特别是对和谐的领导与下属关系“有益”的东西可以被吸纳。

驾驭多元化在个案研究组织中同样表现出竞争性和政策性。在某种程度上，那些被描述的实际做法本身就说明领导者需要管理多元化和差异性的各个方面，其中包括被大多数人认为可能是“不可接受的”或“带来麻烦的”差异性。一位个案研究组织的领导提炼其观点说，也有一些愤世嫉俗的观点表现得十分明显，特别是一些一线领导的观点更是如此。在谈到劳动力构成状况时，他评述道：

> 我只知道要收集数据，但我并不知道这些数据整理的结果是用于达到一个明确目的——性别平衡、种族平衡以及诸如此类的事

情……你［在组织中］根本看不到这些结果，而且这些结果只会使你相信对数据的整理只是文字游戏罢了。

同一核心团队的另一位成员描述了他“耳闻目睹”的员工组成现状：黑人和残疾讲师往往处于员工金字塔中的较低层。这位接受采访者视这些问题为较低层员工自己的问题，而非高层领导者的问题。他说：“事实上没有什么能够阻挠任何人成为管理者，只是位处较低层的员工没有意识到。”

对于一些个案的提供者，强调多元化管理意味着仅关注一点，而非多元化的各个方面（以学生为中心而不是以员工为中心）并且以线性视角“开展多元化”，或如：把不同学科作为起点。以下来自个案研究高层领导核心组成员的评述提醒我们被触发的紧张情绪，同时，他也用幽默风趣的语言反映了研究中的观念：管理中性别多元化的问题认为已被解决了或至少说在先前已经或多或少地被解决了。有必要考虑下面几个有趣的问题：

第一点，多元化是关于学生的多元化：管理的焦点着重在于说明学生多元化的原因。

第二点，多元化每次只关注一个方面，而不是多方面。这里有个例子：残疾问题取代更早期的种族或性别问题。现在重点要做的与残疾问题有关，某种程度上，现在的工作已经妨碍了我们用本该使用的方式将种族和性别研究提上议事日程……

第三点，多元化要求领导者具有不同的学科知识和专长。我认为领导由多学科综合组成的团队并非易事……我们已经拥有那些领域的关键群体，他们在本专业中是行家里手。你们努力要做的是通过［宏观的高级］管理增加他们的附加值。

关键问题

总之，研究结果表明：规范的研究方式使参与研究的人员能够密切关注多元化最消极的方面，同时，规避多元化管理有争议的方面，其中包括在文章开始部分介绍的多元化指标的构成及由此产生的行为。另一部分参与研究的人员则已经意识到，近年来在某些方面单一文化对多元化问题的忽视以及对其理解上的支离破碎，而且这种现象越来越突出。一位高层领导谈到在以前组织中任高管的情况时如是评价：

> 我们千方百计想拥有一支真正反映阶层背景、种族和性别的员工队伍，这些行为用恰当的政治术语说就是一场真正的斗争。如果你正在努力组建并增强生产力，我们要努力解决的问题之一是要求员工守时……你得允许人们接受教育［原文如此］，而这样一来他们的生活就会变得更加复杂、更加困难……事情就这样发生在他们的生活中。而适应起来却十分困难。检查人员说："你会支持这种做法……但实际情况要复杂得多。"

这些研究结果在以往发表的有关教育领导者的文献中并没有凸显出来，下面的讨论会对一些可能的影响和结果加以考虑。

讨论

开展多元化实践

研究表明，无论是否有像社会公正和社会包容这样的术语，也无论对多元化的理解多么全面、多么规范，都不及真正开展的多元化实践。这一点在文献中也有体现，同时也表明针对一些组织以及研究机构的部分（主要的是反种族主义者和女性主义者的研究）充满激情的、批评的评述尚未在多元化的活动中产生预期的行为。产生这种混乱状态的原因在于使用、误用和避免直接谈及上述术语和问题。各种各样的解释在回答为什么具有导向性和授权性的研究所产生的影响相对较少（Scott and Morrison，2006）。此外，伯特瑞（Bottery，2000：215）解释说："领导者要相信他们的地位、职责在于对民主的追求，在于创造一个更公正和平等的世界。"然而，在教育上，他也察觉出教师中混杂着"超负荷工作"和对具有深远意义的政治问题的"无动于衷"的棘手的现状（Bottery，2000：230），研究报告还指出教育领导者在更宽广的领域缺乏专业发展（Bottery and Wright，2000），其中包括生态问题和社会公正问题。这些观点都反映在我们的研究结果中，例如，多元化管理进程在个案研究中遭遇了参与研究的“中层领导者”的公然敌视（另见下文专业发展部分）。

避免矛盾

对于涉及个案研究的多数组织来说，多元化管理主要被视为避免矛盾或“耍嘴皮子”，尤其是在那些管理层（中层领导者、核心团队）都是白人的组织中。大多数调查对象对此都有同感：

> 组织内政策和程序的讨论极其有限……各人的态度更不明了。你知道，几乎禁止谈论种族、文化和多元化，把它们带出去讨论吧。我不知道为什么。是懒惰？是抵触？到底是为什么呢？（中层领导者、核心团队）

针对“他们”的多元化管理

一想到避免矛盾就会把多元化看成是应该由“另类”学院和管理者们关心的事，尤其是那些处于与我们不同的、有着多元文化背景的团体和研究机构的人员应该关心的事。这一点已被多种方式表述过，但在表述时往往在多元化类型的问题上缺乏趣味，特别是当这些问题与更为迫切的事情发生抵触时：

> 坦率地说，我也不喜欢这个问题，我个人对多元化的意思还未想明白……你发现多元化在原则上是好的，它自然能在领导中发挥作用，但遗憾的是群众却有偏见。它体现在各行各业，也能想象它会渗透到领导力中。（中层领导者、核心团队）

调查对象在感情上认同多元化，认同将多元化领导潜能放在首位的专业发展。还有一种观点认为：问题在于“另类们”缺乏自信。因此，只是“他们”应该达到专业发展的既定目标：“这是目前我们（组织的领导者）面临的问题。他们（大多数不是白人、女性和/或中产阶层）只是没有足够的信心和勇气讲出来而已”（中层领导者、核心团队）。

领导者的专业发展

调查对象们注意到领导的专业发展与组织需求的关系越来越紧密，其中组织的、专业的和个人的需要三者之间的关系常常被假想为自然的协调。如果组织优先考虑的问题不包含多元化，那么领导的专业发展规划也不会包含多元化。谈到多元化，目前还有这样一种观点：参与者“被送去”学习通用课程，“一部分课程是好的，一部分不太好……大多数是法人的课程……问题之一是这些课程与我们所从事的工作关系不大”（中层领导者、核心团队）。领导力的提升越发成为组织的优先考虑事项，这些事项不涉及多元化问题，因而多元化问题变得边缘化和无关紧要。“[专业发展] 与组织的战略优先事项已经联系在一起”（高层领导者、核心团队）。

这项研究还表明调查对象并未深入到领导力提升中。采访对象有培训的经历，这些培训主要由短期课程组成，而这些短期课程通常被认为没有通过经验得来的知识有价值。正如研究报告（Lumby et al.，2005：138）所称：专项研究应坚持以对组织发展和变化没有影响的领导力的提升为主。

小结

源于研究成果的4个要点把将在本文最后讨论的潜能观以及与其相一致的多元化管理联系起来。首先，我们已注意到参加这项研究的人员缺乏对多元化和多元化管理的兴趣和理解。只要参与了工作，就会对多元化产生各种各样的理解。没有一位个案提供者看到在道德和商业的驱动下去考虑多元化管理。事实上，一些人可能会说没有多元化管理也能成功。此外，代表性数据收集的外在要求妨碍了研究团队深入了解多元化。在一些已发表的文献资料中反复提及人们缺乏对多元化管理研究的兴趣。这种对多元化有意识或无意识的漠视被探寻最有利于达到组织发展和领导力提升的领导形式的迫切需要掩盖了。

其次，一些参与研究的人员满腔热情地承担多元化管理的研究，他们执著地工作，甚至不理解其他人为什么不这样做。研究表明：只有当多元化管理与商业需求和更有效率的行为相联系时，领导者们才会对多元化管理有清晰的理解，因为两者都有一个共同的目标——追求在教育领域内塑造一个包容性社会。

第三，研究结果表明为之努力几十年的机会平等的愿望客观上增加了对多元化管理的抵制。考虑到文化中的强烈需要，为了迅速达到目的或避免矛盾，一些调查对象因担心冒险而避开这个话题。据观察，领导力提升计划开展后，抵触的情绪有时会恶化，尤其在中层和一线领导中，这样一来，计划就要被替代，甚至被排挤到组织主要目标的边缘。

第四，多元化和多元化管理主要关涉各种领域内的组织或服务问题，而且绝大部分并没有从种族多元化的层面上来理解。多元化是其他领域或环境中领导者面临的问题，而非同类的或“纯白种人”的问题。虽然研究数据与学习和技能领域的研究有关，但是，本文认为这些研究数据在学校中同样适用（另见：Osler and Morrison，2000）。

能力取向

最近，出现了一些新的可以改进领导行为的方法，这些新方法部分地体现和包含在能力取向中。正如本研究报告（Lumby et al.，2005：139）所述：

> 本研究及研究所产生的行为冒着两种危险，即要么被证明是徒劳的、未达到目的；要么面临着进一步抵制……然而，正如加尼翁和科尼利厄斯（Gagnon and Cornelius，2000）所讲的，组织能够也确实以运动的方式改变着。然而，不管冒着什么样的危险，也不管是从种族的、商业的视角来看，还是从道德的视角来看，消极的选择都是不可取的。

报告接着指出将学习和技能方面融入整体性原则的必要性，以便支撑基于以下几个方面的增强领导力的个案。

商业

一支多元化的教职工队伍能够更好地吸引多元化学生并满足他们的需求。多元化的教职工能够提供更丰富、更有效的领导力。

教育

多元化教职工能够在岗位上更好地使学习者为今后在日益多元化的社会、地方、国家和全球化的场所中学习、工作作好准备。

伦理

个案提供者为我们的研究提供了领导关系，也为学习者和团队提供了学习的范例。对公平和包容的理解是一件对大众都有益的事，它与商业和教育等大事密不可分。(Lumby et al.，2005：140)

个案相互联系的基本原则与能力取向有关，能力取向最早由努斯鲍姆（Nussbaum，1995）和森（Sen，1999）创立，用于对工作场所多元化和平等兴趣的研究。加尼翁和科尼利厄斯（2000）引用能力模型，来表达他们对多元化管理及通过多元化获取平等的可能性的理解。在回答“什么是平等?”这个问题时，他们的答案是：平等就是能力的平等。包含三种形式：（1）基本能力：指个人天生具有的或先前具备的能力，这种能力有可能没有机会得到发展；（2）内在能力：是个人准备行动的状态，这种能力是通过社会化、教育和或培训获得的，它们使个体在工作场所内外能扮演各种各样的角色，发挥各种各样的作用；（3）综合能力：是内在能力与外部结构条件或工作、团体、状态等社会政治环境综合发挥作用时表现出的个体能力。综上所述，可以看出，与学习和技能机构相关的个案中，结构和机构之间的互动是关键。只有三种形式的能力都具备，并且当教育场所允许下列方面的“自由”时，能力才最强大。教育场所允许的“自由”指：

- 政治（如选择机制和发言机制）
- 经济（如工资平等）
- 社会（如无歧视地得到提升和培训）
- 透明（如晋升到管理和高层领导职位时，使用具有相同文化背景、平等的评估方法）
- 保护（主要在法律上）。(Singh，2002：30)

这个观念的长处在于可能推动多元化管理超越价值和定义上“相同”和“不同”的二元限制，尤其当“不同”被视为“另类”和“遥不可及”时。许多有关多元化的规范文献在解决简化多元化概念上都不见效。支持本文的研究结果强调了这点，同时也证明在研究中对多元化和多元化管理缺乏兴趣，甚至在一些个案中对多元化持公然敌视的态度，出现这种敌视态度是因为许多实际做法成了对外部原因进行统计学跟踪调查，而不是支持和证实这些反思性的观点，这些反思性的观点啮合并承认组织内部和组织之间人们身上存在的共性和差异性的行为活动。潜能观可以提供一种解决问题的方法，这种方法受到正常监控和评估，那么这种方法就不会仅仅是对现有组织控制模式的复制，潜能观可发挥开拓作用。关于这一点，辛格（Singh，2002：31）效仿加尼翁和科尼利厄斯的方法，要求领导者关注一些短期或中期的因素。这些因素包括质疑，反思，重新考虑“特质、数量、策略分布、政策、平等进程中的程序、效率、结果，例如：与多数群体组织成员相比，传统弱势群体条件的改善”。以“纯白种人”组织为特征的研究，意味着追求多元化的兴趣是考虑到“将平等和多元化利益一定程度地整合到一般的策略和人力资源政策中”（Singh，2002：31）。

重新激发活力的实践将用新的方法论和方法来评估多元化管理的有效性，这里多元化管理的有效性优先于员工的发言权和员工的代理机构，尤其是那些传统上处于弱势的人，以及他们在“决策”制定过程中的作用（Singh，2002：31）。此次研究的许多（尽管不是所有）参与者要么认为多元化管理不重要，即便认为它重要，也觉得多元化管理在他们心目中已变得边缘化，不会产生多大的影响和变化。这表明评估个体在组织中的行为表现如何，个体为什么以及在多大程度上了解并关注与他们一起工作、学习的同伴，个体作为主要的教育者和教育服务提供者在关注学生的需要时既要小心谨慎又要积极主动。

结论

为了社会公正，从最广泛意义上讲，如果要恢复领导力作为教育领域最重要的概念，目前多元化和多元化管理的理论和实践需要重新考虑。研究报告建议国家、区域和当地的政策需要调整，以消除目标所承受的过大压力；并出台一些激励措施以鼓励所取得的成绩以及成功实施多元的、包容的、有效领导的组织。学习和技能部门理应成为机会平等向多元化管理转变的先锋，而实际中他们却显得滞后，而这种转变在私企部门和中央政府部门中屡见不鲜。学习和技能机构是否落后于其他教育部门有待进一步研究。我们也不能完全确信为了降低不平等带来的影响，“多元化管理”需要采取合乎法律精神的新形式，而不是一位穿着看不见新装的皇帝。

然而，在范围广泛的教育机构中，无论是多数的还是传统弱势群体中有可能成为领导者、教师、学生（无论如何划分）的人，他们都渴望融入到社会的、政治的及法律的组织框架中，最重要的是融入到教育的组织框架中。正如加尼翁和科尼利厄斯（Gagnon and Cornelius 2000：14）所述：“如果多数成为组织行动需求的首要代表，其他一些人群的言论永远不可能被听取。”那么，我们就与“另类”保持了更远的距离。我们或许会补充说根据研究结果显示，要领导者倾听和采取行动似乎是不可能的。这个问题显然是我们自己造成的，因而重复旧观点远远不够。

致谢

此项研究工作受英国学习和技能机构委托。研究小组由阿尔玛·哈里斯（Alma Harris）、杰克·卢姆比负责，研究人员包括：安·布里格斯（Ann Briggs）、德里克·格洛弗（Derek Glover）、大卫·米德伍德（David Middlewood）、丹尼尔·缪吉斯（Daniel Muijs）、迈克尔·威尔逊等（Michael Wilson）。研究小组感谢迈克尔·费尔森（Michael Frearson）对项目始终如一的投入、感谢项目顾问团以及参与研究的所有工作人员。我们衷心感谢评论家们对本文提出有益意见。

注释

❶“政治上正确”指在言行上避免对公众有歧视之嫌。——译者注

❷“政治上不正确”与上文提到的“政治上正确”相反。——译者注

❸ 指领导力、发展和多元化。——译者注

❹“三角测量法”是测绘学上的术语，用来确定地图上的位置。指的是先测得两个定点间的距离，再分别测量从这两个定点到第三点的角度。——译者注

参考文献

Audit Commission (2002) *Directions in Diversity*. London: Audit Commission.

Ball, S. J. (2001) 'Performativities and Fabrications in the Education Economy: Towards the Performative Society', in D. Gleeson and C. Husbands (eds) *The Performing School. Managing, Teaching and Learning in a Performance Culture*, pp. 210 – 226. London: Routledge Falmer.

Bartlett Merton (2000) *Diversity: Missing the Opportunity in 21st-century Resourcing?* London: Bartlett Merton/Kingshill.

Blackmore, J. (1999) *Troubling Women: Feminism, Leadership and Educational Change.* Buckingham: Open University Press.

Blair, M. (1998) 'The Myth of Neutrality in Education Research', in P. Connolly and B. Troyna (eds) *Researching Racism in Education: Policy, Theory, and Practice*, pp. 12 – 20. Buckingham: Open University Press.

Bottery, M. (2000) *Education, Policy, and Ethics.* London: Continuum.

Bottery, M. and Wright, N. (2000) *Teachers and the State.* London: Routledge.

Caldwell, B. and Spinks, J. M. (1992) *Leading the Self-managing School.* London: Falmer Press.

Coleman, M. (2002) *Women as Headteachers: Striking the Balance.* Stoke-on-Trent: Trentham Books.

Commission for Racial Equality (1999) *The Leadership Challenge Progress Report.* Available at: http://www.cre.gov.uk/. Accessed November 2003.

Gagnon, S. and Cornelius, N. (2000) 'Re-examining Workplace Equality. The Capabilities Approach', *Human Resource Management Journal* 10 (4): 68 – 87.

Gewirtz, S. (2001) 'Rethinking Social Justice. A Conceptual Analysis', in J. Demaine (ed.) *Sociology of Education Today*, pp. 49 – 64. Hampshire: Palgrave Publishers.

Gleeson, D. and Husbands, G., eds (2001) *The Performing School. Managing, Teaching and Learning in a Performance Culture.* London: Routledge Falmer.

Gunter, H. (2003) 'Comparing and Contrasting Perspectives: Mapping the Field of Educational Leadership', in N. Bennett and L. Anderson (eds) *Rethinking Educational Leadership*, pp. 187 – 200. London: SAGE.

Harung, H. S. and Harung, L. M. (1996) 'Enhancing Educational Performance by Strengthening Diversity and Unity', *Learning Organization* 2 (3): 9 – 21.

Home Office (1999) *Stephen Lawrence Inquiry: Home Secretary's Action Plan.* London: The Stationery Office.

Home Office (2000) *Stephen Lawrence Inquiry: Home Secretary's Action Plan, First Annual Report on Progress.* London: The Stationery Office.

Kossek, E. E. and Lobel, S. A. (1996) *Managing Diversity. Human Resource Strate-*

gies for Transforming the Workplace. Oxford: Blackwell.

Lorbiecki, A. and Jack, G. (2000) 'Critical Turns in the Evolution of Diversity Management', *British Journal of Management* 11 (3): 17 – 31.

Lumby, J., Harris, A., Morrison, M., Muijs, D., Sood, K., Clover, D., Wilson, M. with Briggs, A. and Middlewood, D. (2005) *Leadership, Development and Diversity in the Learning and Skills Sector.* London: LSDA.

Macpherson, W. et al. (1999) *The Stephen Lawrence Inquiry.* Report of the Inquiry by Sir William Macpherson. London: The Stationery Office.

Norte, E (1999) 'Structures Beneath the Skin: How School Leaders Use their Power and Authority to Create Institutional Opportunities for Developing Positive Interethnic Communities, *Journal of Negro Education* 68 (4): 466 – 485.

Norton, J. R. and Fox, R. E. (1997) *The Change Equation: Capitalizing on Diversity for Effective Organizational Change.* Washington, DC: American Psychological Association.

Nussbaum, M. (1999) 'Women and Equality: The Capabilities Approach.' *International Labour Review* 138 (3): 227 – 245.

Osier, A. and Morrison, M. (2000) *Inspecting Schools for Race Equality. OFSTED's Strengths and Weaknesses. Stoke-on-Trent*: Trentham Books for the Commission for Racial Equality.

Ouston, J., ed. (1993) *Women in Educational Management.* Harlow: Longman.

Ribbins, P. (2003) 'Preparing for Leadership in Education: In Search of Wisdom', in N. Bennett and L. Anderson (eds) *Rethinking Educational Leadership*, pp. 171 – 184. London: SAGE.

Sen, A. (1999) *Development as Freedom.* Oxford: Oxford University Press.

Scott, D. (2000) *Realism and Educational Research. New Perspectives and Possibilities.* London: Routledge.

Scott, D. and Morrison, M. (2005) *Key Ideas in Educational Research.* London: Continuum.

Singh, V. (2002) *Managing Diversity for Strategic Advantage.* London: Council for Excellence in Management and Leadership.

Thrupp, M. and Willmott, R. (2003) *Education Management in Managerialist Times. Beyond the Textual Apologists.* Buckingham: Open University Press.

Walker, A. and Dimmock, C. (2004) 'The International Role of the NCSL: Tourist, *Colporteur or Confrere?*', *Educational Management Administration & Leadership* 32 (3): 269 – 288.

[作者简介]

马琳·莫里森，博士，林肯大学教育领导与学习国际研究院高级讲师，主要研究范围包括领导和学习管理的多元化、平等、包容（主要反映在14—19岁年龄段）以及终身教育。

杰克·卢姆比，林肯大学教育领导国际研究院教育领导专业教授，研究领域为教育背景，包括中学教育、社区教育、未来教育。曾经发表大量的关于学校和大学领导与管理的论著。

克里尚·苏德，林肯大学教育领导国际研究院教育领导课程理科硕士，研究兴趣包括多元化、中层管理、人力资源管理和市场营销。

[联系方式]

MARLENE MORRISON, IIEL, University of Lincoln, Brayford Pool, Lincoln LN6 7TS, UK. [email: mmorison@ lincoln. ac. uk]

教育领导与多元化的挑战

海伦·M. 冈特（Helen M. Gunter）

王刚 译

摘要

多元化是人类的一种普遍特征。它的积极性与消极性的体现与政治、经济和社会结构密切相关。本文的主要目的在于阐释组织（不仅仅是公共领域中的组织）如何应对多元化问题，研究的重点是探索解决这些问题的方法以及当我们把多元化作为一个研究领域时如何协调研究和实践的关系。文章特别指出了现代社会对能力的重视，以及这一点对一个强调整体性与控制传统理性知识的组织的意义。

关键词：布迪厄　公平　实践　公共领域

导言

每一个人都是独特的，因此，当个体结合在一起的时候就出现了模式相同还是不同的多元化问题。自我如何被理解和表达，自我如何理解和认知他人处于社会组织权力结构的核心。“我们是谁”和“我们代表什么”可以用构成身份的范畴加以解释，这些范畴也被用来赋予权威及合法性。阶级、种族、年龄和性别并不是证明“我们是谁”的标准事实，却造成了阶级分化，被用来划定疆界，并限制跨界的分配和企图。这一点在个人及他人从特定的社会、政治、文化以及经济实践活动的角度，来判断是吸纳还是排除某人或某团体为目的的各类活动时表现得特别明显。对教育组织来说，如何重复或者抵制这类来源于人类活动却有害于人类的结构是一种挑战。现今，组织发生了一种转变，即从强调通过外部需求保护机会平等的条文主义（legalism）转变为强调通过训练职员重视和尊重所有社团成员的多元化管理。在这篇文章中，我试图研究和探讨这些与教育领导相关的论题，特别要说明的是：我认为教育领导领域过于轻易地接受了教育领导者、领导（leading）和领导力这些强调控制的概念，却没有接受现实的复杂性。本文阐释了这一观点及其对实践的启示，并对这种实践的研究进行检验。

教育领导领域

教育组织的实践活动从以下几个方面来设计教育领导领域的目标：第一，描述发生了什么；第二，通过解释赋予实践以意义；第三，提出实践中权力关系的问题；第四，设计出改善实践的策略；第五，为这项工作在特定体系中寻求一席之地。在英国，冈特和里宾斯（Gunter and Ribbins，2003）的研究显示，这一领域在知识、求知者和求知等方面研究进展又不尽相同。

知识：教育领导领域汲取社会科学（如历史、政治和社会学）的理论和研究方法以促进组织实践的概念化。

求知：教育领导领域的成员领导或者参与到有认证和没有认证

的短、中、长期专业发展培训项目。

求知者：教育领导领域认可从社团到学校、到地方政府再到中央政府范围内的会员资格。(Baron，1969)

值得商榷的是，教育领导领域倾向于依靠理性主义而不是社群主义(Communitarianism)来处理这些模式、方法以及成员资格的复杂性。理性主义使依据组织结构控制机构成为可能。这意味着，教育领导领域倾向于强调劳动、角色和工作种类的分化以及线性管理程序。这一领域通过产出并运用以高效资源配置为基础的实施过程来强化整体性。基本的知识需求是线性的、因果紧密相连，因此，领导就是领导者依据正式角色对下属行使的角色职责，进行领导就是指导和评价。理性主义在教育领导领域中保持着很强的影响力，在战略规划、预算和人力资源管理等方面表现得尤为明显。理性主义对官僚结构的挑战已经导致产生了形式上的转变。维护秩序和控制他人依然受到重视，但重点放在了通过文化来限制行动上。这意味着，领域倾向于强调价值手段，或者通过选拔、任命、分类以及安排等手段，将个人转变为组织愿景和使命的追随者。基础知识需求依然是合理的，但通过借助团队力量的方式使其增添了更多的人道主义色彩，并使无自主权的参与成为可能。领导力和领导在正式的领导者角色中牢牢地占据着一席之地，但混合模式逐渐受到欢迎，比如众所周知的分布式领导。其他人可以通过分权或者接受授权许可进行领导活动。领导者的地位依旧高高在上，极具号召力，能够对组织团结和有保障性的外部决定的结果作出承诺。

这两种倾向互相排斥。理性主义强调正式角色；社群主义则宣扬正式价值。因此，知识被狭隘地认为是技术人员掌握和施展技艺；学习者就是那些被指派参加例行公事般学习活动的人；学习（活动）依赖于训练和服从。然而教育领导领域存在着值得汲取利用的、丰富多样的文化遗产，倾向于保护具备持久合理的、作为控制手段的领导模式，例如，变革型领导就以承诺能够实现组织愿景和使命的校长为基础。在重建公共领域的过程中，国家已经采纳了这一模式，并通过政策规定、研究和训练使其特权化。这倾向于保持而不是挑战业已建立的特权。因此，如何做、谁来做和做什么都以设想好的运作方式为基础。特别是这种教育领导的方式的前提是类似于基于社群主义服从的角色理性一致性。因此，组织研究倾向于通过分类过程（应用、任命、角色、文化和价值）来判断如何处理来自于经济、政治和社会环境的优势与劣势问题。研究可以为被任命担任高端职位的人提供突破性进展和经验，但不合格的人仍旧被排斥在组织的边缘或者边界之外。

> 首先，研究显示，在收入、就业或被提升到管理层任职等方面，与女人、少数民族或者移民相比，本地出身的白人男性群体并不吃亏。白人男性仍旧占据着最好的工作、赚取最丰厚的薪酬、更容易得到提升并且拥有最光辉的未来前景。其次，多元机制导致了不平等并使其加剧，包括：居住地隔离及其他排斥性结构、雇佣、薪酬、歧视性升迁、工作隔离以及与不平等结构相互关联的社会心理过程等。因此，群体差异是“根深蒂固”的，从这种意义上来讲，群体差异是通过文化加以复制的。就是说，群体差异并不仅仅被感知着，而且也以看上去对特权者来说更加合理的方式持续着。(DiTomaso and Hooijberg，1996：173 – 174)

在教育领导领域，多元化已经成为亟待解决的问题，根深蒂固的理性主义驱动着对这一问题的处理。在这篇文章中，笔者引用一系列研究指出：我们需要从如何探讨人类组织开始，重新思考这些问题。

组织人员

加尼翁和科尼利厄斯（Gagnon and Cornelius，2000：79）回顾了组织中的人员和平等问题如何被概念化的历史：

> **自由主义传统**：这种途径建立在致力于消除劣势的机会平等原则基础上，通过正面的鼓励提供支持。主要包括政策、招募程序、活动与培训的监督等方法。
>
> **激进主义传统**：这一途径建立在积极区别对待的原则基础上，致力于确保结果的公平。方法包括有倾向性的选择程序和运用限额。
>
> **管理多元化**：这一途径建立在个人潜力最大化的原则基础上，

承认和利用多元化来实现增值以获取组织经验和利益。使用的方法包括愿景陈述、审计、问责制和文化变革。

这些途径对矫正和规避不公平作出了重要的贡献，而且已经挑战了关于“什么能够被组织生活和经验所接受”的假设。尤其是使自由主义和激进主义传统得到了国家立法和人权宪章的支持，因此工人们可以走上法庭诉诸法律申请权利的救济。多元化管理的扩大意味着我们要思考和质疑如何行动、为什么行动以及人们如何应对这种多元化的增加，这种认识让工作组织意识到工人的现实生活是多元化的。然而这些解决方法是理性主义的产物，重点是确保整体。但从表面上来看，多元化管理似乎与上文所述不同，它与社群主义一致，通过文化进行控制。这些途径的问题在于如何将分类作为一种方法，以及提供所划分的类别可以成为一种排他倾向的显著证据。

这三种途径，尤其是对多元化管理来说，需要通过界定、鉴别和挑选进行分类。洛比克和杰克（Lorbiecki and Jack，2000）结合一些理由来解释为什么商业组织采取了这些方法：首先，人口统计学所显示的人口变化能在工厂中再现，比如雇主如何重视女性和某个人口较多的少数民族的文化群体；其次，在政治上，建立在积极行动基础上的、对激进主义方法的重视可以通过强调多元化来实施，对于工厂实践来说，这是一种更加正面的、积极的和容易接受的途径；第三，在经济上，单一文化组织可能同时在国内和国际市场遭到破坏，因此多元化对于商业来讲颇具意义。所以，分类使组织产生多元化，并通过内部培训和外部市场来加以实现，问题因而得以解决。然而，洛比克和杰克（2000：S23ff）进一步指出需要接受第四种解决方法——批评与反思的方法。他们强调，多元化管理可能看起来具备可行性，但现实中已经产生了对服从机制和过程的抵制。他们尤其要思考“差异如何形成并被解释”“人与人和事与事之间又有何不同?”“这么做的目的是什么，其结果又如何?”等问题。这些思考指导着他们围绕“如何鉴别和控制不同群体”这一中心确定了一系列问题。管理就是实施管理的特权主体管理作为客体的各种各样的人员。多元化人口的鉴别需要能确定区别的界限；文献中讨论的基本差异，包括年龄、性别、生理特征、人种、性取向、种族等都是不可更改的；从属差异也可以作为划分标准，包括教育、收入、婚姻状况、宗教和工作，但这些是可改变的。运用批判的方法可能会引发有关身份以及身份如何固定和应对变化的问题。事实上，这将导致“为什么这样划分”以及“谁来划分”等问题，基于此，我们可以深入地挖掘现象背后的逻辑问题。

批判的方法让我们能够在加尼翁和科尼利厄斯所确立的三种处理“社会、政治、经济的优势和劣势问题，如何在组织的结构和文化之中得以复制”这类论题的传统方法之外找到一种新的方法（Gagnon and Cornelius，2000：79）。基于人类的尊严和绝对自由，他们提出了一种才能方法。这种方法建立在森（Sen，1999）和努斯鲍姆（Nussbaum，1999）研究的基础之上，并已被广泛地讨论和应用在与多元化相关的论题之中。采用这种方法是为了充分认识到：组织是一种由真实的人组成的社会实体，这些人被赋予尊严并能够行使真正的权力。因此，这一方法没有过多地关注抽象的自由，而是将重点放在组织如何为增加和保障个体持续的自由作贡献，以及组织应被视为变革的主动力量而不是被动接受者（Sen，1999：xiii）。森还指出，重视人员“才能”的拓展以引领他们过上他们希望的那种生活。更进一步讲，不仅仅是公共政策能够造成能力上的不同，能力反过来也会影响公共政策（1999：18）。因此，当我们在强调收入水平、社会阶级类别、健康统计等方面的时候，这些并不总是权力关注的指标或者生活期望的真实表现，只是体现了如何经历生活以及如何在那种生活中进行选择。在谈到“能力集合”的时候，森（1999：75）谈到了“实现的自由”或者个人可以选择的替代性职责组合。他将其描述为：

> 能力集合所反映的自由也能够以其他方式实践，因为集合的价值并不总是与其最佳成分或者被选择成分的价值一致。拥有不选择的机会也非常重要。如果产生结果的**过程**对自身具有意义，那么这就是一种发展的自然方向。实际上，“选择”本身可被视为一种有价值的职责，在不存在其他选择的情况下保留 X 可能是明智的，但这与有重要的选项存在时选择 X 是有区别的。斋戒与被迫挨饿不是一回事。具有选择是否吃饭的权利使斋戒成为斋戒，也就是说，在可以吃饭的情况下选择不去吃饭。（1999：76，强调是原文就有的）

努斯鲍姆（Nussbaum，1999）也借鉴过关于斋戒和饥饿选择的例子，他通过确定以下几个方面的能力分析了背景中的机构：**基础能力**，例如天分和智力；**内在潜能**，通过教育和培训进行准备；**综合能力**，通过允许和限制活动的制度和法律结构使内在能力和外部相互结合。她进一步指出，上述三种能力都应该得到重视，具备天分也需要准备充分，同样也需要外部机构的认可和授权。

加尼翁和科尼利厄斯（Gagnon and Cornelius，2000）所发现的能力途径对领导者、领导和领导力的启示主要表现在三个大的方面：首先，从功能上看，可以在获取数据、态度和经验的评价的基础上创建数据库；其次，实现平等的方法以能力为基础，并依据“感觉到公平”、“感觉到不公平”和“组织真正为我和我的抱负做了什么”来评判；再次，价值（政治也是如此）建立在如何确定身份以规避陈规陋习，过去如何能在当前得以存续以及社会规范在组织中如何体现出优势和劣势等问题之上（2000：74）。以上这些非常重要，但危险在于理性主义的标准使得才能融合于合作生活的方式强化控制力与同质性的方法之中。这需要重新思考我们所指的领导力是什么、谁或者什么是领导者以及领导什么。

陌生领导

领导者、领导和领导力是空洞的，除非我们将它们与目标联系在一起，集中到教育领域，这样它们才会被置于求知者和求知活动之中。如果运用努斯鲍姆的能力分类，我们可以设想：学习者参与到学习（活动）中以获得和发展基础能力，掌握和提高内在能力，并在必要的情况下理解、运用和介入综合能力。因此，正式的学习组织具有既定的措施以增强理解力、知识和技能，领导者可能是学生、助理、教师；进行领导可以是他们每个人所进行的以沟通（谈话、证明、倾听、写作）为渠道的各种活动；领导就成为福斯特（Foster，1989：57）所讲的一种“公有的和社会化的概念”：

> 领导力不是职位的职责，而是代表一种观点的融合，在观点的融合过程中领导力在领导者和追随者之间传达，领导者和追随者都

只是临时的符号。实际上，历史将确定某个人为领导者，但现实中，这一工作是各种不同的社团成员共同在起作用。领导者和追随者是可以相互转换的。(Foster，1989：49)

所以，教育领导关注有价值的社会和社会化关系，这一领域中的方法并不都是通过工作描述或者团队过程来控制关系，而是活动者如何能在组织内外、在自己或他人的学习中与他人建立联系来实现的。因此，作为一种社会实践的领导包括以上这些活动，并融入教学与学习之中。在组织的内部和外部，学生和教师同时是自己及他人学习的领导者。引用伯恩斯坦（Bernstein，1999：259）的观点，教育学是社会性的，是一种可以再生产的产品，即：

……某（些）人经由一种持续不断地从一些人或者事情中获取新的或者发展已有的行动、知识、实践和标准，这些人或者事情注定成为适当的提供者或者评价者。适当与否取决于获取者本人或者其他的一些人，又或者同时取决于两者。

重视这种关系的学习理论是非常有帮助的，例如维果茨基（Vygotsky，1978）的最近发展区理论。正如丹尼尔（Daniel，2001）认为的，与心理学的关联可以通过我们如何反思进行概念化来建立。“最近发展区”被定义为一种“孩子的现有水平和在成人或者竞争同伴的帮助下可达到的水平之间的差距”（Ryle，1999：412）。因此，我们需要重视如何根据社会、文化和历史而思考学习，我们需要检验在各种背景中进行学习的工具和语言。例如，认知冲突根源于问题的提出、理解如何解决受到挑战的问题以及对思考学习者能够获得关于“他们如何认识和为何认识”的有效和全新的见解进行再思考。解决这些问题，需要这一领域对陌生领导报以宽容。据此，教师可以拒绝接受习惯、老规矩以及熟悉的、不受质疑的世界，教师领导因此体现为教师对影响他们工作的众多因素的理解、抵制教化并不为外部权威所控制（Smyth，2001：171－172）。这对努斯鲍姆关于内部能力和综合能力的观点很重要，因为只有能够接受差异，我们才可能结合成群体并隐藏起来，而不是冲出来进行挑战。实际上，正像鲍曼（Bauman，2000：178）所讲，这种方法要求我们不要沉迷于这种创建的愿景和使命，而要更多地关注这种整体性创建的过程：

> ……最有希望的整体是通过大量不同的、自我决定的社会组织成员间的价值、喜好、所选择的生活方式和自我鉴别方式之间的对质、辩论、协商与妥协实现的，而且每天都会更新。这本质上是整体的整合模式，是一种紧急形势下的整体性，是所有参与寻求自我鉴别的活动者的共同成就，这种整体性是共同生活的结果，而不是事先给定的条件，这种整体性通过协商和调节形成，而不是通过否定、压抑或者无差异的事物。

这一领域存在三种主要的资源帮助研究者进行研究规划、理论探索以及专业和发展：首先，创造知识的工作；其次，以学习者和学习（活动）为起点的、逐渐深入的研究工作；再次，对学习活动在公共体制中的位置与更广泛社会论题之间相互影响的研究工作。

这一领域中，重视知识创造意味着一种对合理逻辑的持续关注，这需要挑战和有选择性地发展实践，比如教育被客观化，被分成不同的变量描述、测量，然后再组合在一起。冈特和里宾斯的研究提供了一种框架，通过这一框架可以全面审视知识创造，而学习（活动）的途径能够得到强调，学习者的范围也能得到认知（Gunter and Ribbins，2003）。这种途径创造了直观的概念化知识。在这种知识体系中，通过对话可以质疑和争论所学到的知识。因此，重点就是在一定范围内如何进行理解。人本主义知识来自于经验，建立在日记、访谈和传记的基础上，这些被视为有价值的学习途径，切合本领域这种研究方式以达到检验学生和教师作为相关学习者之间关系的目的。最后，关于价值和我们如何将关于美好生活进行概念化的价值论可被用来解释我们为了什么工作以及这类事物为何是政治性的（Gunter，2005）。

这一审视提出了关于学习者的论题，而且越来越多的研究工作开始关注这样一些学生，他们既是学习者也是自己和他人学习的领导者。一些逐渐扩大的、将学生（而不只是角色职责或组织）置于关注中心的研究工作已显示出生机和潜力，并对我们如何探讨组织结构和文化具有有益的启示（Fielding，2001；Hollins et al.，2005；Starratt，2003）。正如斯图拉特（Starratt，2003：160）所讲，这意味着学校教育的形式必须改变，从以教师教学技巧为前提转变到基于学生主动参与的学习上来，这些学生拥有灵敏性、观点、才能及创造力。同时本领域的成员必须认识到十几年来关于人员和系统现代化的负面影响。因此，这一领域有必要以现实及提出促进变革的方式为出发点。通过市场追求多元化建立在忽略教师和学生的基础之上，他们被视为“一种说教的客体而不是一种主体”（Ball，1997：241）。将教师和学生重新置于主体地位是林加德等人（Lingard et al.，2003a，2003b）的研究工作，通过富有成效的教育，这一领域已经具备了基于经验研究和理论探索上的知识资源，这些知识不是从责难教师具有社会病出发，而是从发现新自由主义改革正在从事的实践活动以及当教师在工作中得到信任和支持的情况下能取得何种成就开始。

广泛的论题很重要，并将学校目标与我们如何理解和体验公共领域联系起来。本领域可以针对“我们如何共同生活”这一论题开展关于个体、身份和社团之间关系的研究（Bates，2003；Sergiovanni，2001；Touraine，2000）。例如，古德哈特（Goodhart，2004：30）提出了“英国是否正变得过于多样化以至于不能维持一种人和人之间相互的义务来巩固良好的社会关系和慷慨的福利国家”的问题。他进一步指出，多元化意味着我们生活在一群陌生人中间，因此我们可能并没有准备好对那些与我们不同的人进行团结。这可以通过提出问题加以自证，问题主要涉及税制系统以及为什么我们不希望资助那些参加了我们不愿意参加或者根本不可能得到批准的活动的人。这种争论是对福利的根本挑战，也是对学校作为公共机构的观念的最终挑战，这就是为什么那些不是家长的人资助其他人的孩子接受教育的原因。从政府和纳税人提供学校教育向市场能够根据家长消费需求提供教育的转变，是一种个体多元化能够得到经济多元化补充的形式。

对这种论点的挑战来源于公共人类组织和正式人类组织发展的历史。这种价值论，建立在“视公共为一种事件形成或作为方式”的基础之上。正如马昆德（Marquand，2004）主张的，市民的论题与消费者的论题是有区别的（并且前者优先于后者），公平与利益也是不同的，服务与绩效更不能混为一谈。当学校中的角色职责必须处理滥用毒品、犯罪、贫困、种族歧视的问题时，这就不再是单独属于他们能领导和管理的范围了，而是将学校与社会组织联系在一起，这就需要更为广阔的观点和视野。处理一个多元学生社团的问题，并不仅仅是一种分类和测量的问题，而是一个如何探讨学校与学校教育的论题，是一种伦理问题。这种争论是教育领导领域目标的核心，需要领域成员了解和熟习学校中权力的位置及实施。使这一领域复兴的机遇在于使其与知识传承联系起来，尤其是作为一个领域如何从作为多元知识空间的社会科学中汲取营养，需要认可更广范围的学习者不仅仅是角色职责，还须承认学习也是一种社会化的教育活动。

结论

在检视当前组织如何处理公平问题的方法过程中可以看出，这一领域不应假设外部的立法和人权宪章已经足以适用，也不应该假设人们可以毫不犹豫地通过分类和其他社会群体的权力结构复制不平等。研究显示，迄今为止私人领域的培训和意识提升仅仅能够发展到这一程度，而且导致更多的负面态度和迷惘。这似乎说明从私人领域寻求解决方法并不是一种可行的途径，教育领导领域应该通过思考这些问题来寻找解决方法。当前，形成了一种对人类及他们潜在的综合能力进行概念化的方法，这一方法能够不受组织疆界的限制，将多元化与组织联系起来。这种观点需要在这一领域中进行严格的论证和研究，尤其需要被置于权力理论之中——关于个体如何能够发挥作用以及更为广泛的社会、经济和政治结构如何与其进行互动的理论。就如杰奎琳·乔丹·欧文（Jacqueline Jordan Irvine，2004：120－121）在给美国下一任总统的信中所讲述的令人震惊的故事一样：

> 几年前，我坐在教堂的台阶上等待锁匠打开我的汽车，这座教堂坐落于亚特兰大的贫民区。这时一个好奇的小男孩发现了我，跳上他的自行车向我这边骑过来看个究竟。在说服他不必跳进我的车内取出车钥匙之后，我让这位新结识的朋友——达利斯坐下和我聊聊天。我问了他一些大人经常会问小孩的枯燥的问题，“你叫什么名字”“你多大了”“你在哪里上学”“你老师叫什么名字”等。最后我问道，“长大了你想做什么？”在迅速回答了其他问题之后，

他在最后一道问题上陷入了停顿，然后说，“我什么也不想做”。“别这样”，我哄着说，“有那么多精彩和令人激动的事情值得去做，成为教师、宇航员、商人、机械师或者警察。你可以闭上眼睛，然后让我知道你所看到的当你完全长大之后你正在做着的工作。”达利斯按照我说的闭上了眼睛，将手臂交叉放在胸前，抬起头对着天空，好像他需要一种神圣的鼓励去完成这个艰巨的任务。在经历了似乎是非常痛苦的15秒钟努力之后，我打断了达利斯的专注。“你看到了什么?”我有些迫不及待地问道，“告诉我你的梦想。”年轻的男孩低声说道，“女士，我什么都没看到，我没有任何梦想”。我惊呆了，就在我无语地坐在那里的时候，达利斯跳上自行车逃走了。

从这个故事中可以看出多元化对教育领导的挑战。我们怎样才能将学生个人的学习和生活机遇与更广阔的社会目标结合起来呢？当1993年斯蒂芬·劳伦斯在伦敦汽车站等车时被杀害的时候，问题就不仅仅是这种激进的攻击对英国社会意味着什么了，而且还是警察为什么没能实施正当的调查以揭露制度化的种族歧视的问题。我们不能将组织与公共分割，因为这些事物是关于社会和社会实践的。这里要提请大家注意的是，我们如何实现学校作为组织到作为公共机构的转变。我不是在探讨无效益和无效能，而是倾向于对公共领域中的学校进行重新界定，以及如何使这些努力表达出“我们是多么期望共同生活”。公共领域学校的存在假设了我们关注那些与我们没有血缘关系的人；但是我们也必须注意到还有一些人，他们参与到实践中，他们支持不用关心那些没有血缘关系的人的观点。因此，国家参与学校教育也并不像我们设想的那样安全。这些是大的论题，也是不应放在这里讨论的问题。但可以通过我们的实践提出这些论题，开启探讨“什么对我们是重要的”以及“如何将这些问题转化为社会和职业实践中的问题”的可能性。

参考文献

Ball, S. J. (1997) ‘Policy Sociology and Critical Social Research: A Personal Review of Recent Education Policy and Policy Research’, *British Educational Research Journal* 23 (1): 257 – 274.

Baron, G. (1969) 'The Study of Educational Administration in England', in G. Baron and W. Taylor (eds) *Educational Administration and the Social Sciences*, pp. 3 – 17. London: The Athlone Press.

Bates, R. (2003) 'Can We Live Together? The Ethics of Leadership in the Learning Community'. Paper presented to the Annual Conference of the British Educational Leadership, Management and Administration Society, Milton Keynes, October 2003.

Bauman, Z. (2000) *Liquid Modernity*. Cambridge: Polity Press.

Bernstein, B. (1999) 'Official Knowledge and Pedagogic Identities', in F. Christie (ed.) *Pedagogy and the Shaping of Consciousness: Linguistic and Social Processes*. London: Cassell.

Daniels, H. (2001) *Vygotsky and Pedagogy*. London: Routledge Falmer.

DiTomaso, N. and Hooijberg, R. (1996) 'Diversity and the Demands of Leadership', *Leadership Quarterly* 7 (2): 163 – 187.

Fielding, M. (2001) 'Students as Radical Agents of Change', *Journal of Educational Change* 2 (2): 123 – 141.

Foster, W. (1989) 'Towards a Critical Practice of Leadership', in J. Smyth (ed.) *Critical Perspectives on Educational Leadership*, pp. 39 – 62. London: Falmer Press.

Gagnon, S. and Cornelius, N. (2000) 'Re-examining Workplace Equality: The Capabilities Approach', *Human Resource Management Journal* 10 (4): 68 – 87.

Glickman, C., ed. (2004) *Letters to the Next President*. New York: Teachers College Press.

Goodhart, D. (2004) 'Too Diverse?', *Prospect* 95: 30 – 37.

Gunter, H. M. (2001) *Leaders and Leadership in Education*. London: Paul Chapman.

Gunter, H. M. (2005) '*Leading Teachers*. London: Continuum.

Gunter, H. M. and Ribbins, P. (2003) 'The Field of Educational Leadership: Studying Maps and Mapping Studies', *British Journal of Educational Studies* 51 (3): 254 – 281.

Hollins, K., Gunter, H. and Thomson, P. (2005) 'The Innovative School'. Paper presented at the International Congress for School Improvement and Effectiveness, Barcelona, January 2005.

Jordan Irvine, J. (2004) 'Teaching Darius to Dream', in C. Glickman (ed.) *Letters to the Next President*, pp. 120 – 126. New York: Teachers College Press.

Lingard, B., Hayes, D. and Mills, M. (2003a) 'Teachers and Productive Pedagogies: Contextualising, Conceptualising, Utilising', *Pedagogy, Culture and Society* 11 (3): 399 – 424.

Lingard, B., Hayes, D., Mills, M. and Christie, P. (2003b) *Leading Learning: Mak-*

ing Hope Practical in Schools. Buckingham: Open University Press.

Lorbiecki, A. and Jack, G. (2000) 'Critical Turns in the Evolution of Diversity Management', *British Journal of Management* 11, special issue: S17 – S31.

Marquand, D. (2004) *Decline of the Public*. Cambridge: Polity Press.

Nussbaum, M. (1999) 'Women and Equality: The Capabilities Approach', *International Labour Review* 138 (3): 227 – 245.

Ryle, A. (1999) 'Object Relations Theory and Activity Theory: A Proposed Link by Way of the Procedural Sequence Model', in Y. Engeström, R. Miettinen and R. Punamäki (eds) *Perspectives on Activity Theory*, pp. 407 – 418. Cambridge: Cambridge University Press.

Sen, A. (1999) *Development as Freedom*. Oxford: Oxford University Press.

Sergiovanni, T. J. (2001) *Leadership What's in it for Schools?* London: Routledge Falmer.

Smyth, J. (2001) *Critical Politics of Teachers' Work*. New York: Peter Lang Publishing Inc.

Starratt, R. J. (2003) *Centring Educational Administration*. Mahwah, NJ: Lawrence Erlbaum Associates Inc.

Touraine, A. (2000) *Can We Live Together?* Stanford, CA: Stanford University Press.

Vygotsky, L. S. (1978) *Mind in Society: the Development of Higher Psychological Processes*. Cambridge, MA: Harvard University Press.

[作者简介]

海伦·冈特，曼彻斯特大学（University of Manchester）教育学院教育政策、领导与管理学教授。她对教育领导领域知识产生发展史具有浓厚的研究兴趣，并且已经围绕着这一领域的理论和研究概览开展了一系列的研究工作。她撰写了一系列有关教育领导的著作和文章，其代表作是《骨干教师》（*Leading Teacher*）。

[联系方式]

HELEN M. GUNTER, School of Education, University of Manchester, Oxford Road, Manchester M13 9PL, UK. [email: helen. gunter@ manchester. ac. uk]

多元化理论与领导

——基于10个案例的分析

杰克·卢姆比（Jacky Lumby）
喻小琴 译

摘要

本文以广义和狭义的多元化理论建构了文章的理论框架。狭义的多元化主要以关注种族歧视、性别偏见以及残疾人为特征；广义的多元化包括更多的“差异性”特征，如教育环境、领导风格等。对英国10个学习和技能机构的研究表明，在大多数个案中，员工们反对狭义多元化论的非相关性或不切实际性，认为它们是值得怀疑的，尽管他们可能意识到了狭义理论与政治的相关性。员工们的动机掩饰了源于人力资源管理和以提升平等为潜在旨趣的“管理多元化”，而成为回避不妥问题的理论技巧。员工们既会选择那些不符标准的“另类”，特别是与黑人和少数族裔相联系的“外部集团”，成为领导备选人；同时又通过排斥“另类”以使领导层同质化。本文通过研究认为当前领导理论明确支持这一排斥过程。

关键词： 黑人和少数族裔　机会平等　种族

文章框架

领导需要关注“多元化”从多方面得到了证实。几十年来，世界各大公司已经呈现出这样一个商业特征，也就是，流动的人口会促使劳动力来自于更广泛的环境和文化背景（Johnston and Parker，1987；Dreaschlin et al.，2000；Patrickson and Hartmann，2001）。很明显，一些有效的手段阻止了人们的流动。

教育领导已经倾向于借鉴商业方法推动研究（Simkins，2000）。也许他们会因为承受如同商业部门领导者承受的商业压力而实现“管理多元化”。同时，如同其他公共部门，他们期望实现更广泛的社会正义，这也促使了管理多元化（DiTomaso and Hooijberg，1996）。

基于此，本文对英国学习技能机构的10个案例进行研究分析，提出了研究论述多元化、概括研究方法论以及分析多元化概念和观点等研究者面临的两难困境，特别是探索了倾向于选派不符标准“另类”为领导者的内涵。最后，对多元化观点概念本身的揭示、反思、支持或对领导理论提出的挑战进行了一定程度的思考。

学习技能机构包括六年制的普通和专业继续教育学院、成人和社区服务组织以及一些以工作为中心的学习型组织。该学习机构跨越了广泛的文化领域，从接近学校文化的六年制学院到商家依据商业规则经营的服务于工作的学习型组织。因此，该机构的研究为在教育背景和文化中如何理解领导多元化问题提供了一个很好的检验基础。

本文对所有与教育相关的人员皆有作为领导者的潜质的这一假设作了反思，因为他们与员工们、学习者以及更广泛的社区人员之间的关系塑造了社会中人际关系的一个模型。同样，教育者通过吸纳或排斥新来人员，凭借其个人魅力成为领导者。教育者的领导力与魅力因此既与理解如何实现领导多元化产生了相关性，即促使担任领导职责之人的多元化，也与如何理解多元化领导有一定的相关性，即在一个多元文化的群体或团队中扮演领导角色。

多元化

到目前，“多元化”这个词一直被人们广泛地使用着，但它不可避免地存在着很多的问题。通常意义上，“多元化”意味着差异。对于具体到什么是差异以及它们的内涵是什么时，也许一个中立描述即刻成为了一个有争议的政治宣言，如，谁决定谁是“不同的”？基于什么？目的何在？可以从广义和狭义上对差异进行解说（Wentling et al.，2000：36），广义的差异包括很多的标准，如，年龄、残疾、宗教、性别、价值观、种族文化、国籍、教育、生活方式、信仰、外貌、社会等级和经济状况等（Norton and Fox，1997）。另外，多元化被教育领导者解读为一系列特质、技能及那些包括职能、服务年限和领导方式等在内的工作经验。狭义上说，差异主要指种族、性别、残疾和年龄等不利于个体的特质。

为应对过多的理解，评论家们已在寻求差异的特征并进行分类（Milliken and Martins，1996）。最明显的区别就是诸如种族、性别等显性差异与教育背景等隐性差异之间的区分。米利肯（Milliken）和马丁斯（Martins）进一步指出，当差异十分明显时，情绪因素似乎产生更强烈的影响，偏见更易于形成。反应的强度与差异的可见程度成正比，与“少数派”的人数多少成反比。在一个群体中，人数越少，越容易与多数人之间产生差异，因此，也更易于引起强烈的情绪反应，从而影响他们的处境（Ely，1994；Sackett et al.，1991）。因此，多元化被认为是与政治而不是与差异本身高度相关的概念。但是，正如洛比克和杰克（Lorbiecki and Jack，2000）所指出的，差异本身被多数派认为是“不可接受”或有问题的。有些差异能产生重大影响，因此，理所当然的结论：认为多元化是多数派为达到自身目的而进行的社会和政治建构。

因此，研究和著作中提到的关于多元化的问题，会涉及一系列双重承诺，如：

- 人们对“差异”的已有研究阻碍了从某个标准对差异进行更深入的阐述，这样将会忽略并放弃研究那些基于对已有差异认识基础之上的权力差异。
- 最有权改变事情的人是那些最不理解权力缺失和缺乏改变现状

动机的人。

- 如果社会正义所取得的成就被视为是服务经济的目的，那么任何多元化道德观的提出都会遭受质疑，认为这仅仅是以经济发展为借口而不是为了达到双重目的［这被加拿大人的告诫语“最起码，利润增加了”（Schmidt，2004：152）加以证实，这在价值观存在差异的劳动力中深受欢迎］。
- 试图提出不平等的那些人会引起敌对反应进而形成支配群体。

雷诺兹和特里亨（Reynolds and Trehan，2003）承认它们之间的对立关系，但同时认为应通过保持不平等的方式，形成公开的机制。本文研究主旨即在于此，即为教育领导者提供激发和反思多元化问题的方式。不能忽略一些陷阱，但应反对选择相对简单的方式及避免由此带来的风险。

研究

本研究旨在探索领导力的发展及其与领导多元化的关系，并以后者为核心。本文采用了案例与调查相结合的研究方法。

案例

研究中收集到了英国不同地区各类学习技能机构组织中的案例。有目的地对不同地区进行选择性取样的首要标准是学习者的学习成绩是否表明领导力的有效性，有效性指标通常被组织成员认可。成功率被认为是学习者初始成绩除以所获得成绩的百分比。[1]

选择连续进步者的最基本依据是他们1998—2002年的资料，资料数据表明他们每年以超过5%的成功率在进步。在各教育阶段，连续几年以上都能使学习者取得如此进步的组织通常被认为是有效性的领导。

标准二是组织机构类型和地理分布。总的来说，选择了三所继续教育学院、一所专科学院、两类服务于工作的学习型组织、两所成人与社区教育服务组织和两所六年制学院，它们代表了学习技能机构的不同组织类型，组织人员从8—2 000人不等。从地区分布来说，分布在大都市、城区和农村，它们或者分布在一类地区，或者分布在多类型结合的地区。

个案方法

每个个案采用了三种主要方法：

- 访问了最高、中层和基层领导者主要群体；
- 访问个人经历；
- 问卷调查了所有工作人员（包括兼职人员和临时工）。

为使权力和身份差异最小化，尽可能地通过在一两个个案的组织机构或根据实际情况所形成的混合群体，把主要群体分成基层、中层和最高领导者。一般而言，以基层、中层和最高领导者为被试的解释权在组织，根据结构和职责不同，而有所不同，最高领导者担任主要决策人、董事、学院主任；中层领导者担任诸如课程指导者、服务部门主任和主要协调者；基层领导者包括授课或教辅等领域的团队领导。

主要群体研究以下问题：

- 如何理解多元化；
- 多元化领导取得成就的重要性；
- 多元化团队与同质团队中领导的同一性或者差异性。

所有个案研究组织成员的问卷都与领导与多元化的问题有关。不同个案中，问卷回收率差异很大，且总回收率相当低（16%），这反映了作为兼职和临时工的被试占有很高比率（超过50%），从他们那里获得反馈是很困难的。然而，从主要群体中访谈的117人、个人经历访问的24人以及794份问卷调查足以揭示出机构成员的态度和实践行为。

个案分析和混合案例分析按主题获取访谈资料，研究分30个主题，并归类为三大领域——领导、多元化以及领导发展。

方法论和被试三方关系意味着多元化视角形成的可能性。由于组织和部门环境的多元化（Simkins and Lumby，2002），很难从10个案例中得出一些规律性的东西，但是目标多元化和显性实践在部门内还是能体现一些东西。空间限制了对方法进行具体的解释，这在卢姆比等人（Lumby et al.，2005）的研究中进行了更全面的描述。

许多研究资料都是很敏感的，因此，被试是匿名的。鉴于此，本研究没有对案例提供者进行深入阐述，否则将可能导致被试身份的暴露。所以，访谈资料一般是为阐述一系列目标定位，基于混合案例而提出，仅仅采用书信的方式对个案中的被试进行描述。这样，不仅在案例提供者内部，同时在更广泛的读者中都能达到匿名的效果。因此，道德关照限制了案例所能呈现的具体内容，然而，本研究的意图是通过呈现一系列有关多元化的概念和观点为教育者提供大量的事实，以便形成深层的理解和疑问，并对其内涵进行思考。

理解多元化——基于事实

本部分通过事实证明如何理解多元化，当面对广义和狭义的概念时，相对广义的概念更为适合。对为什么要研究这个案例，既要考虑理性因素，同时还要考虑所提到的被试的情绪反应，特别是种族问题。他们似乎相信多元化的提出将阻碍他们作为支配群体的地位并将可能威胁到领导质量。

研究小组没有提出任何有关多元化的定义，相反，主要群体中的每个人都被问到关于“多元化”的理解，有些人在回答时表现出认知上的混乱：

> 有些事你必须去做而有些事你不得去做，如果你有做事的风格，我们所有人都有，那就是多元化。（中层领导者，个案访谈，案例A）

另外，每个案例组织中无一例外地出现分歧。如，在一个非常小的组织中，两位最高领导者却产生了极不相同的理解，一位领导者认为多元化与种族、性别和残疾相关，另一位领导者认为多元化是“不同的领导风格”。广义共存现象在案例中普遍存在，小部分被试把多元化视为主要由种族、性别和残疾来解释，尽管他们对如何解释这些没有一致的意见。大多数人采纳了广义的解释，其中一些人明确反对狭义的解释，如在案例B中，中层领导者群体设法解决如下问题：

被试2：当你开始分析机会平等时，人们立即想到了年龄、种族和性别等要素，从某种程度上说为什么会这样？是因为那些不是它的核心本质。

这种观点也在基层领导者那里得到了体现：

被试1：我认为是人的个性造就了差异。

在这一案例中，多元化的组成部分通常被认为是职责、经验、个性、风格以及教育背景，而不是性别、种族和残疾。在案例D中，对多元化的理解与此相似。“使我感兴趣的是领导方式或风格的多元化……”（最高领导者主要群体）。然而，在该组织及其他组织中，两种不同的解释可能被认可：

我脑中形成了两种观点。我不知道，多元化是否存在于那些在等级组织中有特殊地位的男性、女性、老年人、年轻人以及不同种族的人群当中，这也许就是一种理解……另一种理解也许是多元化与人们执行职责的不同方式相关。（基层领导者群体，案例D）

在两个组织中，广义的解释包含了狭义的解释，辨别出了系列广泛的差异特征，但特别关注的是可能不利于人的那些特殊的特征。在案例C中，否认了关于性别、种族和残疾的多元化的狭义解释，认可包括其他诸如宗教差异等多元化特征。然而，在该案例中，这并不意味着不认可与性别、种族和残疾相关的政治权力契约。有观点坚持认为，黑人职工“偶尔会产生不同的世界体验”以及“你必须清楚，如果有些人感觉他们受到不公平的对待，他们对生活的体验可能与你不同”（最高领导者主要群体，案例C）。出现这个案例的组织是唯一由所有领导者群体明确提出不同事实和权力差异问题的案例组织。

似乎关注那些隐性的、多种特征的多元化的广义解释被广泛地认为是多元化的解释，偶尔被更明确的倾向于狭义的理解，关键是为什么会这样。

很明显，有人谈论狭义解释的地方，他们最为强烈的感受是种族问题，种族问题似乎最易导致不满。这证实了文献中提到的，可见程度和“少数派”增强了对群体反应的消极情绪力量（Ely，1994；Sackett et al.，1991）。有许多观点认为，种族问题之所以没有成为多元化的组成部分或优先考虑的因素，是因为地方社区被认为是“所有白人”的天下，这从案例 D 中的一些论述可以看出：

> （组织所在的地区）历史上从没有过任何黑人的地区。即使现在黑人难民陆续来到这里，他们也不会让黑人执政的……日程上没有——这是我的感觉……我认为多元化的那种解释在此是有问题的。（中层领导者群体）

该地区长时间没有黑人使得对种族及其相关问题的任何多元化的解释都成为了空谈。

另外，有观点认为，少数民族不参与某些工业，如园艺业，因此，在某些课程领域或专门学院试图聘用黑人和少数民族领导者是不可行的。

然而，尽管地方社区或工业部门特性的影响，对为什么提出种族问题是不可能给予理性的解释，但他们内心的情绪反应是无法抹杀的：

> 当然，我作为一个个体，认为关注那些特殊身份的群体是真实的问题。（最高领导者群体，案例 E）

该反应使多元化应表达出的程度受到限制，或使其负面认识的程度受到限制：

> 我认为应提倡多元化，但不应被过分鼓励。（问卷问答，案例 D）

宣称多元化通常等同于积极的歧视（那即是给予非代表性群体优先聘用/培训/提升的机会），同时也担心代表性群体将处于不利地位。问卷向被试调查了他们是否希望获得机会并对与鼓励领导多元化相关的一些评论，109 人作出了评论，其中 28 人（占总数的 26%）批评或反对积极的歧视。如，

采用积极的歧视会产生危险的后果。(问卷回答，案例F)

聘用必须严格基于人的优点而不是人的种族或其他多元化的问题。(问卷回答，案例J)

问卷中没有提到积极的歧视，因为这是英国法律所不允许的。积极的歧视鼓励多元化的假设是由被试提出的，1/4的被试有这样的认识并体验到了许多的危机。很显然，在一些案例中，他们担心处境不利：

我几乎失去了上大学的机会，因为它是为少数族裔开放的——因此，我被排除在外。(案例F)

将种族问题当做多元化问题将导致对某一群体的支持超过当前处于支配地位的群体，而后者的理论基础是，从少数民族或非代表性群体中任命领导将对领导质量和执行力产生负面影响：

多元化不应该取代质量和能力。(问卷回答，案例C)

赞成这类观点的前提假设是那些非代表性群体的能力低于其他人，因此，任命他们将带来削弱领导力的危险，以下言论为提倡多元化的有效凭证：

没有显示自然领导力的那些人需要被鼓励，如，妇女以及工人阶级等。(问卷回答，案例C)

“自然”一词的使用意味着某些群体天生缺乏领导力。

多元化的一系列观点开始产生了。因为他们不具备领导的能力和特质，因此，他们不能代表领导处于此职位。由此，任命他们会以降低领导质量为代价，同时使那些“天生”更有能力者处境不利。

"另类"的产生

也许有人不反对被试评论中掩饰的观点，虽然是不道德的，但它是合理的。语义学的分析能揭示更深层的假设，他们更多的是基于情感而不是逻辑进行的推理，这些也许是被试完全没意识到的。如下列的评论：

> 如果……现在有50位非洲加勒比海学生来到我们的大学，很难相信他们会受到"正常"孩子的欢迎。(基层领导者群体，案例B，特别强调)

> 这正如我们需要根据不同的时间安排才能确定假期的问题一样。如，就不同的宗教假日来说，我们对关于什么时候放假有相当一致的看法……我认为，许多的事实表明他们是有差异的。(中层领导者主要群体，案例D，补充强调)

在每一个例子中，潜意识都创造了"另类"，一个有别于正常群体的外部集团。尽管领导们会考虑到整个群体及其每个人的需要，但本案例不同的是假设了不同于正常群体的群体，这些没有被明确规定，但存在于说话人的脑中或源于大多数人。迪托马斯和霍伊伯格（DiTomaso and Hooijberg，1996：167）借助社会学的分析指出，"个体参照群体成员会形成一种'社会身份'，于是产生了不同（或不同类）的人，他们会认同他们自己的群体（内部集团），而对那些不同的群体（外部集团）作出否定的评价。"这一理论与被试指称外部集团为"另类"这一用语相吻合，同时也与被试对外部集团的人可能担任的职责作出负面的评价相一致，即认为，如果外部集团成员得到任命将会威胁到领导力。该理论也意味着找到了支持正常群体的方式，这即是我现在希望进行分析的。

方式1——多元化理论

在主流群体看来，多元化理论控制了可见的和"不可接受的"差异程度，以及不可见的和更易于“接受的”各个方面。被试认为多元化与职责、个性和领导方法等相关，同时，反对种族、性别和残疾等观点或以否定的方式看待这些指标。管理多元化理论似乎为人们提供了从心理上回避令人不快或不受欢迎挑战的理论技巧。威尔逊和艾尔斯(Wilson and Isles，1999：38）认为，管理多元化是对威胁权力差异与歧视的平等机会策略的妥协。然而，他们引用了种族平等委员会（the Commission for Racial Equality）主席的观点，即认为多元化是“一个使雇主远离‘教条’世界的‘休闲区’”。他们建议管理多元化以多种方式重新计划平等机会，即通过赏识、表扬和宽容人类中广泛存在的差异，以进一步满足个体的需要。事实上，如我们的资料表明，关注那些最不会影响不利程度的“可接受的”的差异能成为一种源于某种特征的确定工具。因此，“管理多元化”将基本的挑战转化为权力、将不平等转化为可管理的人力资源管理过程，从而使掩饰意图成为保留现状(Sinclair，2000)。

当然，这并不是故事的全部。在一个个案组织中，被试一致认为管理多元化是最可能的不利因素，这需要极大的想象力才能理解那些没被赋予权力的人的思想。多元化提出的目的在于赋予所有人权力，但特别关注的是那些在反对统治群体观点和态度中处境最不利的人。同样地，所有案例组织中的个体要么会徘徊于边缘，要么会完全地参与到剥夺某些人的权力和有必要作出反应的讨论中去，这是对不到1/10的被试进行问卷调查的结果。

因此，多元化概念既提供了与提出反对差异相一致的机会，如，种族偏见和性别歧视。同时也概括了为避免一致而聚焦于远不可能导致争议的差异机会，如，在领导团队中需要整合不同的职责、方式和风格。总的来说，似乎是我们的资料极大地支持了管理多元化的政治分析，认为是统治群体为达到保留特权目的而实用的掩护方式。这一初步的结论需要我们在工作中继续研究以深化我们对其过程的理解。

方式2——领导团结

迪托马斯和霍伊伯格（DiTomaso and Hooijberg，1996）认为多元化理论将发现有利于内部集团的建设。本文已提出用多元化理论的方式改变注意力以免产生过于极端的变化。另一策略在三个案例的组织中得到了证实，即群体内部团结与有效执行的关系。这些案例中，领导之间是非常团结的。就学习者不断提高的成绩来说，所有产生案例的组织都是成功的，长期密切团结的领导群体并不希望被搅乱：

> 我认为有更多的新鲜血液流向领导层以形成更为多元化的人群结构是很好的……但另一方面，我也感觉到我们现在的团队非常稳定，我不需要担心其将来的发展，因此，我希望那种特质能保持。（基层领导者群体，案例B）

维持团队的“稳定”有两种方法，第一，以当前在职者的模式吸纳新的领导者；第二，保持相同的领导实践。在两个案例组织的主要群体中，倾向于用一种特定的模式吸纳新领导者的意识很强。特定的群体清醒地认识到“X组织人”是什么样的，应聘者会进行自我选择以满足X组织人的要求并按其要求行事。因此，一般来说，这种选择范围是很狭窄的，从这一范围中挑选的人将十分符合已有的组织文化：

> 当你任命某人时，你会倾向于任命同你自己的风格一致的人，认同他们的背景或行为方式，你认为“我能与他相处”。（最高领导者，个人访谈，案例D）

身处其位的人然后会进一步去保存组织文化，情况是这样的：

> 不论年轻人是男是女，白人还是黑人，有能力还是没有能力，都根本不会对我产生任何影响。因为，他们都依然需要从总部得到一些关于如何实现从A到B进行转化的指导。（基层领导者群体，案例B）

大体上该评论反映了不存在歧视的良好状态。然而，内隐的目的在于同化领导。文献资料表明团队中领导之间即使存在很小的差异，也能对执行产生负面影响，至少在短时间内是这样的。同时，也表明在多元化群体中，获得成绩是可能的，但需要付出更多的努力（Dreachslin et al.，2000；Milliken and Martins，1996)。这些成功的案例组织不可能形成新的领导理念和范式，但确定无疑的是这将带来很大的挑战。他们认为，会使当前成功的领导模式产生不必要的威胁：

> 诚然，你倾向于任命你的同类人，如果退一步问："我们需要的是什么？我们需要的是有差异的人"，那将产生完全不同的观点。与不同观点的人相处，不论是对于团队还是对于你个人来说都是极具挑战性的，你必须顺从并与此达成一致。不同种族背景或无能的人也许与你的观点有很大差异，但愈是代表社会的团队愈是难以管理。不论你是否曾经做过我不了解的事情，它都是相当困难的。(最高领导者，个人访谈，案例D)

外部集团的被试清楚地意识到这一观点及其内涵，要想成功地承担并保持正规领导职责，文化认同也许需要被抑制。达到"每个人思考同一件事"（中层领导者主要群体，案例K）的要求，就能很容易地证明领导力的出众。

结论是，将"另类"视为外部集团相当于另外一个过程，也即是不允许内部集团有"另类"的存在。不论是校长、高层管理团队或更广泛的群体谁来展现领导力，都能被视为致力于使员工形成有凝聚力的高效团队，他们十分关注学习者的成就。普遍存在的关注文化的行为鼓励领导和领导理论研究者尤其要关注领导效果。通过反思文献资料中提到的，在某些情境和在短期内多元化团队也许会取得稍差的成绩，可以看出，如果强制需要迅速达到目标，多元化会被一些被试回避为是不相关或明确认为是相当危险的。

实践工作者和理论研究者的观点反映的也许不仅仅是政策压力，同时也反映了哲学认识论上的偏好。洛比克和杰克（Lorbiecki and Jack，2000：S25）认为后殖民理论批判了固化的和轻视"另类"的西方知识建构过程。这当然是与教育领导理论相关的事实，很大程度上，假设普遍采用了西方观点（Foskett and Lumby，2003）。基于领导理论，沃克(Walker and Walker，1998：10）指责领导实践中"同一"的压力，普遍强调创造并维持共享愿景的结果是把愿景看成是领导的中心任务，这意味着基于共同价值观的领导创造了同一目标。大约10年前，鲍斯卡丁和雅各布森（Boscardin and Jacobsen，1996：468）质疑道："如果同一是社会团结的中心，那多元化是什么意思呢?"他们的疑问似乎引起了一些人的兴趣。在很大程度上，领导理论依旧是基于同一而忽略了多元化对团结所作的贡献。那些有意无意打算清除领导内部集团"另类"的人将会发现一旦认可了愿景和计划，尤其是认可了从主流中除去多元化领导理论成了鼓励关照学习者及其学习结果而事先准备好的工具，研究多元化把研究者/作者置于了领导理论的盲区，这从修辞上看是可行的，但忽略了所有的实践旨趣。

理论的作用

米利肯和马丁斯（Milliken and Martins，1996：14）认为，"排除多元化是需要相当大的力量的"。本文仅仅选择了从一系列复杂的情境中除去多元化的两种可能方式。然而其内涵发生了调整。提出的两种机制对两大理论提出了挑战，第一是源于人力资源管理的多元化管理理论，第二是领导理论。

就多元化理论而言，它显然促进了劳动力形象日趋多元化，确保所有人能在工作中取得同等的对待并产生同样的高效，它既是朝既定方向前进的工具，但同时又是易于被推翻为确保没有发生任何变化的工具。"管理多元化"为组织中所谓的少数人言说歧视和排斥提供了理论工具。对大多数人来说，"管理多元化"提供了逃避现实的路线，即通过关注更少招致歧视的差异特征来避免令人不安或不适宜的非正义。

资料中反映出的教育领导理论的第二大理论反而没有引出争议。其理论基础是确定的不可动摇的同一性假设，它的价值类似于商业的领导观。在商业中，对产品的关注意味着人们要确保获得利润最大化。许多人会认为这就是商界规则，不须为此作辩护。教育领导理论过于关注产品而不是人，但因为产品是学习而不是产品实体，学习这种产品的重要性地位增加了对人类产品指控而不是对人的指控的一种欺骗性的免除。关注学习的领导是有价值的，即使它延续历史上领导中存在的排斥和歧视。你所看到的是，无视对保证多元化的嘲讽，只关注理论主体并保持、维护、确立同一，在被试坚持需要同一视野、同一思维和同一文化作为领导团队继续成功的先决条件就反映了这一点。

展望

本文所作的思考与实践提出同一性倾向并加强了多元化管理与领导理论。我们的资料来源于学习技能机构，但所进行的分析也许与中小学和大学相关。领导理论研究者该是时候从华丽不实的研究到真正关注多元化理论，以进一步推动多元化理论的研究（Milliken and Martins，1996），同时还要将当前理论作为权威人士控制的工具这一现状予以改变，以免变化发展的停滞。如果领导的主要目的不是提升成绩，而是有助于多元化社会的平等，不仅是道德而且是经济所必须的权力和善，那理论需要如何变化？反对这一变化的力量是不允许的。拒绝我们资料中体现出的“另类的领地”（Rusch，2004：32）可能深刻地体现在理论研究者的思维中。本文仅仅为领导理论案例提供了评论的资料，认为闯入“另类的领地”将需要有持续的且有决心的努力评价与重构，当然不是从边缘而是从主流进入。

致谢

本研究是由阿尔玛·哈里斯（Alma Harris）和我共同指导的。研究团队由马琳·莫里森（Marlene Morrison）、丹尼尔·缪吉斯（Daniel Muijs）、克利斯安·索德（Kristian Sood）、德里克·格洛弗（Derek Glover）、迈克尔·威尔逊（Michael Wilson）、安·布里格斯（Ann Briggs）和大卫·米德伍德（David Middlewood）等人组成。

注释

❶ 初始成绩是指学习者在其项目开始时许诺获得的成绩，不包括在学习过程中从一个项目转到另一个项目的那些学生的成绩。获得成绩是指学习者被普遍认可的预期成绩。

参考文献

Boscardin，M. L. and Jacobson，S.（1997）‘The Inclusive School：Integrating Diversity and Solidarity through Community-based Management’，*Journal of Educational Administration* 35（5）：466 –476.

DiTomaso，N. and Hooijberg，R.（1996）‘Diversity and the Demands of Leadership’.

The Leadership Quarterly 7 (2): 163 – 187.

Dreachslin, J. L., Hunt, P. L. and Sprainer, E. (2000) 'Workforce Diversity: Implications for the Effectiveness of Health Care Delivery Teams', *Social Science and Medicine* 50: 1403 – 1414.

Ely, R. J. (1994) 'The Effects of Organizational Demographics and Social Identity on Relationships among', *Administrative Science Quarterly* 39: 203 – 238.

Foskett, N. and Lumby, J. (2003) *Leading and Managing Education: International Dimensions*. London: Paul Chapman.

Gagnon and Cornelius (2000) 'Re-examining Workplace Equality: The Capabilities Approach', *Human Resource Management Journal* 10 (4): 68 – 87.

Irby, B. J., Brown, G. and Duffy, J. A. (2002) 'The Synergistic Leadership Theory'. *Journal of Educational Administration* 40 (4): 304 – 322.

Johnston, W. and Packer, A. (1987) *Workforce* 2000: *Work and Workers for the 21st Century*. Indianapolis: MN: Hudson Institute.

Lorbiecki, A. and Jack, G. (2000) 'Critical Turns in the Evolution of Diversity Management', *British Journal of Management* 11 (3): 17 – 31.

Lumby, J., Harris, A., Morrison, M., Muijs, D., Sood, K., Glover, D., Wilson, M. with Briggs, A. R. J. and Middlewood, D. (2005) *Leadership, Development and Diversity in the Learning and Skills Sector*. London: LSDA.

Milliken, F. J. and Martins, L. L. (1996) 'Searching for Common Threads: Understanding the Multiple Effects of Diversity in Organizational Groups', *Academy of Management Review* 21 (2): 402 – 434.

Norton, J. R. and Fox, R. E. (1997) The Change Equation: Capitalising on Diversity for *Effective Organisational Change*. Washington, DC: American Psychological Association.

Patrickson, M. and Hartmann, L. (2001) 'Human Resource Management in Australia: Prospects for the Twenty-first Century', *International Journal for Manpower* 22 (3): 198 – 206.

Reynolds, M. and Trehan, K. (2003) 'Learning from Differences', *Management Learning* 34 (2): 163 – 180.

Rusch, E. A. (2004) 'Gender and Race in Leadership Preparations: A Constrained Discourse', *Educational Administration Quarterly* 40 (1): 14 – 16.

Sackett, P. R., DuBois, C. L. Z. and Noe, A. W. (1991) 'Tokenism in Performance Evaluation: The Effects of Work Group Representation on Male-Female and White-Black Differences in Performance Ratings', *Journal of Applied Psychology* 76: 63 – 267.

Schmidt, P. (2004) 'An Approach to Diversity Trainings in Canada', *Industrial and Commercial Training* 36 (4): 148–152.

Simkins, T. (2000) 'Education Reform and Managerialism: Comparing the Experience of School and Colleges', *Journal of Education Policy* 15 (3): 317–332.

Simkins, T. and Lumby, J. (2002) 'Cultural Transformation in Further Education? Mapping the Debate', *Research in Post-Compulsory Education* 7 (1): 9–25.

Sinclair, A. (2000) 'Women within Diversity: Risks and Possibilities', *Women in Management Review* 15 (5/6): 237–245.

Walker, A. and Walker, J. (1998) 'Challenging the Boundaries of Sameness; Leadership through Valuing Difference', *Journal of Educational Administration* 36 (1): 8–28.

Wentling, R. M. and Palma-Rivas, N. (2000) 'Current Status of Diversity Initiatives in Selected Multinational Corporations', *Human Resource Development Quarterly* 11 (1): 35–60.

Wilson, E. and Isles, P. (1999) 'Managing Diversity—An Employment and Service Delivery Challenge', *The International Journal of Public Sector Management* 12 (1): 27–48.

[作者简介]

杰克·卢姆比：林肯大学教育领导国际学院教育领导教授，她曾经在中学、社区和继续教育组织等一系列教育机构中任过教。

[联系方式]

JACKY LUMBY, International Institute for Educational Leadership, University of Lincoln, Brayford Pool, Lincoln LN6 7TS, UK. [email: jlumby@ lincoln. ac. uk]

在两个世界之间穿行

——土著妇女和教育领导

塔尼娅·菲茨杰拉德（Tanya Fitzgerald）
刘孙渊　译

摘要

在过去的10年里，教育领导和管理领域的理论研究取得了极大的进展。然而，笔者仍然对带有明显种族中心取向的理解、行动和领导方式感到困惑。我们应该重视迪莫克和沃克倡导的有关领导和管理的跨文化研究，关注处于边缘的土著领导者和被领导者的状况。这篇文章来源于一项为期三年的研究项目，该项目以新西兰、澳大利亚和加拿大土著妇女为研究对象。研究表明土著妇女面临着三重束缚：种族歧视、性别的压力以及来自她们身处其中的土著和非土著两个世界的挑战。

关键词：多元化　性别　土著妇女　领导

导言

教育管理中的理论和研究已经开始关注学术领域中的性别不平等以及女性很少在学校中处于领导地位的问题（Blackmore，2002；Coleman，2001；Shakeshaft，1987）。很大程度上，领导成为“男人的专利”（Theobald，1996：174）。这些研究涉及女性领导面临的主要挑战。由国家资助和控制的学校系统的发展促使教学和管理相分离。人们形成这样一种假设，女性更适合教学工作，男性更适合管理和领导工作（Theobald，1996）。20世纪80年代后期的教育管理改革重组了学校，颇有争议地强化了这样一种假设，即好学校和优秀男性领导之间存在着密切联系（Blackmore，1999），女性主义对改变教育管理和领导的结构影响有限（Blackmore，2002）。这一结论引发了关于性别和权力之间关系的讨论，并使这一问题艰难地浮出水面（Shakeshaft，1987；Strachan，1999）。尽管颁布了禁止工作中的性别歧视的法律，但是处于领导和管理岗位上的女性依然很少。这表明性别在获得机会和准入资格的过程中发挥了重要的作用。人们不禁要问：性别和种族到底制造了多大的障碍？

这篇文章将从以下几个方面展开论述。首先，本文简要地谈及应对复杂教育问题的全球化方案，关注基于本土立场的思考和实践的多元化和差异。第二，本文反对一元化理论，反对漠视研究和实践中的多元化和差异。最后，本文主要论述一项长达三年的研究，新西兰、澳大利亚和加拿大的土著女性领导者参与了该研究；她们尤其谈到了作为女性和土著女性双重角色所面临“在两个世界之间穿行”的挑战。

全球的抑或本土的？

自1988年以来，美国、英国、加拿大、澳大利亚、新西兰的教育管理、领导者相关领域经历了广泛的、系统的改革。一方面，这些改革因应了把教育视为市场供给品的要求（Smyth，1993；Thrupp，2001），管理日益受到重视并被当做提高教育水准的关键因素（Gronn，2003）。这样做的直接后果之一就是学校的管理者依据国家、政府机构、学生家长和社区的要求出台政策和开展实践活动（Glatter，1999）。这导致由教师、学生和教育领导者组成的教育环境急剧变化，保守立场和激进立场出现激烈交锋（Court，1998；Gronn，2003）。

尽管每个国家的社会、经济、文化和政治环境的复杂性都会造成任何方案都具有局限性，各级各类学校仍然希望引进和借用全球范围内的政策和实践经验来解决多元化教育问题（Dimmock and Walker，2000；Thrupp，2001）。学校工作的国际化是全球化的直接后果，也是社会对学校的要求（Walker and Dimmock，2000），正如琼斯（Jones，1998：149）指出的那样，国家和主权观念正在转变。学校为了在内部（或市场）竞争中获得优势地位，"本土性"已经被"全球化"所取代，为了促进同化和融合而倾向于淡化政策和实践过程中的多元化和差异化。

教育管理和领导界呼吁"政策和实践的全球化和国际化"（Walker and Dimmock，2000：228），实践工作者和学术研究者从国际视野出发探讨他们的角色、责任和任务（Foskett and Lumby，2003）。以背景为基础的比较研究方法获得了发展，完全脱离历史、文化、种族背景就不可能开展研究（Dimmock and Walker，2000；Foskett and Lumby，2003）。尽管产生了跨文化独白式的叙事研究，但是，除非我们质疑所有深藏于这些狭隘现象背后的同类假设，少数族裔社区在入学条件以及社会、政治、经济和文化上的不平等依然存在（Apple，2001）。现在面临的挑战是如何在比较的或跨文化的视角下开展教育领导和管理研究，批判并反思有关学校组织、领导、管理和办学的基本问题（Gunter and Ribbins，2002）。

有些研究已经指出比较方法在教育管理和领导领域中的潜在重要性（Bush，2004；Dimmock and Walker，2000；Foskett and Lumby，2003）。正如克罗斯利（Crossley，2000：324）所说："现在如果不考察影响政策和实践的全球因素，就越来越难以理解教育"。又如思拉普（Thrupp，2003）、阿普尔（Apple，1999，2001）、布莱克莫尔（Blackmore，1999）、史密斯（Smyth，1993）和其他评论者所言，全球化强化了市场的概念，同时强化了市场对知识、个人、社区和学校的影响。本土的（国家的）或者全球的（国际的）市场和少数族裔群体的利益和生活息息相关。学校为强势群体的利益服务，边缘群体得益最少。结果导致边缘群体的声音越来越难以受到关注。

压力不可避免地触发了更加广泛的研究视角，关注点从本土转向全球。笔者的主要关注点是全球化的要求，包括西方价值、实践、基本人权的同质化和标准化（Apple，2001），以及由此造成的分离、分层和边缘化。我们关注全球化和国际化的影响，以及由此造成的不平等。进一步而言，一些管理者面对统一性和一致性的压力，进而否定差异化和多元化的做法让我们感到不安（Thrupp and Willmott，2003）。在我看来，为本土问题寻找全球解决方案是不可取的。我赞同布什（Bush，2004）的观点，应该为全球性问题寻找本土解决办法。更进一步说，本土问题的本土解决方案指出了"本土化"才是我们理论发展的正确途径。

政策和实践的制度化有助于在国际舞台上获得竞争优势，同时引发了对教育工作的重新构建和重新的性别安排（Blackmore，2002）。学校和学校的领导者在遇到困难的时候，只有通过了解和理解才能持续不断地根据实践的要求，采取适当的行动，获得预期成效。"领导教育学"认为能"产生"（Gronn，2003）普适的领导或普适的"女性领导"（Rigg and Trehan，1999）。普适的领导者和普适的女性领导者，正如我所言，总是不可避免的属于某一种族和阶层（Fitzgerald，2003a，2003b）。白人主导的世界阻碍了少数族裔获得机会的权利，对有色人种的女性而言更是如此。

在使用跨文化和比较方法进行研究的时候，存在着一个根本的误区，即认可一种一元化的理论，或者想当然地认为所谓多元化和差异性主要就是除白人以外的其他人的种族、族群、身份问题。正如阿普尔（Apple，1999）所说，白人在理论和实践的对话中竟然"缺席"了。反之，种族认同是一种系列分析，尽管充满着争斗、复杂和困难，我们必须寻求基于本土的对教育问题的多元化回应。我们如何才能理解教育领导和管理的多元方式，而不是以一元的和标准化的方式去认识个人的身份呢?

多样性与领导力

针对女性和教育领导两者关系开展的理论和实证研究（Blackmore，1999；Coleman，2001；Court，1998；Ozga，1993；Strachan，1999），

旨在从更广泛的社会政治环境中有效地认识和了解数量上处于少数的女性领导。这些研究的重点在于女性领导如何面对专业和职位的挑战，并为此采取的个人的或专业的策略去获得职位和实施管理。尤其是这些研究关注了女性在学校中采取的**类似的**领导方式。“性别影响教育管理”的看法（Blackmore and Kenway，1993），会让人觉得女性领导分享着集体身份，这样的集体身份是建立在她们的相同性别、共同经验和奋斗基础之上的。更为特别的是，领导、权力和基本人权的西方传统会铸成一种普适的女性领导方式（Rigg and Trehan，1999）。因而，对女性和领导的研究要多于对有色人种女性和领导的研究。有关有色人种女性的争论引发了新问题（Dillard，2000；Essed，2000；Fitzgerald，2003b），并进一步挑战着我们的思维。假设女性领导和男性领导具有相同的特质、特点和行为是危险的；在研究过程中，将有色人种女性领导的领导力概念化为对白人男性或女性领导的模仿，这在理论上是错误的，这将注意力放在了性别和种族之上，而忽视了诸如权力、权威和差异性等其他关键性因素。

关于文化多元化和教育管理的文献不断增多（Bajunid，1996；Gunew，1994；Jones，Pringle and Shepherd，2000），从少数族裔的立场上重新概念化和重新构建了理解和管理的方式。尽管女性领导（作为一个整体）体验到对少数族裔的归属感，对有色人种女性特别是土著妇女而言，她们是少数族裔中的少数（Fitzgerald，2003a）。结果是，少数族裔女性面临着双重束缚（Blackmore，1999）；在白人男性主宰的阶层当中，白人女性在数量上处于少数（Alston，2000；Dillard，2000；Essed，2000）。因而，有这样一种假定“少数族裔学校系统是少数族裔管理的最佳地点”（Yeakey et al.，1986：124）。更为糟糕的是，人们希望土著妇女主要负责“土著工作”（Collins，1998：49）以及与其身份相关的社区政治事务（Essed，2000）。学校倾向于要求土著妇女对学校里的所有有色人种孩子负责，但对非土著同事却没有类似的要求。社会同样要求土著妇女关注土著儿童的工作和社区的土著人问题。

最近几年，人们开始对教育管理中的黑人妇女展开研究（Alston，1999；McGee Banks，2000；Ong，1988）。对这些研究的批评主要认为它把所有有色人种女性都归为一组，忽视了她们之间在种族、家庭、地理位置、语言、社会和家庭关系、知识、精神、观念和兴趣之间的差别

(Moreton-Robinson，2000)。研究表明处在研究和领导岗位上的少数族裔女性占据了两个独特的位置：一个和性别有关，一个和种族有关。值得注意的是性别和种族之间的相互关联构成了挑战，使在土著世界和非土著世界之间穿行带来了不同的压力。由此产生了几个问题：首先，领导岗位上的土著妇女数量较少（Fitzgerald，2003b）和对土著妇女领导者的研究有限之间有没有关系？第二，对在教育领导岗位上的土著妇女的研究是不是使这些问题显性化了？这一问题在多大程度上成为影响人们行动和思想的离心因素？

在教育管理的范围内讨论差异和区别是一件有很多复杂、危险和困难的事情。这在一定程度上归因于想当然的假设，认为差异、多元化和区别是指和特定种族相关的身份。辛西娅·迪拉德（Cynthia Dillard，2000：670）认为种族和性别是“滑动的结构”。我们如何更深入地理解身份的多元化对多元化环境中教育管理实践的影响呢？女性主义对于性别差异的体验与研究，有关社会氛围和种族的讨论在观念和方法上更为复杂。其中一条路径是使用跨文化研究，这种研究对参与者、研究者和社群成员等都是有意义的（Fitzgerald，2004；Somerville and Perkins，2003)。

土著妇女和教育领导

在后殖民国家，如新西兰、澳大利亚和加拿大，对于土著[1]社会的建设、生产、立法的研究较多，但备受争议。土著社会重视有关他们生活的研究，支持研究的同时对研究过程和研究成果的公开出版加以控制(Smith，1999)。经常性的，土著人常任其他职位（Marker，2003；Moreton-Robinson，2000）研究活动主要由来自学术机构的（白人）专家把持（Fitzgerald，2004)。我们以类似的方式判断毛利妇女在当代社会的角色，某种主流的叙事方式（Fitzgerald，2003b）可能会引出有色人种女性普适的统一的领导方式（Essed，2000)。显然，这样的定论是不可能也不被接受的。

2002年，4位毛利族女校长邀请我承担一个研究项目，记录她们的专业发展经历并关注她们作为教育领导者的经验。这些女性领导不能在学术期刊或者专业出版物上发表自己经验总结性的文章。2003年有3

位澳大利亚土著妇女，2004 年有 3 位加拿大土著妇女先后参与到研究中来。来自新西兰的参与者阿罗哈（Aroha）邀请我进行研究：

> 我们邀请你参与我们的工作，因为我们需要借助你的影响力。如果我们倡导为孩子们、为未来、为民众做点什么，我们会被认为是“激进主义者”。我们并不是激进主义者，我们知道我们要干什么，但是要做成事真是太难了。这就是我们来找你的原因。你了解毛利族的事情，我们知道你会指导我们，帮助我们实现目标。

在过去的 3 年里，我跨越了地理上的、思想上的和文化上的界限（Somerville and Perkins, 2003），进行了大量的访谈，直面阿罗哈所描述的挑战。身为一个爱尔兰裔的白人学者，接到这样的邀请，我常感到忐忑不安。尽管我积极地接受了邀请，但是我一直深深地感到自己并不是参与这一项目的合适人选，土著同事们可能会对我的加入提出质疑。让我忐忑不安的另一个原因是，我不想被大家视为一名专家，因为我对土著社会的研究是有限的。除了这些担忧之外，我很高兴能够使用“研究土著文化的方式”（Dillard，2000：661）、以参与者的立场和想法来形成和界定研究项目，而不仅仅是“指示”（Moreton-Robinson，2000）或者“倾听”（hooks，1989）。

性别因素在管理结构和研究日程安排上起着关键性的作用（Blackmore，2002；Shakeshaft，1987）。性别和种族构成了双重挑战（McGee Banks，2000），造成了独特的压力和障碍。其中的一位研究参与者，加拿大的葆拉（Paula）评论道：

> 我将受到西方价值观的检验，因此，我努力在两种系统中工作，但你们不知道，我尽管努力在两种系统中工作，我仍然还是一个在白人男性世界中工作的女人，有时感觉很孤独。这也就意味着我也受到西方价值的检验，而这些价值是用来衡量男性领导的，而我作为一个女人也不得不接受这些价值的检验，这显然是不公平的，我感觉我总是穿行在两个世界之间。

正如这些评论所言，土著妇女“穿行”和“工作”在两个世界之间（土著的和非土著的）。处在领导岗位上的妇女受制于男性的理解和领导方式（Blackmore，2002；Ozga，1993），注定要承受处于支配地位的领导范式的困扰（Blackmore，1999）。结果，正如葆拉所说，土著妇女面对着三重束缚。首先，她们是白人控制的世界中的土著妇女；第二，她们是崇尚家族领导体制的社会中的妇女；第三，土著妇女不得不受到“他人”标准的衡量，包括所有的男性、白人男性和白人女性。葆拉的评论强调了性别和种族的并列关系。作为一个土著妇女领导者，无论是在性别（作为在男性控制的世界中的女性）、种族（作为非土著世界中的土著妇女）和白人妇女世界中的有色人种女性，她始终处在少数地位。一系列的障碍使得三重束缚更加复杂：

> 学校是一个几乎“白人化”的组织。土著人真的没有多少机会。我曾经观察过老师们，看他们正在做什么，他们怎么做，但是我做不到。他们似乎拥有所有的特权和利益，而我们却没有。我想有接触的机会，想自己成为一名校长，尽管这是一个挑战。（Anne，Australia）

> 为什么你们要玩游戏？除非你推销你自己，没有人会来告诉你如何获得许多经验或资历。我想，对这些东西而言你或许是合适的。没有人这样做。如果你不是一个自我提升的人，我想机会就会少得多。（Paula，Canada）

> 我不得不为我的工作而奋斗。我想董事会不愿聘任我，因为我是一个女人而且不是白人。我想他们害怕出现某种程度的反弹。（Aroha，NZ）

正如安妮、葆拉和阿罗哈所说，种族和性别使得这些妇女在组织中被边缘化了。这种不利位置在聘任的时候就出现了，并由此造成了很多困难。更为特殊的是，她们缺乏非土著居民社区的支持（Aroha，NZ），因为“我不像他们是白人”（Sue，Canada）。

这是一项有意义的工作，我不断地与官僚体制斗争。我就像夹在三明治里的肉。我和官僚体制作斗争，为自己的民众做点事，但是管理层不允许我这样做。我的意思是我没有创新的空间，即使我想发挥自己的能力，却经常被质问为什么要这样做呢？所以我决定出来，离开他们。(Barbara，Australia)

我觉得全校上上下下都在等着我犯错。至于我是犯个小错误还是出现引起媒体关注的大的失误都无关紧要。我觉得因为我是第一个毛利族女校长，他们都在质疑我的能力。因而，我必须应对这一切。一些不便明说的想法让我难以忍受，曾经有人这样对我说，我应当“和其他人一样”，他的意思是我应当“像所有毛利人一样愚蠢呆板”。我想如果我是白种男人或者白种女人，他就不会那样说了。(Jane，NZ)

这些摘录展示了作为土著人女性的校长面临的双重挑战。米利肯和马丁斯（Milliken and Martins，1996）指出，通常情况下人们的情绪反应更强烈，偏见在差异显著的情景（例如，皮肤的颜色）中越明显。进一步而言，在白人占大多数的场合，少数族裔是象征性的（Ely，1994）。人数越少，少数族裔就越显眼。有时候，因为土著同事的缺席，妇女就成了特殊群体，被纳入了女教师的行列。例如，澳大利亚的安妮（Anne）表达了下列的观点：

我很喜欢和女同事在一起，土著的或者非土著的女同事都行，这是我生活和工作当中让人激动的事情。我觉得和女同事一起谈论工作上的事情更容易一些，坐下来好好地聊一聊，真的让人心情平静。

土著妇女面对她们的日常工作，表达了她们对集体的深深关爱，却由此引发了一系列挑战：

如果你不是一个土著人，你去工作和在家都很好。但对我们而言，你去工作，你在工作中所干的，特别是如果你在某个地方或组织工作，我们所做的涉及土著社群的事情会对社区产生影响，社区随后就会觉得他们有权力涉入此事，并且在很多事情上他们都理所当然地这样认为。我们所做的一切就是要让社区从中得益。我们愿意听到和看到她们所说的和所做的，我们已经做了很多。(Shirley，Australia)

和土著人在一起的时候，我们中的许多人有同样的问题要面对。许多土著人认为我们处于极度困扰之中。我想种族主义是体制性的，非土著人仍然享有权力和控制。(Anne，Australia)

坦率地讲，如果不是我的亲戚鼓励我去争取机会，我想我仍在学校当清洁工。我现在是学校的校长，但我仍有亲戚在做清洁工。(April，NZ)

团体期望、责任和问责给土著妇女带来了相当大的压力。虽然每个人都认识到“把工作带回家”是承担了额外的责任，但是没有人愿意“作为一个失败者离开”（Sue，Canada)。或者在校门口声明“放弃自己和那些在我前面的人”（Jane，NZ)。作为一个教育领导者，妇女们相信她们的工作“属于超出自我的更多的人”（Diane，Canada)。每一个妇女代表着特定的团体，承担着高度的责任，“如果我辜负他们的期望，他们会说三道四的”（Anne，Australia)。

上面的论述进一步表明土著妇女把“自己”和“他们”置于一种隶属关系当中。“他者”的策略强化了土著妇女作为领导者的身份和角色意识，最终把“她们”放到了相反的位置（hooks，1989)。对妇女来说，她们不可能摆脱“关于特权和顺从的记忆”（Lorbiecki and Jack，2000：28）或者：

发生过的历史事件，包括从一开始奉行的种族灭绝政策，以及那些极其压抑的往事。(Shirley，Australia)

我感觉谈论这些事情太痛苦了，讲述土著人的故事是让人们明白他们面临无法摆脱的苦难和种族上的限制。(Barbara，Australia)

芭芭拉（Barbara，Australia）揭示了一条如何解决双重挑战和“在两个世界之间穿行”的方法（Paula，Canada），是在克服双重挑战的过程中她重新发现了自己。

> 这是一场每天都在上演的真正的斗争，我知道没有多少人了解土著人中究竟发生了什么。以我的经验，事实上，你们谈话中使用的语言和土著语言不同。虽然不讲传统语言，但是我们有自己讲英语的方式。意义和语言联系在一起，和我们使用语言的方式有关。你讲标准的澳大利亚英语，了解语言的意义和相关的习俗，这些都在你的头脑里，而我们不得不懂得英语，哪怕是用土著语言理解英语。所有这些过程都在头脑中进行，非要把这些都翻译成标准的澳大利亚英语，然后再作出反应。这是一个耗时费力的过程。事情没有变化，环境正在造就一个新人。（Barbara，Australia）

土著妇女“在两个世界之间穿行”牵涉到对“游戏”的理解（Paula，Canada），在“白人男性世界”中创造（Paula，Canada）和在“白人化的组织”（Anne，Australia）中实现对家庭和团体的承诺。“在每一天的基础上奋斗”（Barbara，Australia）以白人男性和女性历练过的“权力和控制”（Anne，Australia）为中心，刺激自己“成为一个新人”（Barbara，Australia）。

结论

我不希望以理论化的方式说明土著妇女领导和管理的通行做法。上面的摘录只是说明参与研究项目的土著妇女之间有**相似点**。值得注意的是，我们不能认定元叙事是可靠的，过度分析个人叙述可能有风险。女性参与者的声音呈现了在某个特定时间和特定环境中的土著妇女领导者。她们所说的证据表明性别和种族对教育领导和管理的影响，“在两个世界之间穿行”是一个复杂的、充满竞争和困难的过程。我的结论来自于一位参与者的主题总结：

我也在考虑女性领导和管理的问题。我不知道是否所有的女性都要付出更多的努力才能踏上领导和管理岗位，否则就得不到这样的机会。为了得到某个岗位必须满足一定的标准，你必须遵守一定的游戏规则或者其他什么。你必须表现出某种男性的特质和白人的特质。这对土著女性来说非常困难。我们必须能够承受。我们常常自我怀疑，我想非土著人精心而又无意地为我们设置了障碍，因为我们是女人而且是土著女人。因而一旦踏上了拥有权力和权威的领导岗位，你就应该能够解决所有关于土著的问题，对每一件有关土著的事情都有问必答。但事实上，我不可能什么时候都知道所有的答案。有时候，我甚至不知道我被要求扮演什么角色。（Anne, Australia）

注释

❶ 根据这篇文章的目的，"土著"指和土地有直接关系的人们和团体。在新西兰，"土著"指原住民（主要是毛利族）；在澳大利亚，"土著"指土地的传统拥有者；在加拿大，"土著"指国家的原住民。"土著"这个术语的第一个字母是大写的"I"，表明了笔者对他们的理解和生存方式的尊重。

参考文献

Alston, J. (2000) 'Missing from Action: Where are the Black Female School Superintendents?', *Urban Education* 35 (5): 525 – 531.

Apple, M. W. (1999) 'The Absent Presence of Race in Educational Reform', *Race, Ethnicity and Education* 2 (1): 9 – 16.

Apple, M. W. (2001) 'Comparing Neo-liberal Projects and Inequality in Education', *Comparative Education* 37 (4): 409 – 423.

Bajunid, I. A. (1996) 'Preliminary Explorations of Indigenous Perspectives of Educational Management', *Journal of Educational Administration* 34 (5): 50 – 73.

Blackmore, J. (1999) *Troubling Women: Feminism, Leadership and Educational Change*. Buckingham: Open University Press.

Blackmore, J. (2002) 'Troubling Women: The Upsides and Downsides of Leadership and the New Managerialism', in C. Reynolds (ed.) *Women and School Leadership: International Perspectives*, pp. 49 – 69. Albany, NY: State University of New York Press.

Blackmore, J, and Kenway, J., eds (1993) *Gender Matters in Educational Administra-*

tion and Policy. London: Falmer Press.

Bush, T. (2004) 'The Global Significance of Educational Leadership and Management', *Educational Management Administration & Leadership* 32 (4): 363 – 367.

Coleman, M. (2001) Achievement Against the Odds: Female Secondary Headteachers in England and Wales', *School Leadership and Management* 21 (1): 75 – 100.

Collins, P. (1998) *Fighting Words: Black Women and the Search for Justice*. Minneapolis, MN: University of Minnesota Press.

Court, M. (1998) 'Women Challenging Managerialism: Devolution Dilemmas in the Establishment of Co-Principalship in a Primary School in Aotearoa/New Zealand', *School Leadership and Management* 18 (1): 35 – 57.

Crossley, M. (2000) 'Bridging Cultures and Traditions in the Reconceptualisation of Comparative and International Education', *Comparative Education* 36: 319 – 322.

Dillard, C. (2000) 'The Substance of Things Hoped for, The Evidence of Thing not Seen: Examining an Endarkened Feminist Epistemology in Educational Research and Leadership', *Qualitative Studies in Education* 13 (6): 661 – 681.

Dimmock, C. and Walker, A. (2000) 'Developing Comparative and International Educational Leadership and Management: A Cross-cultural Model', *School Leadership &Management* 20 (2): 143 – 160.

Ely, R. (1994) 'The Effects of Organisational Demographics and Social Identity on Relationships among Professional Women', *Administrative Science Quarterly* 39: 203 – 238.

Essed, P. (2000) 'Dilemmas in Leadership: Colour in the *Academy*'; *Ethnic and Racial Studies* 23 (5): 888 – 904.

Fitzgerald. T. (2003a) 'Changing the Deafening Silences of Indigenous Women's Voices in Educational Leadership', *Journal of Educational Administration* 41 (1): 9 – 23.

Fitzgerald, T. (2003b) 'Interrogating Orthodox Voices: Gender, Ethnicity & Educational Leadership', *School Leadership & Management* 23 (4): 431 – 444.

Fitzgerald, T. (2004) 'Powerful Voices and Powerful Stories: Reflections on the Challenges and Dynamics of Intercultural Research', *Journal of Intercultural Studies* 25 (3): 233 – 245.

Foskett, N. and Lumby, J. (2003) *Leading and Managing Education: International Dimensions*. London: Paul Chapman.

Glatter, R. (1999) 'From Struggling to Juggling: Towards Redefinition in the Field of Educational Leadership and Management', *Educational Management and Administration* 27 (3): 253 – 266.

Gronn, P. (2003) *The New Work of Educational Leaders: Changing Leadership Practice in an Era of School Reform*. London: Paul Chapman.

Gunew, S. (1994) 'Playing Centre Field: Representation and Cultural Difference', in P. Fuery (ed.) *Representation, Discourse and Desire: Contemporary Australian Culture and Critical Theory*, pp. 86 – 98. Melbourne: Longman Cheshire.

Gunter, H. and Ribbins, P. (2002) 'Leadership Studies in Education: Towards a Map of the Field', *Educational Management & Administration* 30 (4): 387 – 416.

hooks, b. (1989) *Talking Back: Thinking Feminist, Thinking Black*. Boston, MA: South End Press.

Jones D., Pringle J. and Shepherd D. (2000) 'Managing Diversity Meets Aotearoa/New Zealand', *Personnel Review* 29 (3): 364 – 380.

Jones, P. (1998) 'Globalisation and Internationalism: Democratic Prospects for World Education', *Comparative Education* 34 (2): 143 – 155.

Lorbiecki, A. and Jack, G. (2000) 'Critical turns in the Evolution of Diversity Management', *British Journal of Management* 11 (3): 17 – 31.

McGee Banks, C. A. (2000) Gender and Race as Factors in Educational Leadership and Administration, in M. Fullan (ed.) *Educational Leadership*, pp. 217 – 256. San Francisco, CA: Jossey-Bass.

Marker, M. (2003) 'Indigenous Voice, Community & Epistemic Violence: The Ethnographer's "Interests" and What "Interests" the Ethnographer', *Qualitative Studies in Education* 16 (3): 361 – 375.

Milliken, F. and Martins, L. (1996) 'Searching for Common Threads: Understanding the Multiple Effects of Diversity in Organisational Groups', *Academy of Management Review* 21 (2): 402 – 434.

Moreton-Robinson, A. (2000) *Talkin' up the White Woman: Indigenous Women and Feminism*. Queensland: University of Queensland Press.

Ong, A. (1988) 'Colonialism and Modernity: Feminist Representations of Women in Non-Western Societies', *Inscriptions* 3 (4): 79 – 93.

Ozga, J. (1993) *Women in Educational Management*. Buckingham: Open University Press.

Rigg, C. and Trehan, K. (1999) Not Critical Enough? Black Women Raise Challenges for Critical Management Learning', *Gender and Education* 11 (3): 265 – 280.

Shakeshaft, C. (1987) *Women in Educational Administration*. Newbury Park, CA: SAGE.

Smith, L. T. (1999) *Decolonising Methodologies*. London: Zed Books.

Smyth, J., ed. (1993) *A Socially Critical View of the Self-managing School*. London:

Falmer Press.

Somerville, M. and Perkins, T. (2003) 'Border Work in the Contact Zone: Thinking Indigenous/Non-indigenous Collaboration Spatially', *Journal of Intercultural Studies* 24 (3): 253 - 266.

Strachan, J. (1999) 'Feminist Educational Leadership: Locating the Concepts in Practice', *Gender and Education* 11 (3): 309 - 322.

Theobald, M. (1996), *Knowing Women: Origins of Women's Education in Nineteenth Century Australia*. Melbourne: Cambridge University Press.

Thrupp, M. (2001) 'School-level Education Policy under New Labour and New Zealand Labour: A Comparative update', *British Journal of Educational Studies* 49 (2): 187 - 212.

Thrupp, M. (2003) 'The School Leadership Literature in Managerialist Times: Exploring the Problem of Textual Apologism', *School Leadership & Management* 23 (2): 149 - 172.

Thrupp, M. and Willmott, R. (2003) *Education Management in Managerialist Times*. Maidenhead: Open University Press.

Walker, A. and Dimmock, C. (2000) 'Mapping the Way Ahead: Leading Educational Leadership into the Globalised World', *School Leadership & Management* 29 (2): 227 - 233.

Yeakey, C. Johnston, G. and Adkison, J. (1986) 'In Pursuit of Equity: A Review of Research on Minorities and Women in Educational Administration', *Educational Administration Quarterly* 22 (3): 110 - 149.

[作者简介]

塔尼娅·菲茨杰拉德，新西兰国立理工学院教育学院助理教授，教育学博士项目主任，负责研究生的教学和研究工作。

[联系方式]

TANYA FITZGERALD, School of Education, Unitec Institute of Technology, Pvt Bag 92025 Auckland New Zealand. [email: tfitzgerald@ unitec. ac. nz]

学校改进合作

——一种用于分析的资源依赖与体制框架

迈克尔·康诺利（Michael Connolly），克里斯·詹姆斯（Chris James）

王刚　译

摘要

对公共部门感兴趣的研究者，逐渐认识到机构间合作以及机构与其他组织间合作的必要性。从某种程度上讲，这一趋势建立在“众多公共政策问题均相互关联并只能通过跨组织才能有效解决”的观点被广泛接受的基础之上。学校改进就处于这样一种政策领域之中。这一领域是本文关注的重点，也是当前英国教育政策的主要特征。本文将“教育合作”概念化，并在相关文献综述的基础上构建一种理论框架。这一框架从资源依赖和体制的维度对合作进行了范式上的区分。这一框架表明，尽管在实践中这些维度互相关联，但他们所服务的利益群体却各不相同。框架也认为，个体活动者如教师、学校中的领导者、地方权力机构的管理者对于合作可能持有不同的目的；框架还将合作分解为前提、过程以及成功质疑不成功的结果。

关键词：合作　联盟　改进　伙伴关系　学校

导言

对教育机构管理感兴趣，实际上是对更广泛的公共领域感兴趣的实践者与学者们逐渐认识到利用分权解决特定难题的必要性（Bryson and Einsweiler，1991）。正如斯图尔特（Stewart，1996）所讲，这些“令人头疼的论题”非常复杂且彼此相互关联，以至于解决它们需要很多组织的共同努力，只有通过组织间的协同工作才能妥善处理（Gary，1989；Bryson and Crosby，1992；Huxham，1996；Lowndes and Skelcher，1998；Osbourne，2000）。因此，不同种类的协作逐渐增多，例如合作、合伙互助、联盟和外部资源引进等。这些活动中有一部分是由法律规定的，例如英国地方权力机构制定的《关爱儿童法案》（Children Care Provision）；还有一部分是个人或组织的自愿结合，目的既在于开发潜在的、获取额外资源的良机，也在于解决已察觉到的问题。现实中，与这一主题相关的文献数量的增加也反映出实践领域国际性合作逐渐增多，例如，耶恩和波特（Hjern and Porter，1981）、汤普森等人（Thompson et al.，1991）、汉福德和奥图尔（Hanfand and O'Toole，1992）、库伊曼（Kooiman，1993）、罗伯茨等人（Roberts et al.，1995）、巴克利和米奇（Buckley and Michie，1996）、基科特等人（Kickert et al.，1997）、罗兹（Rhodes，1997）、皮埃尔（Pierre，1998）、图恩（Toonen，1998）、哈德森等人（Hudson et al.，1999）、沙利文（Sullivan，2002）、希尔和利恩（Hill and Lynn，2002）、泰特·克劳瑟和奥哈拉（Tett Crowther and O'Hara，2003）以及米尔本等人（Milbourne et al.，2003）的文献。

在英国，教育属于公共政策领域，而合作论题已成为这一领域的前沿，尤其是在英格兰，合作已成为一系列改善学生成绩和学校绩效的措施的重要组成部分。我们对合作论题的研究兴趣源于20世纪90年代末期在英国南威尔士所进行的有关学校改进的研究（Connolly et al.，2000；James and Connolly，2000），我们致力于通过与该地区的学校进行合作，鼓励该地区的校际之间协同工作以提高学生的成绩。

学校改进很复杂，而且有一些不同的概念和理解。下面这个由范·维尔曾等人（Van Velzen et al.，1998：48）提出的定义是我们研究的基础，并被广泛使用。学校改进是：

> 一种系统的、持久的努力，目标在于改善一所学校或更多学校的学习条件和其他相关的内部条件，最终目的是更有效地实现目标。

这一定义把教师的教学工作与学校其他的因素联系在一起，并使概念从单一的学校扩展成为更为广阔的系统。这一定义的重要特征是“效能”。学校之间存在着效率差异（Rutter et al.，1979）；而且，依据学生成绩，一些学校会比其他学校创造更多的价值（Gary and Jesson，1987）。格雷等人（Gray et al.，1999：5）认为：改进中的学校“为学生创造的‘增值’总量能够在同一批学生身上得到持续的提升”。为了支持这种持续的改进，需要激励教师、学校和地方教育管理机构（LEAs）寻找提高课堂教学质量的途径，因为课堂教学对学生的成绩影响最大，因此具有更大的改进潜力（Scheerens，1992）。逐渐开放的校内和校际合作是学校改进实践措施的重要补充（James and Connolly，2000），其作为学校改进计划的组成部分越来越得到更多的拥护（Potter et al.，2002）。

教师、学校和地方教育管理机构处于改革的巨大压力下。持久的改进是“职业实践的反思型实践者模式”的核心（Schön，1983）。对某些人来讲，这一模式是教学实践与发展的重要基础（Calderhead，1989）。对于教师和学校来讲，教师绩效管理（NafW，1999；DfES，2000b）和当前教育领域颇为流行的绩效文化为改进学生成绩增加了额外的压力（Ball，1999）。地方管理机构需要在以改进为导向的绩效管理体制下运作，例如英格兰最优价值计划（Best Values in England）（DETR，1998；Rogers，1999）和威尔士改进计划（Wales Programme for Improvement）等（NafW，2001b）。在这些压力下，教师、学校和地方教育管理机构可能既要去寻找额外的资源，又要寻求提升自身角色的合法性，这两个维度也就是本文构建的整个分析框架的核心。合作和合伙互助因此成为改进学生成绩的恰当策略。随着建立在成功经验基础之上的、对实践者具有指导性的案例的出现，合作实践的经验也在不断增加，例如霍伊斯勒（Haeusler，2003）的案例。

基于这种政策背景以及不断增加的合作实践，我们需要一种框架来分析和解释学校改进的合作工作，本文的目的就是建立这样一种分析框架。我们试图通过三个步骤来形成这一框架：首先，对通常的合作方式，尤其是公共领域中的合作方式进行探讨；然后对教育领域中的合作进行检验，尤其是那些与提高学生成绩有关的努力；在第三部分里，我们建立和探讨一种分析学校改进合作的模式，并据此分析前两部分中出现的问题。

合作工作的方式

不同的文献对合作工作的方式有不同的描述。哈克斯汉姆（Huxham，1996：7）指出，对于“一种为了共同利益而一起合作的积极工作方式”并没有统一的术语来概括，正在使用的各种术语涵盖了一定范围的现象（Cropper，1996）。“合伙互助”被经常用来描述正式的、类似契约式的、持续一段时间以上的跨组织工作安排，比如格雷森（Grayson，1993）和罗伯茨等人（Roberts et al.，1995）的观点。贝内特等人（Bennett et al.，2004）认为，教育领域中的合伙互助是非常复杂、难以定义的概念；他们在对文献进行分析后认为，合伙互助具有合作、相互分担责任、自愿承诺和平等追求共同目标的特征。对我们来讲，合作的概念包括以合伙互助的方式工作，这一点与贝内特等人（Benett et al.，2004）的观点相同，还包括更为广泛、也许是更为灵活的一系列组织内部、组织与组织间以及个体间的工作安排。因此，合作是本文关注的焦点，尽管“合作”和“合伙互助”这两个术语以多种方式广泛使用，在英国教育政策领域内经常交替使用。

参与合作可能是一种意义不明确的活动，包含矛盾、不一致、复杂和多变等特征（Huxham and Vangen，2000）。关键问题是：“影响个人和组织进行合作的因素是什么?”“合作的‘成本—收益’链中包含哪些要素?”（Alter and Hage，1993）根据文献综述，韦斯（Weiss，1987）认为，在下列条件下管理者可能会寻求参与合作：（1）预计可以获取额外的资源净增长；（2）员工的职业规范和价值观支持合作；（3）可能存在一些政治利益；（4）改善内部问题的需要；（5）可以减少外部环境的不确定性；（6）法律规定。韦斯描述了一种模式，其中被组织共同察觉到的问题会成为发起协同工作的契机。只要组织之间存在能够协作的资源、具备参与合作的能力，而且面临共同的问题，合作就很有可能发生。彼得斯（Peters，1996）认为，以合伙互助形式进行的合作产生于：利益的相互性，交易的可能性（每个搭档都列出一些有价值的事情），缺少可以实现相同目标的、可行的其他选择，源自共同领导任务的利益和搭档间的平等尊重。正如韦斯（Weiss，1987）所说，合作是需要成本的，而且成本是先于利益出现的。她还提到了通常状况下与合作过程相关的情况：

> 每一个机构都会寻求保护自己的特权和独立。组织的日常工作是很难实现步调一致的。目标有重合但并不完全一致……管理者尽力减少自己环境中的不确定性，但并不热衷于减少他人环境中的不确定性。

这一系列因素都促进了成功的合作。毫无疑问，成功的合作既困难又晦涩。麦特西奇和蒙西（Mattessich and Monsey，1992）确定了6个关键因素：环境，其中合作的历史以及所崇尚的政治和/或社会思潮是关键因素；成员关系的特点；过程和结构问题；沟通交流；目标以及资源。他们认为，合作群体中的成员应当相互尊重、彼此信任，而且当成员认为合作符合共同利益的时候就能够达成一致。成员也应该分享属于合作群体的、共同的工作方式和工作结果。此外，合作群体中的每个组织的每一个层级都需要参与决策。合作群体应该明确角色分工，但这些分工要灵活并具备可调整性，还应该具有开放的、正式的和非正式的沟通渠道。在目标方面，群体中的每个人都应该明确地了解合作的目标，并且能够发展一致的愿景，即便某些成员最初并不作为群体的成员。麦特西奇和蒙西还指出了合作具有独立目标的重要性（Mattessich and Monsey，1992）。换句话讲，合作群体的使命和目标应该能够"规定一定的'活动范围'"，这些活动与每个成员的组织活动可以交叉但并不完全相同（Mattessich and Monsey，1992：28）。最后，合作群体需要技艺高超的领导人以及充足、稳定的财政基础，这是不难理解的。

合作性工作：英国教育政策的最新发展

无论在国家层面，还是在地方层面，合作最近已经成为英国教育政策的显著特征。在英格兰，“组织合伙互助和合作已经迅速成为学校的中心政策”（Glatter，2003：1）。合作已经成为一系列政策措施的主要内容，比如杰出的城市项目（Excellence in Cities，DfES，2001）以及相关的措施包括教育行动区域计划（Education Action Zones）和灯塔学校项目（Beacon Schools，DfES，2000a）等。合作规划是教育与科学部（DfES）提供的领导激励基金（Leadership Incentive Grants，LIGs）的重要方面：“领导合作以及同伴共同规划是这一策略的基石”（DfES，2004a：1）。“强有力的地方合伙互助”和“合作实施”是教育与科学部 14—19 策略的组成部分（DfES，2004b）。合作是教育与科学部改革处工作的重要内容，其前沿合伙互助计划（Leading Edge Partnership Programme）的目标就是支持“学校合伙互助的发展以应对本地区学习的挑战”（DfES，2004c：1）。根据《2002 年教育法案》（The 2002 Education Act），学校已经具备了发展学校联盟的灵活资金，学校联盟就是指学校间以建立共有的行政机构或者建立共同的管理委员会的形式共同工作（DfES，2003）。支持教育与科学部提出的通过“增加学校差异性以提高教育系统多元化”计划的两个重要原则是“专业化”与“合作化”，前者指的是学校发展一种清晰的、属于他们自己的气质和特征，后者指学校以彼此间协同工作、分享资源和专业知识为学生谋取利益（DfES，2004d：1）。合作与合伙互助是新兴的重要领域，尤其是在修订的“英格兰国家领导能力标准”（National Standards for Headship）的计划中更是如此（DfES-NCSL，2004）。

威尔士教育政策中的合作更像合伙互助。合伙互助是“学习型国家”（The Learning Country）的一项核心原则，这一筹备性的文件构建了威尔士 2010 年教育规划：“政策和规划的运作必须建立在合伙互助的基础之上”“承诺打破组织的界限，与伙伴共同工作以增强彼此的力量”（NAfW,2001a：11）。威尔士皇家首席教育与培训督学（Her Majesty's Chief Inspector of Education and Training in Wales）在 2004 年报告中讨论了一些机构中的合伙互助（Estyn，2004：x），并证实了威尔士地方教育监督机构（Estyn）“与搭档协同工作并分享理念、技术和优秀工作”的承诺。威尔士地方教育监督机构（Estyn，2002）还澄清了合伙互助中学校共同工作的价值（2003）并提供了一些关于学校合伙互助的建议。合伙互助支持了威尔士孩子服务工作的改进（NAfW，2002）。

在苏格兰，在政策和指导文件中并没有非常明确地强调合伙互助和合作。但与地方管理机构、其他学校、机构和雇员的“联系”是苏格兰皇家教育督学（Her Majesty's Inspector of Education in Scotland）颁布的学校自我评估标准的重要内容（HMIE，2002）。督学强调了教育管理机构中合伙互助工作的价值（HMIE，2004）。合伙互助被视为苏格兰中学实现课程灵活性的主要途径。同样地，在北爱尔兰，教育政策文件强调合伙互助和合作的方式也与英格兰和威尔士有所不同。在对有关中学教育的规定进行回顾时发现，关于合作的规定自1998年起就已经成为主要内容了。2001年，北爱尔兰教育部印发了关于中学教育的建议，包括“在一种共同体系中创建地方层面的学校合作网络”（DENI，2001：105）。这些建议形成了目前有关小学后学校合作政策发展的基础（DENI，2004）。像英国的其他地区一样，合伙互助支持了北爱尔兰早些年服务工作的规划与实施。

在地方管理机构层面，学校治理变革的动力主要源于《1988年教育法案》，该法案导致了一种校际间更具合作性和基于网络化的工作方式（Riley，1997）。《1998年学校标准与架构法案》（School Standards and Framework Act 1998）为英格兰和威尔士建构了地方教育管理机构中的合作工作，也有正式印发的指导文件来帮助英国的地方管理机构以合伙互助的方式进行工作。例如苏格兰皇家教育督学在有关的教育服务规定中强调了以合伙互助形式开展合作工作的重要性（HMIE，2004）。就英国全国范围来看，在地方管理机构层面的合作计划中有大量在教育领域进行合作承诺的例证，这一点可以参考2004年北爱尔兰西部教育与图书馆委员会（the Western Education and Library Board）的合作计划。在实践中，地方管理机构之间和学校间的合伙互助也采用了多种多样的形式，尤其是在英格兰（Bennett et al.，2004），政府鼓励地方管理机构发展和参与合伙互助，比如教育行动区域计划（DfES，2001）。在英格兰和威尔士，孩子的早期发展与关爱儿童计划（Early Years Development and Childcare Plans）现在也成为1998年学校标准和框架法的一个部分，并通过最优价值法案得以实现（DETR，1998a，1998b）。

教育领域中的合作实践

学校和学院的职业实践被广泛地视为一种合作活动，参看尼亚斯等人（Nias et al.，1989）、利伯曼（Lieberman，1990）、史密斯（Smyth，1991）、华莱士和霍尔（Wallace and Hall，1994）、洛马克斯和达利（Lomax and Darley，1995）、布里奇斯和哈斯本德（Bridges and Husbands，1996）以及詹姆斯和康奈利（James and Connolly，2000）等人的文献。奎克（Qucike）在确立一种教育职业实践的解释模式时运用了个体实践者间的合作，这种模式被其他领域采用，以体现专业工作的特征（Clarke et al.，1996）。当前影响学校中专业继续发展的观念，例如"实践社团"（communities of practice，Wenger，1998）和"专业学习社团"（professional learning communities，Dufour and Eaker，1998；Roberts and Pruitt，2003）等，就根源于作为合作活动的专业实践概念。此外，有一个例子很好地说明了教学中反思性实践的结论（Schön，1983）：学校中的专业工作绝不仅仅是个人工作，而必须是组织工作。因此，在一定程度上讲专业工作是合作性的工作（James and Connolly，2000）。

在教育领域，有效合作中的内在张力更加复杂。众所周知，教育领域中最显著的矛盾就是学校既能在教育市场中参与竞争、彼此之间又能相互合作。因此，可以理解，在竞争日趋激烈的背景下，合作已经成为关注和争论的重点，这一点可参看华莱士和霍尔（Wallace and Hall，1994）、麦克贝斯等人（MacBeth et al.，1995a）、布里奇斯和哈斯本德（Bridges and Husbands，1996）以及华莱士（Wallace，1998）的研究成果。在英国，自《1988年教育改革法案》开始，政策环境中竞争的压力与日俱增，例如全面的学校管理地方化、公布国家考试成绩的联盟排名以及包括创建拨款学校等其他一些措施，都是在财政紧缩和学生数量相对平稳的时期确立的。虽然，这类政策能够被充分执行的很少（Bash and Coulby，1989；MacBeth et al.，1995b），但是那些由教育改革法案确立的以及伴随着随后的立法所发展起来的政策也在教育系统中造成了大量的压力。这些压力不仅仅提高了学校的竞争意识，也使反对的力量日渐凸显。逐渐加大的自治权已经迫使学校和政策制定者寻求分担风险的途径，尤其体现在财政方面。当前，在地方和中央层面的政府政策，特别是与改进学生成绩和学校绩效相关的政策热情地赞扬了合作的意义，并在许多情况下要求进行合作。此外，独立于政府政策之外的教师和学校也因为各种各样的原因开始寻求合作。因此，同一地区的学校间就同时存在着竞争与合作的双重压力。对于学校高级管理者来说，这一明显的矛盾可能产生局部紧张与冲突，因而需要扎实的管理专业知识来解决。在竞争的环境中辨别适合合作的环境需要具备管理的策略，如果学校间的合作仅仅涉及信任（Louis et al.，1995），那么在竞争环境中建立合作的必要性就成为值得人们思考的问题（Lane and Bachman，1998）。

理解教育系统中促进和阻碍合作的压力具有理论与实践的双重意义。与此相关，建构能为合作提供充分理由的理论基础也具有十分重要的意义。如果合作活动并不如期望中的成功，那么理解为什么个人要参与到这种关系之中就更为重要了。

教育机构参与合作能够确保各种各样的利益，假如能够采用多种活动形式，很多方面都可以直接或间接地促进学生成绩的改进。教育机构间的合作有助于促进它们的共同生存（Wallace and Hall，1994：103），高效学校与面临挑战的学校之间的合作可以提高英格兰教育行动区域计划的教育成绩（Haeusler，2003）。洛马克斯和达利（Lomax and Darley，1995）分析了英国教育系统中不同类型的合作，包括由地方教育管理机构发起的、学校发起的和一些特殊的案例，例如天主教学校之间、特殊学校之间的合作。

不同团体的学校领导和教师之间的合作可以有很多种方式，其中大部分合作方式有益于提高学生的成绩。在学校领导层面，合作的适用范围很广：制定消除竞争压力的策略（Wallace，1998）；在不稳定的时候给予支持（Lomax and Darley，1995）；探索政策变化带来的影响（Sullivan，1995），例如国家课程改革和设计联合行动；管理共同事务；确保学生在小学与中学间的平稳过渡；为小学员工的发展提供帮助；确保小型的乡村学校得以生存（Bridges and Husbands，1996）。合作性教师发展活动能够提高教学效率，例如分担专业发展的成本、相互支持等（Lomax and Darley，1995）。

理解学校改进合作：一个用于分析的框架

在文章的前半部分，我们已经说明了合作方式的多元化和复杂性。英国教育领域具有合作的历史，如果新政策增加了合作的压力，合作实践将会更深入并变得更加广泛。实际上，文献中已经出现了相关的例子。因为合作形式的复杂性和合作的重要意义，我们需要一种组织性的框架，并运用这一框架分析用于改善学生成绩所开展的合作。

教育领域中的合作可以在系统的不同层面上以多种方式进行。合作的参与者需要具备特定的才能，需要得到参与合作的激励，并占据合作的最佳时机。合作活动会经历不同的阶段并受到一系列因素的影响。此外，教育领域中合作的优先目标可能是改善学生学业成绩——一种共同利益（Huxham，1996），教育合作也可以具有其他与此相关的、意义重大的目标和理论依据。从不同的维度关注这一过程的任何一种分析框架都应对这些目标和理论依据进行认知。

下面，我们将构建一个分析学校改进合作的框架并且解释构成它的多元要素，包括：分析合作的维度、组织层级、合作的能力、动机和机遇，以及合作的背景和阶段。

分析合作的维度

值得讨论的是，共同利益是参与合作的前提（Huxham，1996），但利益的概念却很复杂，所以，我们在框架中运用了分属不同范式的两个维度，即资源依赖维度和体制维度。我们认为，这两个维度是全面的，一并构成可以涵盖源自合作的利益整体，但它们之间又是显著不同的，每一种都足够广博以至于允许对其进行灵活解释。

从**资源依赖的维度**来看，合作是一种资源的交换，当主要的决策者相信合作可以保护并可能增加关键性组织资源的时候，合作就会发生。这种观点得到了政治学家广泛的认可。由本森（Benson，1975）开发的模式已经被采纳，并用于分析英国"中央—地方"的关系，这一模式后来被罗兹（Rhodes，1985，1988）等学者进一步发展。对于"资源由什么构成"这一问题存在多种的解释，例如，本森宣称核心资源就是金钱和权力（Benson，1975），而罗兹则提出五种基本的资源：宪政—法律资源、等级制资源、财政资源、政治资源和信息资源（Rhodes，1985，1988）。即便如此，从资源依赖的维度理解合作的关键仍然是理解资源交换背后的政治经济状况。

从**体制维度**来看，合作满足了在一种社会性建构的世界中建立组织合法性的需要（Meyer and Rowan，1977；Powell and Di Maggio，1991；Scott，1995）。因此，这一维度根植于独特的体制环境及其占统治性的社会关系之中（Ebers，1997：8）。体制维度包含了法律的、文化的、部门的、区域环境等条件以及这些条件对合法性的影响作用。在教育领域中，专业主义构成了建立和表达合法性的主要机制（Hoyle and John，1995）。这一观点有很好的实例，至少依据修辞学理论（Hargreaves，1994），可以说明合作和同事关系对专业实践和教育的发展与改进来说是非常重要的（Quicke，2000）。专业主义在表达教育领域中的合法性方面所具有的作用、嵌入专业实践的持久改进导向以及合作和同事关系在专业工作中的中心性，是支持教育机构内部和机构间为实现改进学生学业成绩这一目的而进行合作的强大动力源。此外，还存在着来自于更加广阔的环境的、对学校以及在学校中工作和为了学校工作的人员通过合作提升合法性的期待。家长、中央政府和督导机构可能期望学校和教师更加专业化地工作，进而通过合作来改善学生的学业成绩。

尽管各种利益常常相互交织在一起，但不同维度所服务对象不同，利益也显著不同。从资源依赖的维度来看，学校改进合作主要关注获取额外的资源，而这些资源通过其他手段不能得到或者只能通过花费更大的成本才能得到。体制维度所服务的利益对象就是获得和维持职业角色的合法性。利益包含合作的目标，这些目标能够给参与合作提供理由和解释，并确定通过合作所要达到的目标。学校改进合作的成功与否可以依据每一个维度所服务的利益对象是否达到来进行判断和评估。

尽管在我们看来，两种维度常常交织在一起，但它们在提供有价值的分析工具方面的作用是显著不同的。本森（Benson，1975）对这一点非常清楚，无论存在什么样的区别与互动，两种维度从根本上说都依赖于资源的流动，这也是我们支持的观点。与此相似，迈耶和罗恩（Meyer and Rowan，1977）认为，两种维度只是相对简单地提供了界定组织边界概念化的不同途径。他们举出权威作为关键资源的例子来分析资源的概念化问题，这种方法解释了与之利害相关的问题，如合法性问题。我们认为这是一种有效的解释方法。

组织层级

合作可以发生在组织的不同层级上。埃博斯（Ebers，1997）指出，研究尽力在三个层面解释跨组织网络的形成，即活动者层面、活动者之间先前存在的关系层面和机构层面。关于教育组织层面，根据霍伊尔（Hoyle，1986）和哈迪（Hardy，1991）的观点，我们认为教育组织具有多样性，其中“存在大量的群体……”这些群体有着不同的世界观、背景、目标和利益（Hardy，1991：131）。为了简化问题，我们将集中分析两个主要的组织层级：学校和地方管理机构。在学校层级中，我们已经区分和强调了两个关键的群体：教师和学校领导者。我们认为，这些角色在学校的分布式领导（Gronn，2000）、共同领导（Blase and Blasé，1999）和分权领导（Portin，1998）模式中可能会有所重叠，但我们寻求在教师和学校领导者之间作出区分：在实践中，教师层级的改变对学生成绩有直接显著的影响（Scheerens，1992），而学校领导者则负有对整个机构进行领导的正式职责。讨论地方管理机构是因为它在组织提供教育服务方面发挥了重要作用（Audit Commission，1999），如《1998 年学校标准和架构法案》规定：地方管理机构须负责学校改进方面的某些任务（DfES，2000c），通过获得其他手段所不能获得的资源并使自身获取合法化的活动（Whitbourne et al.，2000）。地方管理机构中的关键活动者是教育服务的管理者，他们负有提供教育服务的职责。我们认为，系统中不同层级的其他组织、机构和代理机构能够被纳入到一个更加宏观的框架之中，但为了保证清晰性，本阶段还是将分析框架限定在活动者、活动者之间的关系和机构三个层面。

能力、动机和机遇

合作受到合作参与者的能力、动机以及是否具备可行的合作时机的影响。马特西奇和蒙西（Mattessich and Monsey，1992）所确定的成功合作的因素包括合作者的能力，比如进行沟通和协调达成共识的能力。其他影响能力的因素包括个人和组织能够利用的资源、参与者的价值观以及依据个人或组织利益或自主权把握与财政相关的决策形势的能力。虽然动机对成功合作来讲是一个关键的因素（Mattessich and Monsey，

1992)，但并不是所有的合作者都对合作抱有相同的动机（Ebers，1997)。因此，合作的动机是多种多样的。成功的合作还有赖于良好的合作机遇。一些个人和组织可能具备更多的合作机会，例如可以适时地发现合适的合作者。

背景

合作并不是发生在真空中，尤其是当合作刚开始的时候，背景显得十分重要。本质上，背景的一个重要特征是确定合作需要，而社会联系和历史也是合作背景中的重要事项。共同工作的经历将有助于促进彼此间的信任，从而使未来的合作更加容易（Tschannen-Moran and Hoy，2000)。一个地区事先存在的人际社会关系也可以培养和促进合作关系的发展（Ebers，1997)。一种日益深化的共识认为，信任是鼓励合作的关键因素，个人更可能信任那些已经与他们建立了良好关系的人（Bryk and Schneider，1996)。此外，合作网络中关键人物所具有的建设网络的能力是非常重要的。萨拉森和劳伦特兹（Sarason and Lorentz，1998）重视协调人的角色，虽然没有正式的权力，但其所具有的知识和个性对建立合作的作用非常大。上述都是背景的一些方面，它们会影响到合作的成功实现。

合作的阶段

合作包括许多阶段。合作维度应该被纳入研究框架之中。伍德和格雷（Wood and Gray，1991）认为，关注合作的前提条件、过程和结果对于理解合作是非常重要的。因此，应该纳入到我们的框架之中。为了使合作服务于两个维度所各自代表的利益，前提条件和过程要描述实践中发生的事情。根据利益的不同，结果可以分为成功的合作或失败的合作。无论是资源依赖维度还是体制维度，成功合作的一个主要结果必然是学生成绩的进步。这一框架阐释的合作利益，我们将在附录中进行详细解释。

讨论

资源依赖维度和体制维度可以被视为替代性的分析维度。但是，我们认为，它们虽有交叉，但在实践中也相互补充。这两种方法都允许区分和分析不同组织的因素和活动，但任何一个视角都不是决定性的。一种得到支持的合作目标，例如，获取专业知识并不必然意味着在合法性方面没有收获。并且，整个教育界对专业主义的理解存在着巨大的分歧，这将导致对合法性的不同解读。同样地，教师和学校领导可能具有不同的价值观或判断，导致对“好教育”的理解不同，从而形成有关成功合作的不同目标和评价标准。此外，合作的环境可能会在合作过程中发生很大的变化，从而改变发生在每种维度中的活动的平衡。例如，致力于提高学生成绩而分享有效教学实践的校际合作（从体制合法性维度看，增加了合法性）可能也会促进专业知识技能的获取（从资源依赖维度来看）。如果教育环境中财政紧缩的话，资源依赖维度所服务的利益对象将会增加。现实世界的复杂性提供了选择的可能，让人们决定是否参与合作、采用什么方式和达到何种目的。这一框架提供了一种分析的渠道，使我们能够更好地理解这些复杂性的问题和可能产生的结果。

在采用这两种维度作为分析框架的过程中，我们认识到：在合作学校或地方教育管理机构中，个体活动者或者地方教育管理机构会通过合作来获取资源依赖性利益或者体制合法性利益，而这些利益可能与其他活动者、合作学校或者地方管理机构的利益不同。因此，当两所学校通过建立合作关系来获取额外资源的时候，个体活动者——教师——可能通过合作来提高他们的职业合法性和权威。这种被合作组织分享的利益并不必然地决定主要活动者的个人利益。同样，教师参与合作的利益并不决定学校领导的利益。

从旨在提高学生成绩的领导能力这个重要方面来看，这一框架具有帮助我们分析、评价以及规划实践和政策的潜力。这一框架还可以用来分析其他目的的合作。例如，我们可以用它来分析发展教育领导能力的合作或者发展教育专业知识的合作。这一框架也可以应用在教育的其他领域中，例如继续教育领域和高等教育领域。

附录：

合作的资源依赖和体制维度所体现的利益、前提条件、过程以及成功与不成功合作的后果

	资源依赖维度	体制维度
利益	通过合作获得其他手段不能获得的或者需要花费更多成本才能获得的资源以改善学生的学业成绩。	通过获得和保持职业角色的合法性以改善学生的学业成绩。
前提条件——与利益相关		
背景	可利用的资源不充足。 事先存在的、支持性的社会关系。	一种可察觉的、增加职业角色合法性的需要。 事先存在的、支持性的社会关系。
个体教师层级	有能力与其他教师合作，获取净增加资源。 有与其他教师进行合作的动机。 有合作机会。	有能力与其他教师合作以提高职业角色的合法性。 有与其他教师进行合作的动机。 有合作机会。
学校层级	提供足够的资源供教师与其他学校及组织进行合作以获取净增加资源。 具备引领合作的能力和动机。 产生在学校和教师个人层级合作的动机。 有合作机会或/和已经创造了合作机会。	提供足够的资源供教师与其他学校及组织进行合作以提高职业角色中的合法性。 具备引领合作的能力和动机。 产生在学校和教师个人层级合作的动机。 有合作机会或/和已经创造了合作机会。
地方管理机构层级	创造了可供合作使用的资源，以获取额外资源来改善服务质量。 具有合作的动机。 产生在地方管理机构、学校和教师三个层级进行合作的动机。 有合作机会。	创造了可供合作使用的资源，以获取额外资源来提高职业角色中的合法性以改善服务质量。 产生在地方管理机构、学校和教师三个层级进行合作的动机。 有合作机会。

续表

	资源依赖维度	体制维度
过程——与利益相关		
教师层级	在教师间的合作中运用资源以获取额外资源。	在教师间的合作中运用资源以提高职业角色的合法性。
学校层级	在教师与学校间的合作中运用资源以获取额外的资源。	在教师与学校间的合作中运用资源以提高职业角色的合法性。
地方管理机构层级	在合作中运用资源以获取额外的资源。	在合作中运用资源以提高职业角色的合法性，改善服务质量。
成功合作的后果——与利益相关		
教师层级	教师获得了用于学校改进的额外资源。	教师为学校改进而具有的职业角色的合法性得到提高。
学校层级	学校获得了用于学校改进的额外资源。	学校为学校改进而具有的职业角色的合法性得到提高。
地方管理机构层级	地方教育管理机构获得了用于学校改进的额外资源，最终改善服务质量。	地方教育管理机构为学校改进而具有的职业角色的合法性得到提高，最终改善服务质量。
失败合作的后果——与利益相关		
教师层级	教师没能获得用于学校改进的净增加资源。	教师为学校改进而具有的职业角色的合法性没有提高。
学校层级	学校没能获得用于学校改进的净增加资源。	学校为学校改进而具有的职业角色的合法性没有提高。
地方管理机构层级	地方教育管理机构没能获得用于学校改进的净增加资源以改善服务质量。	地方教育管理机构为学校改进而具有的职业角色的合法性没有提高，没能改善服务质量。

参考文献

Alter, C. and Hage, J. (1993) *Organisations Working Together*. London: SAGE.

Audit Commission (1999) *Held in Trust: The LEA of the Future*. London: Audit Commission.

Ball, S. (1999) 'Performativity and Fragmentation in Postmodern Schooling', in J. Carter (ed.) *Post-modernity and the Fragmentation of Welfare*. London: Routledge.

Bash, L. and Coulby, D. (1989) *The 1988 Education Reform Act: Competition and Control*. London: Cassell.

Bennett, N., Harvey, J. A. and Anderson, L. (2004) 'Control, Autonomy and Partnership in Local Education: Views from Six Chief Education Officers', *Educational Management, Administration & Leadership* 32 (2): 217 – 235.

Benson, J. K. (1975) 'The Inter-organisational Network as a Political Economy', *Administrative Science Quarterly* 20 (2): 229 – 249.

Blase, J. and Blase, J. (1999) 'Implementation of Shared Governance for Instructional Improvement: Principals' Perspectives', *Journal of Educational Administration* 37: 476 – 500.

Bridges, D. and Husbands, C., eds (1996) *Consorting and Collaborating in the Education Marketplace*. London: Falmer.

Bryk, A. S. and Schneider, B. (1996) *Social Trust: A Moral Resource for School Improvement*. Chicago, IL: University of Chicago Centre for School Improvement.

Bryson, J. and Crosby, B. C. (1992) *Leadership for the Common Good*. San Fransciso, CA: Jossey Bass.

Bryson, J. and Einsweiler, R. C., eds (1991) *Shared Power*. London: University Press of America.

Buckley, P. J. and Michie, J., eds (1996) Firms, *Organisations and Contracts*. Oxford: Oxford University Press.

Calderhead, J. (1989) 'Reflective Teaching and Teacher Education', *Teaching and Teacher Education* 5 (1): 43 – 51.

Clarke, B. A., James, C. R. and Kelly, J. (1996) 'Reflective Practice: Reviewing and Refocusing the Debate', *International Journal of Nursing Studies* 33 (2): 171 – 180.

Connolly, M., Connolly, U. and James, C. R. (2000) 'Leadership in Educational Change', *British Journal of Management* 11 (1): 61 – 71.

Cropper, S. (1996) 'Collaborative Working and the Issue of Sustainability', in C. Huxham (ed.) *Creating Collaborative Advantage*. London: SAGE.

DENI (2001) *The Review of the Post-primary Review Body.* Belfast: DENI.

DENI (2004) *Future Post-primary Arrangements in Northern Ireland. Advice from the Post-Primary Review Working Group (The Costello Report).* Belfast: DENI.

DETR (1998) *The Twelve Principles of Best Value.* London: HMSO.

DfES (2000a) *Guidance for Beacon Schools.* London: DfES.

DfES (2000b) *Performance Management in Schools.* London: DfES.

DfES (2000c) *The Role of the Local Education Authority in School Education.* London: DfES.

DfES (2001) *Excellence in Schools.* London: DfES.

DfES (2003) *A New Specialist System*: Transforming Secondary Education. London: DfES.

DfES (2004a) *Leadership Incentive Grant.* Available at: http: //www. standards. dfes. gov. uk/sie/SfCC/lig/collab/planning/

DfES (2004b) *DfES 14 – 19 Strategy.* Available at: http: //www. dfes. gov. uk/14 – 19/index. cfm? sid = 7

DfES (2004c) *The Leading Edge Partnership Programme.* Available at: http: //www. standards. dfes. gov. uk/innovation-unit/colloboration/lepp/? version = 1

DfES (2004d) *What is School Diversity*? Available at: http: //www. standards. dfes. gov. uk/schooldiversity/what_ is_ school_ diversity/? version = 1

DfES-NCSL (2004) *National Standards for Headteachers: Proposals for Revised Standards.* Nottingham: DfES-NCSL.

Dufour, R. and Baker, R. E. (1998) *Professional Learning Communities at Work: Best Practices for Enhancing Student Achievement.* Bloomington, IN: National Education Service.

Ebers, M. , ed. (1997) *The Formation of Inter-Organisational Networks.* Oxford: Oxford University Press.

Estyn (2002) *Excellent Schools: A Vision for Schools in the 21st Century.* Cardiff: Estyn.

Estyn (2003) *Advice on Partnerships: A Report on Good Practice in Primary Schools.* Cardiff: Estyn.

Estyn (2004) *The Annual Report of Her Majesty's Chief Inspector of Education and Training in Wales.* Cardiff: Estyn.

Glatter, R. (2003) 'Collaboration, Collaboration, Collaboration: The Origins and Implications of a Policy'. Paper presented to the Annual Conference of the British.

Educational Leadership, Management and Administration Society Kent's Hill MiltonKeynes, 2003.

Gray, B. (1989) *Collaborating: Finding Common Ground for Multiparty Problems.* San Francisco, CA: Jossey-Bass.

Gray, J., Hopkins, D., Reynolds, D., Wilcox, B., Farrell, S. and Jesson, D. (1999) *Improving Schools: Potential and Performance.* Buckingham: Open University Press.

Gray, J. and Jesson, D. (1987) 'Exam results and local authority league tables', in A. Harrison and J. Gretton (eds) *Education and Training UK*, pp. 33 – 41. Newbury: Policy Journals.

Gronn, P. (2000) 'Distributed Properties: A New Architecture for Leadership', *Educational Management & Administration* 28: 317 – 338.

Haeusler, M. (2003) *Pulling Together: Transforming Schools through a Collaborative Learning Network. Research Associate Report.* Nottingham: NCSL.

Hanf, K. and O'Toole, L. J. (1992) 'Revisiting Old Friends: Networks, Implementation Structures and the Management of Inter-organisational Relations', *European Journal of Political Research* 21: 163 – 180.

Hardy, C. (1991) 'Pluralism, Power and Collegiality in Universities', *Financial Management and Accountability* 7: 127 – 142.

Hargreaves, A. (1994) *Changing Teachers, Changing Times: Teachers' Work and Culture in the Postmodern Age.* London: Cassell.

Hill, C. J. and Lynn, L. E., Jr (2003) 'Producing Human Services: Why do Agencies Collaborate?' *Public Management Review* 5 (1): 63 – 82.

Hjern, B. and Porter, D. (1981) Implementation Structures: A New Unit for Administrative Analysis, *Organisational Studies* 3: 211 – 237.

Hoyle, E. and John, P. (1995) *Professional Knowledge and Professional Practice.* London: Cassell.

HMIE (2002) *How Good is Our School? Self Evaluation using Quality Indicators.* Edinburgh: Her Majesty's Inspectorate for Education.

HMIE (2004) *Improving Education Authorities: Best Practice in Scotland.* Edinburgh: Her Majesty's Inspectorate for Education.

Hoyle, E. (1986) *The Politics of School Management.* London: Hodder and Stoughton.

Hudson, B., Henwood, M. and Wistrow, G. (1999) 'In Pursuit of Inter-agency Collaboration in the Public Sector: What is the Contribution of Theory and Research?', *Public Management* 1 (2): 235 – 260.

Huxham, C., ed. (1996) *Creating Collaborative Advantage.* London: SAGE.

Huxham, C. and Vangen, S. (2000b) 'Ambiguity, Complexity and Dynamics in the

Membership of Collaboration', *Human Relations* 53 (6): 771 – 806.

James, C. R. and Connolly U. (2000) *Effective Change in Schools.* London: Routledge.

Kickert, W. J., Klijn, E. -H. and Koppenjan, J. M. (1997) *Managing Complex Networks: Strategies for the Public Sector.* London: SAGE.

Kooiman, J., ed. (1993) *Modern Governance: New Government-Society Interactions.* London: SAGE.

Lane, C and Bachman, R., eds (1998) *Trust Within and Between Organisations.* Oxford: Oxford University Press.

Lieberman, A. (1990) *Schools as Collaborative Cultures; Creating the Future Now.* Falmer: London.

Lomax, P. and Darley, J. (1995) 'Inter-school Links, Liaison and Networking: Collaboration or Competition?', *Educational Management & Administration* 23 (3): 148 – 161.

Louis, K. S., Kruse, S. and Associates (1995) *Professionalism and Community: Perspectives on Reforming Urban Schools.* Thousand Oaks: CA: Corwin.

Lowndes, V. and Skelcher, C. (1998) 'The Dynamics of Multi-organizational Partnerships: An Analysis of Changing Modes of Governance', *Public Administration* 76 (2): 313 – 333.

Macbeth, A., McCreath, D. and Aitchison, J., eds (1995a) *Collaborate or Compete? Educational Partnerships in a Market Economy.* London: Macmillan.

Macbeth, A., McCreath, D. and Aitchison, J. (1995b) 'Competition, Collaboration and Possible Futures', in A. Macbeth, D. McCreath and J. Aitchison (eds) *Collaborate or Compete? Educational Partnerships in a Market Economy.* London: Falmer.

Mattessich, P. W. and Monsey, B. R. (1992) *Collaboration: What Makes It Work?* St Paul, MN: Amherst H. Wilder Foundation.

Meyer, J. W. and Rowan, B. (1977) 'Institutionalised Organisations: Formal Structures as Myth and Ceremony', *American Journal of Sociology* 83 (2): 340 – 363.

Milbourne, L., Macrae, S and Maguire, M. (2003) 'Collaborative Solutions or New Policy Problems: Exploring Multi-agency Partnerships in Education and Health Work', *Journal of Education Policy* 18 (1): 19 – 35.

NAfW (1999) *Delivering the BEST for Teaching and Learning: The Performance Threshold.* Cardiff: National Assembly for Wales.

NAfW (2001a) *The Learning Country.* Cardiff: National Assembly for Wales.

NAfW (2001b) *Wales Programme for Improvement: Consultation Document.* Cardiff: National Assembly for Wales.

NAfW (2002) *Improving Services for Children and Young People: A Framework for Part-*

nership. Cardiff: National Assembly for Wales.

Nias, J., Southworth, G. and Yeomans, R. (1989) *Staff Relationships in the Primary School: A Study of Organisational Cultures.* Cassell: London.

Osbourne, P. (2000) *Public-Private Partnerships: Theory and Practice in International Perspective.* London: Routledge.

Pierre, J. (1998) *Partnerships in Urban Governance.* London: Macmillan.

Portin, B. S. (1998) 'Compounding Roles: A Study of Washington's Principals', *International Journal of Educational Research* 29: 381 – 391.

Peters, B. G. (1996) *The Future of Governing: Four Emerging Models.* Lawrence, KS: University of Kansas Press.

Potter, D., Reynolds, D. and Chapman, C. (2002) 'School Improvement in Schools facing Challenging Circumstances: A Review of Research and Practice', *School Leadership and Management* 22 (3): 243 – 256.

Powell, W. W. and Di Maggio, P. J. (1991) *The New Institutionalism in Organisational Analysis.* Chicago, IL: University of Chicago Press.

Quicke, J. (2000) 'A New Professionalism for a Collaborative Culture of Organizational Learning in Contemporary Society', *Educational Management & Administration* 28 (3): 299 – 316.

Rhodes, R. (1985) 'Power-dependency, Policy Communities and Intergovernmental Relations', *Public Administration Bulletin* 49: 4 – 31.

Rhodes, R. (1988) *Beyond Westminster and Whitehall: The Sub-Governments of Britain.* London: Unwin Hyman.

Rhodes, R. (1997) *Understanding Governance: Policy Networks, Governance, Reflexivity and Accountability.* Buckingham: Open University Press.

Riley, K. (1997) 'Changes in Local Governance—Collaboration through Networks: A Post-16 Case Study', *Educational Management & Administration* 25 (4): 155 – 168.

Roberts, S. and Pruitt, E. (2003) *Schools as Professional Learning Communities.* London: SAGE.

Roberts, V., Russell, H. and Parkinson, M. (1995) *Public/Private/Voluntary Partnerships in Local Government.* London: Local Government Management Board.

Rogers, S. (1999) *Performance Management in Local Government: The Route to Best Value.* London: Financial Times Pitman.

Rutter, M., Maughan, B., Mortimore, P. and Ouston, J. with Smith, A. (1979) *Fifteen Thousand Hours: Secondary Schools and Their Effects on Children.* London: Open Books.

Sarason, S. and Lorentz, E. M. (1998) *Crossing Boundaries: Collaboration, Co-ordination and the Redefinition of Boundaries.* San Francisco, CA: Jossey-Bass.

Scott, W. R. (1995) *Institutions and Organisations.* London: SAGE.

Scheerens, J. (1992) *Effective Schooling: Research, Theory and Practice.* London: Cassell.

Schön, D. (1983) *The Reflective Practitioner.* San Francisco, CA: Jossey Bass.

Smyth, J. (1991) *Teachers as Collaborative Learners.* Milton Keynes: Open University Press.

Stewart, J. (1996) 'Moving Partnerships Forward', paper presented to the Annual Policy and Performance Review Network Annual Conference.

Sullivan, M. (1995) 'The Perspective from an Urban Primary School', in A. MacBeth, D. McCreath and J. Aitchison (eds) *Collaborate or Compete? Educational Partnerships in a Market Economy.* London: Falmer.

Sullivan, H. C. (2002) *Working Across Boundaries: Collaboration in Public Services.* Basingstoke: Palgrave Macmillan.

Tett, L., Crowther, J. and O'Hara, P. (2003) 'Collaborative Partnerships in Community Education', *Journal of Education Policy* 18 (1): 37 – 51.

Thompson, G., Frances, J., Levačić, R. and Mitchell, J. (1991) *Markets, Hierarchies and Networks: the Co-ordination of Social Life.* London: SAGE.

Toonen, T. (1998) 'Networks, Management and Institutions: Public Administration as "Normal Science"', *Public Administration* 76 (2): 229 – 252.

Tschannen-Moran, M. and Hoy, W. K. (2000) 'A Multidisciplinary Analysis of the Nature of Trust', *Review of Educational Research* 70: 547 – 593.

Van Veltzen, W., Miles, M., Exkholm, M., Hameyer, U. and Robin, D. (1998) *Making School Improvement Work.* Leuven: ACCO.

Wallace, M. (1998) 'A Counter Policy to Subvert Educational Reform? Collaboration among Schools and Colleges in a Competitive Climate', *British Educational Research Journal* 24 (2): 195 – 216.

Wallace, M. and Hall, V. (1994) 'Promoting Collaboration among Schools and Colleges', in I. Lawrence (ed.) *Education Tomorrow.* London, Cassell.

Weiss, J. (1987) 'Pathways to Co-operation among Public Agencies', *Journal of Policy Analysis and Management* 7 (1): 94 – 117.

Wenger, E., (1998) *Communities of Practice: Learning, Meaning and Identity.* Cambridge: Cambridge University Press.

Western Education and Library Board (2004) *Corporate Plan 2003 – 2006.* Omagh: Western Education and Library Board.

Wood, D. and Gray, B. (1991) 'Toward a Comprehensive Theory of Collaboration', *Journal of Applied Behavioural Science* 27 (2): 139 – 162.

Whitbourne, S., Mitchell, K. and Morris, R. (2000) *What is the LEA for? An Analysis of the Functions and Roles of the Local Education Authority.* Slough: EMIE-NFER.

[作者简介]

迈克尔·康诺利，格拉摩根大学（University of Glamorgan）人类学、法学与社会学学院院长，研究领域为公共领域机构管理与领导，发表了大量的学术研究成果。

克里斯·詹姆斯，帕斯大学（University of Bath）教育学院教育领导与管理学系资深讲师。主要研究领域为教育组织的管理、领导与职业活动，发表了大量的学术研究成果。

[联系方式]

CHRIS JAMES, Department of Education, University of Bath, Claverton Down, Bath BA2 7AY. [email: janejames1@btinternet.com]

开发学校战略领导模式

芭芭拉·J. 戴维斯（Barbara J. Davies），布伦特·戴维斯（Brent Davies）
苏红 译

摘要

战略领导是学校有效发展的关键。当前教育争论的焦点正在转向如何使学校的各种短期改进行为转变成战略上的可持续改进行动。本文认为需要重新关注领导的战略维度以确保发展的可持续性。一些关于领导开发的传统观点指出，新领导者在采取持久的战略行动之前，往往首先解决当前的各种行政和管理问题，以便树立信心、培养组织能力。本文认为学校需要一种综合的领导开发观，领导者不仅要关注学校改进的“现状”，同时也要具有学校战略领导能力。

关键词： 战略领导者特征　领导能力　领导才能　战略领导资格

导论

本文的观点基于国家学校领导学院（NCSL）一个研究项目——“成功与可持续发展：发展以战略为中心的学校”——的数据。该研究项目对中小学和特殊学校的领导者们进行了详细的个案研究。下文对战略领导的分析正是建立在项目参与者的“领导之声”基础之上。该项目辨识出兼具战略领导和可持续发展特点的学校并对其进行了详细的个案调查。本文与在此之前戴维斯（Davies，2003）发表在《教育管理与领导》（*Educational Management Administration & Leadership*，EMAL）上的文章是一脉相承的。

战略领导是学校有效发展的关键。在过去的20年里，许多国家的学校领导者们的关注焦点是学校效能和学校改进。现在，他们关注的焦点已经转向如何促使各种短期的改进转变成可持续发展。本文提出这样的观点，即需要重新关注领导的战略维度以确保学校发展的可持续性。一些关于领导开发的传统观点指出，新领导者在采取持久的战略行动之前，往往首先解决当前的各种行政和管理问题，以便建立信心、培养组织能力。本文认为学校需要一种综合的领导开发观，领导者不仅要关注学校改进的现状，同时也要培养学校的战略领导能力。

关于领导的概念众说纷纭，很难界定。领导的形式多样，像符号型领导、变革型领导、学习中心领导、建构主义者领导、情感型领导、道德型领导、分布式领导和可持续发展型领导等分类只是当前所使用的众多定义中的一小部分。我们认为战略领导不是一种新的领导类型，而是所有领导活动的一个重要维度。我们运用研究中出现的两种主要类别分解出战略维度第三个纬度，它们分别是：（1）战略领导者做什么；（2）战略领导者有什么特征。这样，我们便开发了第三种类型即战略领导模型。

研究

该研究项目采用定性研究方法，选取10所小学、10所中学和3所特殊学校，提供了23个个案研究案例。研究任务不仅仅是确定学校领导者中战略领导者占多大比例，而是分析使用战略方法的领导者以确定战略领导的各项维度。在辨别学校各种潜在的战略领导方法的过程中使用了两种方法。第一，通过教育标准局（Ofsted）的报告进行调查，找出那些已确定了战略领导和战略规划过程的报告。第二，采取基本的电话访谈来检验战略方法的使用情况，比如已有的规划文件的可操作性和战略性。据此确定了进行个案研究的学校。在这些学校中，都要建立信息档案袋，储存比如学校规划文件、教育标准局的报告、学校组织和运行指南等，最后对每位校长进行半结构化访谈。

这种研究面临的挑战包括样本量的大小问题。教育标准局的报告中很少提及战略方面的内容。即使提到，也常常把它等同于短期发展规划。提取一个包括40所学校的小样本是有可能的，但是要选出更大的样本就行不通了。通过大规模的问卷调查，问校长们是否具有战略性，可能会得到肯定的答复。但是，通过这种定量研究工具是否能够得出对战略问题的基本共识则是值得怀疑的。回答的深度可以通过定性研究方法实现，需要先设定一些参数，看看学校是否关注战略，是否有可能提供更适合研究的环境。这种方法包含情感研究的成分，寻求对学校战略过程的本质和各个角度的理解。这种调查方法的目的不是为了发现大量学校中是否存在战略。从本质上说，本研究主要是为学校领导者提供大致的策略咨询，而不是为其实践详尽阐述基本的因素分析。

为了和读者分享我们与研究的参与者之间的对话内容，我们把参与者关于“领导”的谈话内容也收录进来。此外，我们的研究只集中在这些学校，即学校的领导者清楚明白地阐述了学校的战略方法，而且学校已有总体战略规划、短期发展计划等现成文件以及部门或高级团队强调战略过程的记录资料等证据。

如前所述，我们在数据分析过程中依据以下两个维度对数据进行编码：（1）战略领导者做什么；（2）战略领导者有什么特征。

战略领导者做什么

通过对数据的分析可以看出，战略领导者亲自参与五项重要活动：

- 确定方向

- 将战略转化为行动
- 确保员工发展和传递战略
- 确定有效干预点
- 发展战略能力

现在我们逐一讨论这五项内容。

确定方向

战略领导者不仅仅关注现状的管理，更关注未来的组织架构，以及为组织确定发展方向。在确定学校的道德目标、未来方向以及学校日常运作的过程中，战略的地位如图1所示。

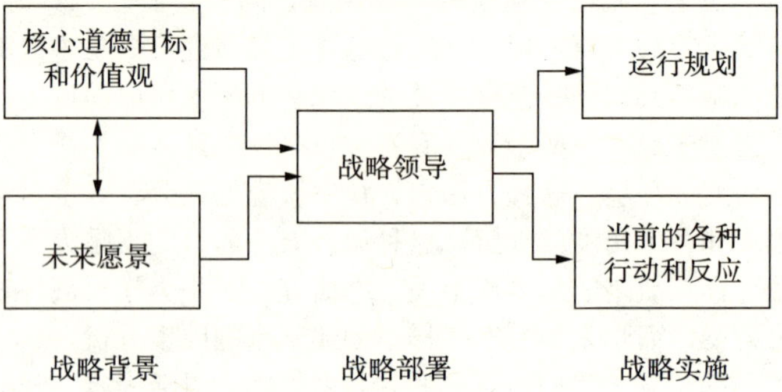

图1　战略的地位（NCSL，2005）

学校领导者详细确定了组织的道德目标，即我们为什么而做。强调道德目标的价值在于它和关于我们想发展到什么地步以及我们将来想实现何种组织的愿景相关。战略是连接长期行为与短期发展规划的手段，进而将各种反应渗透到各种包含文化和价值体系元素的即时事件中。

战略确定中期发展方向。国家学校领导学院研究中的学校领导者们认为战略的特征如下：

> 战略是通过资源配置和长远的眼光来实现组织的最大潜能。

> 战略就是你打算如何实现目标。你在学校里采用哪种组织结

构？你采取了什么措施来实现目标？你如何使用资金？——所有这些就构成了战略，实现你想要达到的目标的战略。

就我而言，战略就是行动计划，有意识的行动计划，根据我已获取的多方面信息采取行动，但是战略有不同的形式。

对我来说，战略就是你想要达成什么目标，为什么你想要达成那个目标。

因此，战略将愿景和道德目标转化为行动。战略是构建目标、形成组织目标转移或变革能力的传输机制。这种转化需要的不是维持转化型领导的方法，而是事先就专注于变革，努力让事情变得更好。

将战略转化为行动

本研究将战略转化为行动的过程分为四个阶段。

第一阶段，战略的**阐释**。可以通过口头、书面和结构化三种方式阐释战略。战略的口头阐释是领导者通过战略性交谈传递组织战略目标和战略方向的方式。这一概念将会在思考战略性交谈的过程中进一步得到发展。战略的书面阐释是正式的声明和计划，明显不同于短期运行计划。战略的结构化阐释涉及能够支撑和发展战略方法的内部组织架构，比如，定期召开不同于日常工作会议的战略会议。这三种方式在被访问的学校领导者的回答中也得到体现：

我经常告诉员工我们进展到什么地步，他们可以为此做些什么。我认为，找到一种和绝大多数员工交流组织基本目标的途径，这一点非常重要。

我们把短期学校发展计划和共同的长期战略规划区分开来。

日常管理团队负责眼下的工作，学校发展规划团队关注规划和研究的周期；此外，发展规划团队实际上更关注未来。

第二阶段，必须通过共同的经验和表象对预期结果**达成**共识。这个阶段必须对新的运作方式是什么样子描绘出一个可以理解的清晰画面。这就要唤醒学校的员工转变观念和经验，在学校内部达成一致，使大家都能认识到如果学校想要在将来更有效能，继续使用当前的工作方式是不行的。

第三阶段，领导需要通过对话**形成**共享的、关于未来的概念地图或者心灵地图。战略领导者能够做的是，再次阐释当前组织的主要特征，这种组织特征可以称为学校的战略体系机构（Kaplan and Norton，1996，2001）；同时领导其他人确定学校未来的新体系结构。戴维斯（Davies，2003）描述到，这个过程可能涉及通过战略性交流，促进人们积极参与，激发他们的动机，让他们了解变革的必要性。值得注意的是，这带来了校内外高质量的信息，这也是强调对话的战略分析内容之一。

第四阶段，领导需要**确定**预期成果以及实现这些成果的步骤。这将会形成关于新的学校战略体系机构的清晰蓝图。蒂奇和沙曼（Tichy and Sharman，1993）把第四阶段界定为识别组织从现状转向未来所需采取的一系列方案的过程。这种方法的意义在于，只有顺利结束了第二阶段和第三阶段的工作，才能够使第四阶段融入组织文化之中。

确保员工发展和传递战略

威尔逊（Wilson，1997：1）认为，“组织变革包括两个主要方面——使命和战略的转变以及文化和行为的转变”。推而言之，如果文化和行为不转变，那么，使命和战略就不可能产生根本变化。其关键在于转变组织内部人员的思维定式和固有行为。格伦迪（Grundy，1998）和格拉顿（Gratton，2000）发现了让人们将两者保持一致的重要性。研究对象们详细描述这个过程，即通过战略谈话激发学校内部成员参与提升战略能力的动机。这是一个可以重复使用的、促使人们在组织变革中保持一致的过程，见图2。

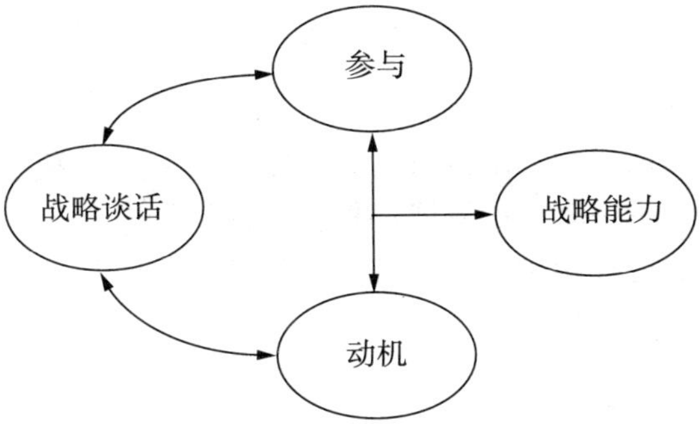

图2　一致和能力的交互性特征

战略谈话

起初，领导者在学校里通过正式与非正式谈话和员工谈论学校日常运作问题时，增加了对未来各种问题的探讨。这样，和员工全面讨论整个学校的问题及其长期所处的环境，可以使他们在学校内部形成战略意识并达成谅解。赫希霍恩（Hirschhorn，1997：123－124）、范·德·海登（van der Heijden，1996：41－42）和戴维斯（Davies，2002：21）都认识到了战略谈话的意义。正如在研究过程中，一位学校领导者指出的：

> 我们经常通过大团体的、小团体的、个别的讨论，大量持续的双向交流让大伙和学校的步调得以保持一致。

战略参与

战略谈话的目的在于促使更多的员工理解战略背景、参与制定最佳的战略，进而参与和投入战略实施过程的关键环节。研究中有一位学校领导者这样说道：

> 由于高度参与、再加上战略中的很多内容是我们自己的，我们感到更多地控制了战略议程。我认为这种高参与性是学校力量的源泉。

战略动机

通过战略谈话发起和维持对话的目的，在于让更多的员工参与到学校发展方向的讨论中来。如果能够真正让员工参与其中，将有效激发他们更多地参与到处理学校战略发展方向的相关事宜中。

正如一位学校领导者所说：

> 规章远没有人们的所思所想和所作所为重要。我们完全可以说我们有这个规章或那个规章，你也可以有让人叹为观止的规章，但是事实上如果人们不遵照规章的要求行事，那么它永远不能成为计划。

能力建设

学校最重要的资源是人。如果员工的素质和能力可以通过更多地参与讨论和学习得到提升，那么这个关键的因素——人力资源就能够得到改善。

一位学校领导者是这样看的：

> ……有能力应对挑战和假人之长，这样组织才能学会解决问题，而不仅依靠简单的外部解决办法。

确定有效干预点——在恰当的时间做正确的事

抓住**时机**进行重大战略转变是对领导的一个考验，它对于成功的意义和战略的选择同样重大。时机可以依靠领导者的直觉（Parikh，1994），也可以依靠理性分析。当组织中的个体都为变革作好了准备，当组织需要变革，当外部各种局限和有利条件促使学校去变革的时候，必须平衡所有对立的因素。对时机的判断不仅体现在**知道做什么**、**知道怎么做**，而且要**知道何时去做**(Boal and Hooijberg，2001)，同样重要的是，**知道不做什么**(Kaplan and Norton，2001)。因此，我们能够在这个清单上列出知道放弃什么以获取更多变革能力。有两位学校领导者是这样说的：

我写了一篇文章，主张现在正是变革的好时机。有些事情需要改变，但是如果我们打算变革，那么，这一变化不可能一蹴而就，而是需要一个持续的变革过程。但是，对我个人而言，困难在于放弃，也就是说，如果我们采取行动，随之又会出现新情况，我知道我必须放弃一些事情。

战略时机极为重要。它能成就一所学校，也能毁掉一所学校。如果你选错了变革时间，等待你的可能是一场灾难。

研究中，一些学校领导者谈到了战略时机的重要性以及在学校里为自己和别人选择恰当时机的重要意义。学校领导者也谈到了把握时机是一种天赋：

我个人认为，许多时机源于本能……我知道，因为我没准备好或者他们没准备好，所以我不能走那条路。因此，时机是很重要的。

研究中可以发现，选择正确的时机并在时机未到时说“不”，对战略领导者而言是很重要的。选择了恰当的时机，他们就能够借助适当的外部力量来完善学校自身改进的议程。一位学校领导者清楚地表达了这一点：

我认为，你在学校战略领导方面做得越好，你就会走得越远，因为当你有能力说“不，我们不打算那么做”或者“不，那无关紧要，我们不打算那么做”时，你就进入了一个新阶段。

战略时机对学校中的所有人都有影响。如果战略时机不当，就会给学校带来灾难性的影响。人们就不会凝聚到一起，他们会认为战略不可能实现。

如前所述，选择和放弃战略时机的技能同样重要。如果学校采用了一种新的行事方法或者一个新的优先考虑战略，那么，必须考虑如何把新方法和新战略纳入原来已经安排得满满的日程中。结果就是，领导者必须把其他战略置后，或者放弃已有战略。这样做的原因不是因为这些战略本身出现了问题，而是新的方法和战略更重要。正如一位学校领导者所说：

> 我看放弃可以分为两种情况。一是放弃那些无用的、浪费人们时间和精力的事情。这很容易。另一种情况实际上是说，好吧，这很有效，我们真的很宽慰，而且也取得了理想的效果，但是实际上还有一种战略会把我们带到下一个更好的阶段，虽然两个战略都不错，但是两者不能同时进行。必须搁置或放弃原来的战略好让新的战略有时间成长。

战略放弃是一个非常有力的概念。战略放弃的困境在于，学校必须放弃受欢迎的现有战略，去接受有助于未来发展的战略。

发展战略能力

战略能力不是一个组织短期内的特定技能，而是它长期具备的基本特征。斯托克等人（Stalk et al.，1992）使用“战略能力”（strategic capability）这一术语，而普拉哈拉德和哈梅尔（Prahalad and Hamel，1990）使用“核心竞争力”（core competencies）一词。这样，就解决问题而言，比起有过战略开发经验的个体成员而言，善于合作的反思型团队是更稳定的资源。

传达各项短期目标的压力会导致更长期、更重要的发展延迟。戴维斯（Davies，2004：1）认为：

> 在我看来，挑战在于，在继续对标准进行必要改进的同时，还要发展对“宏伟蓝图”的承诺。恰当的组织结构和开发思维的过程很重要，从长远来看，它将有助于维持高标准并提供更有效的学习经验。不可持续的“快速调整”是不存在的。这些平行的发展需要一项战略的指导。有些战略我们能够轻易规划，但是对于大多数战略而言，我们更需要建设战略能力。

研究中的学校领导者们评价道：

如果你知道你想要达到的目标，但是不确定将要如何去做就需要花费更长的时间。因此，需要对人们进行某些方面的能力建设——比如，发展以学习为中心的学校。现在需要许多人作出改变，这样就需要更多的时间，人们需要去修一些课程，需要阅读，需要一些训练，这些都需要花费时间。一旦人们知道怎样做了，他们就会对学习型学校形成自己的认识。那么，我们就可以坐到一起，针对这个问题展开讨论。

我认为，自己集中精力试图说明的这种新能力，是一种反思性实践能力。这是因为……如果我的员工能够反思他们的行为，如果他们能够成为终身学习者，而不管战略目标可能是什么……不管我们正采取什么战略；如果他们能够成为学习者而不是知情者，我想这绝对是很重要的。我们还没有达到那个阶段。

在以战略为重心的学校里，这种能力建设方法是一个关键因素，也是战略领导者的一项重要活动。

有效利用学校战略方法档案袋

战略常常被混同于战略规划，而事实上，战略规划只是诸多战略方法中的一种。博伊索特（Boisot，2003）提供了一个有价值的战略的分类方法。他认为战略方法分为以下 4 种：

- 战略规划
- 即时战略
- 内部企业家战略或分权战略
- 战略意图

战略规划是理性线性方法，通过一些既定步骤和活动就能实现一组连贯的目标。战略规划可以概括为“你知道心中的目标，你知道如何实现目标，你知道一旦目标实现如何确认”。虽然这可能适合组织的部分活动，但是不一定能适合组织的其他不可预测的活动。战略规划和详细的书面计划相连。

即时战略可以看做是在做中学到的战略。当组织应对新挑战时，一些特定的应对方式会更有效。当组织重复成功的活动，而非重复失败的活动时，就建构了指导未来行动的战略框架。起初，这只是反应式的战略，以应对外界的变化，但是，后来就建构了面向未来的战略框架。

博伊索特（Boisot，2003）所说的**内部企业家战略**，或众所周知的分权战略，产生于组织在处理战略方向的细节和在复杂多变的环境中规划遭遇了困难的时候。因此，他们决定通过有效利用分权的方法来应对这种混乱局面。这样，组织的中心将下放核心行为准则和关键战略方向，给下属机构制定战略细节的自由。

战略意图是一个框架，组织会在其中设置关键的战略目标，把组织"引向"更高的绩效水平。组织虽然知道它的发展方向和想要实现的目标，但是不知道如何实现这些目标。组织采取一系列能力建设措施来培养实现组织目标所需要的能力。因此，组织通过确立一系列战略目标和培养实现战略目标必须的能力向未来迈进。

国家学校领导学院研究中发现的一个关键因素是，参与研究的战略领导者们在不同的情境下采取不同的战略方法。他们老练地使用方法档案袋，满足各种复杂需求。因此，在可以清晰计划之处，他们使用理性线性战略计划。与此同时，许多领导者发现战略意图这一概念是一种非常有用的方法：

> 战略意图是统一立场和阐明观点的好方法，特别是在有大的动荡或变化的时候。战略意图不是一个详细勾画过的愿景，我们无法从中看到未来方向……战略意图是对我们未来的可能方向的一种憧憬，可以带动每个人和你一起努力。

调查显示，中学里使用分权战略，小学里不使用分权战略。有趣的是，即时战略常被用在开发校内的IT能力。

战略领导者的特征

国家学校领导学院的研究中建构了学校战略领导者的重要特征。包括：

- 战略领导者对现状不满或不安；
- 战略领导者把他们自己的战略思想和学习列为重点；
- 战略领导者创建智力模型以适应自己的思维框架和实践方式；
- 战略领导者拥有强大的个人网络和专业网络。

战略领导者对现状不满或不安

不安是指，处于不得不维持现状、在一定时间内不能改变现状的现实之中，在提高能力和才能之前，战略领导者维持现状和知道可能有更好状况的挑战，促使领导者开发领导和管理的混沌模型。这种混沌体现在对不能快速作出充分改变的不满或不安。这在下面两位学校领导者的反应中可以看出：

> 不管你的头脑开不开放，由于各种极为积极或者消极因素的影响，每个人都有可能受到挫折。每个人都有可能把现实中遭遇的那些焦虑、担心、关注和挫折转变为更为积极有利的因素。

> 激励我的事情之一就是我从不满足。

战略领导者把他们自己的战略思想和学习列为重点

研究中，相当多的学校领导者在谈及他们自己的学习的时候，强调新知识对推动学校战略方向的重要作用。例如，一位学校领导者了解了关于儿童学习的新思想，进而促使他把学校导向了一个新的发展方向：

> 几年前我们应邀参与一个学校改进项目，那是我第一次听说霍华德·加德纳（Howard Gardner）及其“多元智能”理论。那真是在我心里燃起一把火，因为我明白了自己是哪种类型的学习者，为什么自己在课程的某些部分很成功，有些部分却很失败……因此，我作了很多研究。我感到这正是我想要的学校，是我设想的学习发展的方式……接着其他想法也随之而来……加速学习、情感智能

等，所有这些都在我的内心燃烧。这正是我想为儿童准备的学校。

另一位学校领导者指出了在学校开发战略之前理解战略的必要性；在学校里介绍战略被看做是“我自己对战略理解的觉醒”的结果。这位学校领导者还强调：“为此，我必须先在自己的头脑中熟悉它”。自学对这位学校领导者来说是很重要的，同时这也促进了其他人的发展。

反思或思考常常被强调：

> 我常常坐下来，进行头脑风暴——往往是在我独自一人的时候，因为那是我进行思考的时间。

> 周四是我思考和阅读的时间……因此，每周四我谁也不见，也不和谁交谈；除非有家长来投诉，在那种情况下，我会立即处理。但是，周四是我用来思考、阅读和反思的时间，那才是我要做的事情。你知道，实际上，并非每个周四都能做到这些。有时当你走过那道门，你不知道将会遇到什么事，但是在我的计划中，周四是我阅读和反思的时间。阅读的内容可以是学校中正在发生的事情或者一些儿童的作品。

> 我们能自由地讨论我们想要发展的方向。我经常引导谈话，因为这也是我通过阅读获得的部分特权。我从中获得了许多很好的理论并在实践中检验这些理论。

如果我们要发展创新型的学校，那么，如果学校领导者本人打算在校内更多员工和学生团队中树立榜样并发展创造性思维，我们所强调的思考和学习就应从学校领导者开始。

战略领导者创建智力模型以适应自己的思维框架和实践方式

学校领导者理解复杂情况的方法之一，就是创建智力模型和框架以增进理解。研究中，许多领导者强调了用理论模型支持战略发展的重要性，与其他组织成员分享这一模型也同样重要。这可以从被调查者的回答中反映出来：

我加入学校发展规划的过程之中，把战略规划分解成各个可操作的子目标，制定战略规划和未来思想。

通常情况下，我们具有理论支持，因此，如果我们打算改变管理结构、管理风格或其他什么，我们会先在理论方面作一点准备……因此，人们理解我们实际上为什么走这条路，我们为什么作这些改变。

一位学校领导者很好地阐述了她的战略方法模型，强调了开始一种新的思维方式的重要性：

通过一个我称之为唤醒、阐明和结盟的过程，我制定自己的战略变化模型。

这位学校领导者感到智力模型能够帮她进行领导变革。她采取过一种战略方法解决自满员工的问题。她使用新思想去激发员工用不同的方式思考。虽然这种变化的重点是学校的教学方法，这仍不失为学校领导者运用战略方法的一个范例。

战略领导者拥有强大的个人网络和专业网络

战略领导者经常从地方、区域和国际层面审视他们所处的环境。他们和更大的教育团体一起寻求发展新思想以及自己学校现行实践的基准。发展个人网络和专业网络的能力是战略领导者的一项重要技能，通过了解自身所处教育环境中的普遍做法，可以得到各种可资借鉴的观点。

随着信息技术的快速发展，全球范围的交流也成为可能。网络对发展战略思想的重要性在研究中得到了强调：

我们侧重开放我们的网络，因为接下来你就能得到来自每个地方的所有想法，也就不可能墨守成规。我们处于世界之中就必须和世界一起工作，离开学校，进入广阔的世界。

你需要想象力，需要丰富你的想象力。你应该去访问许多不同的地方，更具有创造力地去看事情是怎样成为可能的。

> 我有一个巨大的人际关系网络。因为我跳出学校看学校，能从不同的角度看学校。我认为学校里的很多人缺乏战略素质，我认为很多人并没有跳出学校谈论和看待学校发生的事情。

可以看到，战略领导者们非常重视网络的作用，通过网络获取战略改革和发展的思想和灵感。这是战略领导者所具有的一项非常重要的个人特征。

一个战略领导模型

本文建构了许多有助于战略领导的发展的要素。虽然任何一位领导者都不可能展现或有效利用每一个要素，但是研究中的许多战略领导者展现了其中的大部分。为了给希望回顾其战略角色的领导者提供参考，现在我们建构一个模型来帮助他们自我反思。

学校战略领导者必须把精力集中在战略上。战略领导者必须在学校中形成战略。如果领导者对战略缺乏兴趣、热情和理解，学校就不会以战略为中心。因此，我们提出的模型以学校领导者为中心。如果学校领导者也是战略领导者，他们必须理解自身、理解学校、理解学区和更大社区范围内的其他人。他们必须关注环境。战略领导者必须关心他人以便让他们也加入进来并有自信能让他们参与进来。他们必须以人为本。个人的力量固然不容小觑，但是为实现共同目标一起努力的团队能够产生更大的力量（Barth，1990）。如果人们一起工作，决策及其实施效果将会更好，因为大家的信任度和士气会更高。最后，他们必须理解和领导这些有助于战略方法的过程和方法。

从加德纳（Gardner，1999）的多元智能理论中可以得出一个重要观点，即学校应该考虑集体的力量，鼓励和发展人们利用经验、技能和理解来开发战略智能。我们对战略领导所下的定义基于战略智慧的概念化。战略智慧可以分为三种（Davies，2004）：

- 民众智慧
- 环境智慧
- 程序智慧

参见图 3 中的模型。

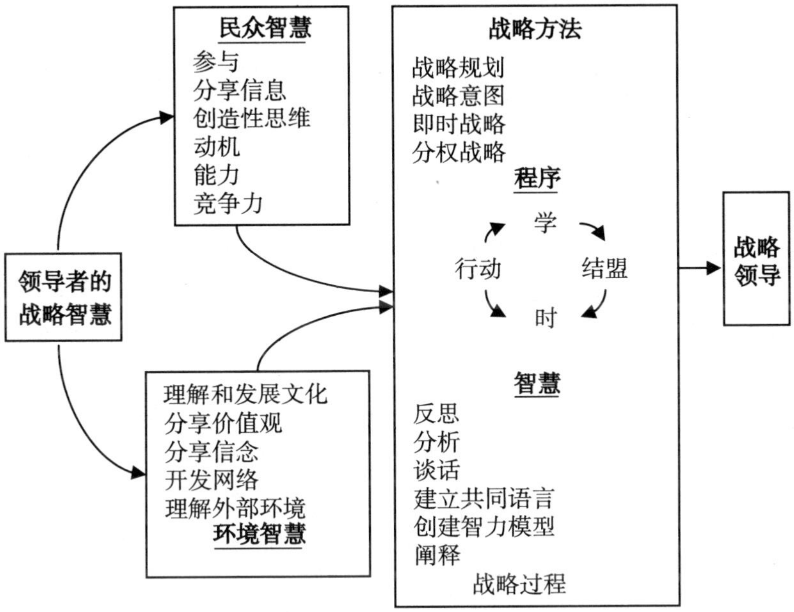

图 3 战略领导模型（Davies，2004：162）

民众智慧

在图 3 的模型中，民众智慧包括：参与并与他人分享信息；开发创造性思维并激发动机；最后在学校内部开发能力和竞争力。圣吉（Senge，1996：45）认为：

> 我们开始相信，领导者是“走在前面”的人，是真正致力于自身和组织深层变革的人。他们通过发展新技术、能力和理解力来发挥引领作用。他们来自组织内部的很多地方。

如果没有分享，那么用长远眼光看待学校或者设定需要付诸行动的优先顺序就会失去目标。正如考拉克·卡卡巴德斯和卡卡巴德斯（Korac-Kakabadse and Kakabadse，1998：1）所说：

可能会有人争论说，决策者总是有组织愿景，但是，有是一回事，是否分享这些愿景却是另一码事。

如果愿景没有影响到组织内部的人们，就不会被实施。让民众智慧参与其中，赋予员工传递战略的能力是极其重要的。

战略领导者要有先见之明，要懂得深谋远虑，因为愿景的制定和实施过程都需要各个成员的共同智慧（Gardner，1999）。战略过程的关键就在于让所有成员都参与其中，所以战略领导者必须理解组织成员的关注点和自身感觉。为了理解人们的动机和与之共事的方式，民众智慧必不可少。正如明茨伯格（Mintzberg，1994）所主张的，来自组织高层的战略规划可能会忽视在一线工作的规划实施者的实际状况。许多的思想看起来都受到学校环境、学校文化和战略领导者自身阅历的影响，这正是“民众智慧”是该模型三种核心智慧之一的原因。

本项目中的所有领导者都表示，不管是在产生思想还是决策的过程中，民众参与都是非常必要的。虽然人们参与的水平和程度不同，学区中所有人的参与是很重要的，包括教职员工、学生家长、学生和社区等。德·普雷（De Pree，1993：99）赞成“无限交流”，这只有在支持真理、不限制信息传播的组织文化中才能发生，只有在以人为本的组织中才能发生。只有通过授权、让人们参与战略思考和行动的时候，才能看到这种能力。

环境智慧

要对目标有清楚的认识，领导者必须熟悉学校的历史及其成员的现实生活经历。战略智能需要（Davies，2004）环境智慧，这是一种看到学校及其所处社区和教育世界之间关系的能力。环境智慧包括：理解和发展文化；分享价值观和信念；开发网络以及理解外部环境。这种智慧是对新思想和新事件的反应，是倾听的能力，是对具体学校环境特殊性的理解。这就是说，战略领导者不可能有快速调整，也不可能照搬成功学校的蓝图创建出类似的成功学校。只有通过理解学校的文化、分享信念和价值观，才能在学校特有的环境中找到满意的答案。

学校快速的生活节奏经常会阻碍战略领导者进行反思，这正是建立网络的重要原因之一。同样，孤立也有可能使领导者不能接触到各种新思想。领导者应该经常回顾学校改进的长期目标并根据新的环境信息修订目标。战略智能要利用环境知识；战略智能要通览组织宏图，通过实例知道什么是卓越学校，卓越学校需要什么样的环境，为学校制定恰当的行动步骤。

程序智慧

程序智慧关注战略学习周期，旨在恰当地选择战略方法和战略过程。

模型中的战略学习周期认为，战略领导者有能力利用他人的能力，并有胆量推动组织向理想的未来前进，这一点很重要。模型强调必须让人们享有共同的价值观、信念和愿景，朝着同一个方向前进。前进的过程受学习、结盟、时间安排和行动的不断循环所驱动。这个学习循环过程（见图3）因为不满和领导者的驱动，这些领导者认为还可能有更好的思维方式，或是鼓励他人用不同的方法思考。

战略过程和战略方法以从经验中学、评价行动、让人们和决策保持一致、选择恰当的时间行动以及采取行动这一周期为中心。这个周期具有持续性。

我们可以模型的**战略方法**部分略述了如何通过基于背景和环境的四种方法来获取战略信息。学校战略涉及一个由四个要素组成的综合方法；在组织所处的环境、认知水平和运行时间既定的情况下，战略规划、战略意图、分权战略和即时战略都是恰当的选择。

传统战略规划方法本身就不恰当。显然，战略方法不止一种，学校发现混合使用各种方法最有效。单靠计划很难有什么收获。每一个收获都来自于计划后面的过程和随后的行动。重点必须放在创造性思维和战略谈话上，而不是填写各种文件。如果学校以学习为目的，那么，战略意图、校内人员的能力建设、给予人们思考的时间来发展战略意图、采用新方法以及做中学，对支持学校计划至关重要，对学校的成功具有决定性作用。

我们可以将模型的**战略过程**（图3）看做是反思和分析的过程，反思和分析的目的在于通过战略谈话形成共同语言，以便开发各种新的认知方法来创建新的智力模型，用这些新模型阐释对战略的新理解。这些过程不仅是程序智慧的关键，而且有赖于人们的参与和对环境的理解。

为了在学区中形成共同认识和共同语言，领导者应该花时间理解理论模型。这可以使每个人为了一项共同的事业保持一致，实现学校的持续改进。项目参与者对效能进行自我评价时，强调了分析的重要性，并回顾了让他人参与整个战略的过程。研究结论也强调了口头和书面阐述战略的必要性，这些口头和书面的阐述使得战略能够被他人分享。这补充说明了战略谈话对能力建设和激励他人的重要性以及人们拥有计划并决定参与其中的必要性。

结论

我们把该模型看做战略各维度的指示性框架，可以作为进一步研究的基础。同样地，该模型试图说明本领域的潜在研究角度，以激发进一步的辩论和讨论。学校一方面处于履行标准议程带来的短期压力之下，另一方面也更加重视战略过程的构建以保证长期的成功和可持续发展的需求。尽管有小规模研究项目的局限性，我们仍希望本文对这场争论有所启示。

鸣谢

本文是在国家学校领导学院资助的研究项目——“成功与可持续发展：发展以战略为中心的学校”——的部分研究成果（NCSL，2005）的基础上写就的。本文的修改稿见“战略领导”（Davies & Davies，2005）。

参考文献

Barth, R. (1990). Improving Schools from Within. San Francisco, CA: Jossey-Bass.

Baol, K. B. and Hooijberg, R. (2001). 'Strategic Leadership Research: Moving On', Leadership Quarterly 11 (4): 515 -549.

Boisot, M. (2003). 'Preparing for Turbulance', in B. Garratt (ed.) Developing Strategic Thought. London: MacGraw-Hill.

Davies, B. (2002). 'Rethinking Schools and School Leadership for the 21st Century: Changes and Challenges', Internationa Journal of Educational Management 16 (4): 196 -206.

Davies, B. (2003). 'Rethinking Strategy and Strategic Leadership in Schools', Educational Management and Adminsitration 31 (3): 295 – 312.

Davies, B. J. (2004). 'An Investigation into the Development of a Strategically Focused Primary School' EdD thesis, University of Hull.

Davies, B. J. and Davies, B. (2004). 'The Nature of Strategic Leadership', School Leadership & Management 4 (1): 29 – 38.

Davies, B. J. and Davies, B. (2005). 'Strategic Leadership', in B. Davies (ed.) The Essentials of School Leadership. London: SAGE.

De Pree, M. (1993). Leadership Jazz. New York: Dell.

Gardner, H. (1999). Intelligence Reframed-Multiple Intelligence for 21st Century. New York: Basic Books.

Garratt, B. (2003). Developing Strategic Thought. London: McGraw-Hill.

Gratton, L. (2000). Living Strategy: Putting People at the Heart of Corporate Purpose. London: Financial Times-Prentice Hall.

Grundy, T. (1998). Harnessing Strategic Behavior. London: Financial Times-Pitman Publishing.

Hirschhorn, L. (1997). Re-Working Authority: Leading and Authority in the Post-Modern Orgnization. Cambridge, MA: MIT Press.

Kaplan, R. S. and Norton, D. P. (1996). The Balanced Scorecard. Boston, MA: HBS Press.

Kaplan, R. S. and Norton, D. P. (2001). The Strategy-Focused Organization. Boston, MA: HBS Press.

Korac-Kakabadse, N. and Kakabadse, A. P. (1998). 'Vision, Visionary Leadership and the Visionary Process: An Overview', in A. P. Kakabadse, F. Nortier and N. -B. Abramovici (eds) Success in Sight. London: Thompson Business Press.

Mintzberg, H. (1994). The Rise and Fall of Strategic Planning, Hemel Hempstead: Prentice Hall.

NCSL (2005). Success and Sustainability: Developing the Strategically Focused School, National College for School Leadership. Nottingham: NCSL.

Parikh, J. (1994). Intuition—The New Frontier of Management. Oxford: Blackwell.

Senge, P. (1990). The Fifth Discipline: The Art and Practice of the Learning Organization. New York: Currency Doubleday.

Tichy, T. and Sharman, S. (1993). Control Your Destiny or Someone Else Will. New York: Doubleday.

van der Heijden, K. (1996). Scenarios—The Art of Strategy Conversation. New York: John Wiley.

Wilson, I. (1997). 'Focusing Our Organizations on the Future: Turning Intelligence into Action', On the Horizon 5 (3): 1 - 6.

[作者简介]

芭芭拉·J. 戴维斯，博士，林肯郡华盛博儒基金会（Washingborough Foundation）小学校长。她曾经担任过4所小学的校长和大学高级讲师。她和布伦特·戴维斯、琳达·埃略森（Linda Ellison）共同主持了国家学校领导学院的“成功与可持续发展：发展以战略为中心的学校”研究项目。

布伦特·戴维斯，博士，赫尔大学领导开发学教授、诺丁汉大学特聘教授、南加利福尼亚大学教育管理中心成员。他和芭芭拉·J. 戴维斯、琳达·埃略森共同主持了国家学校领导学院的“成功与可持续发展：发展以战略为中心的学校”研究项目。

[联系方式]

BRENT DAVIES, University of Hull, Hull HU6 7RX, UK. [email: brent@leadership1.wanadoo.co.uk]

创建对课堂管理的共同理解

尤尼·维尔·米德撒赛尔（Unni Vere Midthassel）
茅锐，叶晨 译

摘要

这篇论文以挪威的一个研究项目为素材。该项目以一所小学和一所初级中学为实验学校，致力于创建对课堂管理的共同理解，并在这两所学校里形成课堂管理指导手册。该项目由外部发起，却采用了自下而上的策略，在研究过程中，教师反思和教师共享是最为重要的部分。研究的三个主题分别是：项目程序、教师对程序的体验以及教师对项目学习机会的认知。本项目使用访谈、问卷和工作日志的方法来收集数据。研究结果表明，尽管主要的项目工作是由教师完成的，但就整个过程而言，校长的作用非常关键。研究结论还表明，在项目结束之后，有组织的工作还需要继续进行下去。

关键词：变革活动　革新　学校发展　学校改进

导言

研究表明，要成功地改进学校，聚焦于学校的核心活动非常重要（Fullan，2001；Harris and Hopkins，1999）。要建立一个有序的课堂，教师既要组织教学，还要管理班级的社会生活，并且期望学生能够在学业和社会交往方面取得进步，这些皆是有效课堂的标志（Reynolds and Teddlie，2000）。还有研究指出，教师的确定性行为会对学生基础知识的掌握产生积极的作用（Rosenholtz，1989），具有较高职业确定性的教师更容易影响学生们的相互关系并促使他们产生教师预期的行为（Munthe，2003）。如前所述，我们认为，教师应该意识到自身所担任的课堂管理者角色并且应该相应提高自身的教学技能。有关学校效能的研究进一步指出，教师间的稳定性是有效学校的一个特征（Reynolds et al.，2000），除反馈系统之外，教师之间的协作与教师确定性行为之间存在联系（Rosenholtz，1989）。然而，挪威的研究结论表明，相对于置身不同学校所产生的差别，在学校内部，不同教师从事的确定性行为差别更大（Munthe and Bru，2003）。看起来，以此研究结论为基础，我们绝对有理由来开展此项目，项目将定位于研究教师对其专业角色的反思及创建教师作为课堂管理者角色的共同理解。

这篇论文采用了挪威的一个为期两年的研究项目为素材。该项目以一所小学和一所初中为实验学校，目的在于创建学校教师对课堂管理的共同理解。更确切地说，该项目致力于扩大教师的知识面、增进教师对其自身角色和学生行为的理解，并且提高学校教师在教学工作上的稳定性。此外，在达成教师共识的基础上，该项目还编制了一本指南手册，帮助教师更好地履行其作为一个课堂管理者的职责。有人可能认为，课堂管理兼具学术性和社会性两方面特征。该项目主要聚焦于课堂管理的社会性特征，尤其关注如何预防和处理学生的破坏性行为、如何营造良好的学校人际关系和学校氛围以帮助学生更好地完成学习任务和改善学习行为。

根据研究者对于自我报告的课堂管理、共享目标及问题学生所引起的焦虑减少等方面的前测和后测，这个为期两年的研究项目产生了积极的效果（Midthassel and Bru，2001）。因此，从挪威学校的背景来看，进一步审视该项目的过程是很有意义的。

本文主要关注以下三个研究问题：

（1）这个项目的研究程序是怎样的？

（2）学校教师是如何参与这一计划自下而上地开展工作，却又自学校外部发起的项目的？

（3）教师是如何看待学习机会的？

挪威项目的背景

该项目中的两所学校都是公立学校，坐落于一个拥有10万居民的挪威城镇。在挪威，90%以上的学生就读于公立学校，这些实施义务教育的公立学校的所有权和运营权都归属于当地市政当局。从1975年开始，挪威有关特殊教育的法律被并入普通学校法规定。根据普通学校法，每个儿童都有权利进入当地学校并根据其自身能力获得相应的培训和教育。随着特殊学校的关闭，如今有各类学习障碍的学生也进入公立学校，和那些没有学习障碍的学生在同一个班级里学习。但是，“为所有人服务的学校”和“全纳学校”仅仅是一种理念。随之而来的问题是，教师将面对许多学习能力参差不齐、行为表现各异的学生。对于很多教师来说，这样一种合并政策对他们的工作提出了更高的要求。

每一个市政当局都有一个学校心理服务中心（school psychology service，SPS），该中心致力于帮助各种问题学生，并帮助教师和学校掌握各种处理问题学生的方法。因此，该机构的工作重点是预防和治疗。尽管如此，研究表明，学校心理服务中心的工作从系统性来看存在明显的不足（Idsöe，2003）。

改进项目的理论框架

创建对课堂管理的共同理解的基本假设是：教师对其作为课堂管理者的角色持有不同的主观见解，但是这些见解能够形成共同理解的基础。在伯杰和勒克曼（Berger and Luckmann，1967）的经典著作的基础上，富兰（Fullan，2001）使用**教师的主观实体**这一概念来描述教师对日常工作的个人理解。而且，就富兰所言，那些无法言表的主观实体通常会对保持学校的稳定结构形成障碍，这也就是为什么需要客观实体（objective realities）的原因。但是，客观实体的概念是有问题的。有人可能会问，现实是否是客观的？在近期的研究里，研究者更倾向于使用“共同理解”这一概念来描述那些通过积极的、有意识的工作而获得的一致看法。这种工作以教师个人的意见为起点，并通过对话、访谈和同事之间的讨论来寻求一种教师群体之间的共同理解。而与同事一起做进一步的反思则可以帮助教师将这种共同理解付诸实践。此外，同事在实践中的构想还可以开阔教师的视野。根据冰岛新近发表的一项研究（Adalsteinsdottir，2004），不同教师之间的课堂行为是有差别的，此研究还观察到一些不同类型的教师，包括对学生感情投入的教师、对学生感情冷漠的教师以及未表明态度的教师。此外，通过教师的自我理解和反思，教师学习到的东西也不一样。这可以被视为通过关注反思、共享和讨论以增进教师对其课堂行为的认知，同时发展一种对课堂管理的共同理解以增强更加一致化的课堂实践的重要理由。因此，教师个体的学习和集体性的学习成为了问题的核心。

不同国家的研究表明，教师们所面临的挑战是相似的，比如缺乏任务导向、在课堂上面对学生的破坏性行为等（Chazan et al.，1994；Kokkinos et al.，2004；Nordahl and Sörlie，1997；Ogden，1998；Winkley，1996）。可以推测，教师需要分享和学习彼此的经验。事实上，许多研究者都强调了同事在影响个体学习方面存在着潜在作用（Day，1999；Fullan，1992；Hopkins and Reynolds，2001；Marks and Seashore Louis，1999；Rhodes and Beneicke，2002；Seashore Louis and Kruse，1998；Senge，1990）。

阿吉里斯和舍恩（Argyris and Schön，1974）认为，个人所持有的行动理论，包括价值观、知识和经验，会限制教师个体的行为。这些行动理论通常还会混合一些无意识的理论，包括为专业人员所信奉的理论、由教师行为所演化出的理论（使用的理论）以及教师声称其所信奉的理论（信奉的理论）。我们通常会使用**心智模式**（mental models）（Senge，1990）和**实践理论**（theories of practice）（Handal，as cited in Day，1999）两个概念来描述个人在工作中所拥有的、内隐的知识。根据古斯金（Guskey，2002）的研究，教师的课堂经历会对其教学态度和教学信念产生影响。但是，如果教师不对自身的经历进行反思，教师的心智模式就仍旧是不可言传的，也不能对其进行公开的分析和评价（Schön，1983）。所以，通过创造学习机会的过程，让教师和其同事一起反思，这样能帮助教师更好地理解自己的行为、态度和信念（Midthassel and Bru，2001）。

与此相反，也有研究表明，尽管教师合作行为受到规划和鼓励，但教师反思和教师学习并不明显（Hargreaves，1994；Little，1990）。事实上，根据厄劳特（Eraut，2002）的研究，当教师与同事谈论工作时，为了避免受到批评，他们会无意识地采取被厄劳特称为“虚假叙述”（deceptive discourse）的行为。因此，为了在教学队伍中发展共同理解的氛围，设计同事合作的情境以鼓励教师之间的分享和反思行为就十分必要。

此外，还有更多的挑战与教师群体的学习联系在一起。有关小组学习的研究表明，为了避免陷入尴尬局面，那些不愿问问题的教师显然更愿意不懂装懂（Farr et al.，2003）。由此看来，避免出现被哈格里夫斯（Hargreaves，1994）称为“愉快合作”的局面或被圣吉（Senge，1990）界定为“防御性惯例”的现象非常重要，因为这些惯例以保护个人隐私为标准、排斥教师对教学和学习的深入调查。研究指出，在寻求信息的过程中，教师之间的相互信任和相互尊重非常重要，只有这样，教师才会作出诚实的行为，反过来，这种诚实的行为又会促进教师之间相互学习（Edmondson cited in Farr et al.，2003）。在以信任和尊重为特征的同事群体中，当教师试图将个人的心智模式与成员之间相互学习所获得的、十分重要的现实相结合时，其心智模式和个人优势就会得以公开分析和评价（Lam，2004）。所以，教师个体知识与组织之间的相互作用和影响是组织学习的核心（Argyris and Schön，1996；Lam，2004；Senge，1990）。

应该书面记录教师在组织中学习到的新知识，这样做可以确保新知识能够指引教师当前或未来的行动。拉姆（Lam，2004）称之为记忆存储，并且指出，在教师和校长发生人事变动时，这种记忆存储就会变得非常重要。而且，书面记录象征着那些通过集体学习所达成的决策和对策。为了与书面记录保持一致，开发课堂管理指导手册就成为一件适宜的工作。两所项目学校都开发了他们自己的指导手册。手册包含了那些大多数教师所赞同的、如何进行优质课堂管理的实践性建议，校长还将这本手册定位为一项管理工具。

在学校里，教师个体的学习和教师集体的学习意味着教师将参与到制定指导手册的过程中。

有关学校改进传统的研究表明，在改进学校的过程中，自上而下的策略之所以很难成功促进学校的发展，主要是因为难以形成一种坚定不移地保证计划的实施与执行所有权（Harris，2003；Reynolds et al.，2000）。因此，自下而上的改进策略更受欢迎。事实上，正是由于个体对预期变革的追求，才使自下而上的改进策略容易获得成功。如果教师认为，项目与他们息息相关而且非常重要，那么这种重要性就会成为他们参与项目的激励因素（Klein，1991；Locke and Latham，1994；Midthassel，2004）。研究还表明，教师更喜欢在职培训课程，因为这种课程让他们在工作中直接受益（McMahon，1999）。另一项研究也指出，教师个体会被参与项目之后的未来个人回报所激励，比如技能的改善或压力的减轻等（Haslam，2000）。此外，考虑到时间的压力和教师提交报告的工作强度，教师参与项目的动机也很重要（Hargreaves，1992，1994）。当前项目的主题是课堂管理，而教师的主要工作也是课堂管理。跨国研究显示，不少教师认为，应对课堂上的挑战已非常紧张，根本就没有时间与同事进行反思（Day，1999；Fullan，2001）。因此可以假设，只要项目定位于课堂管理并为教师提供与同事进行反思的机会，大多数教师都会认为该项目是有益的。

考虑到教师动机的重要性，校长可能会面临一种困境：在学校试图变革之前，校长必须了解大多数教师是否同意该项目的开展（Fullan，2001）。根据上述研究的结果，出于个人动机的教师更愿意承担义务。相反，因为一些教师的抵触而规避必要的变革，则可能会阻碍学校的改进。

此外，改进活动必须是有组织的（Fullan，2001）。已有研究指出，校长在学校改进活动中所起的作用，例如，一项有关挪威义务教育学校的研究发现，如果校长在学校发展活动中扮演积极的角色，教师则更愿意参与到学校发展的活动中来（Midthassel et al.，2000）。校长的作用有两个：安排教师参与项目，表达自己对项目的浓厚兴趣。因此，研究校长在当前项目中所起的作用是非常有意义的。而且，上述研究还指出，与小学校长相比，初中校长在学校改进项目中的作用更大，面对来自于教师的挑战也更多。所以，检视小学校长和初中校长在安排当前项目时的工作方式上的差异也是非常有意义的。

方法

参与者

为了提高学校在处理纪律问题上的能力，学校心理服务中心发起了本项目。几年来，两所实验学校陆续向学校心理服务中心报告了大量学生行为问题，这也是邀请他们参加本项目的一个原因。据了解，还有一个原因是，这两所学校的校长均对学校变革持积极态度。两所学校的校长均对本项目持积极态度，而两所学校的所有员工也均对学校参加本项目持赞同态度。参与者中，小学教师的人数为 33 名，初中教师的人数为 36 名。两所学校的教师对小组教学及与同事合作都很了解，他们对同行小组训练也很熟悉。除学校心理服务中心的两名专业人员之外，项目还邀请了挪威斯塔凡格大学行为研究中心（Centre for Behavioural Research at Stavanger University College，CBR）的两名研究者担任项目顾问。本项目从 1996 年一直持续到 1998 年，为期两年。

每一所学校都建立了一个由骨干教师所组成的项目团队。在项目实施的头一年里，外部顾问会每个月定期走访学校的项目团队，并就有关指导手册的事项与他们展开讨论。到第二年，外部顾问的走访活动就变成不定期的。另外，在项目实施期间，顾问们分别与小学的教师们开展了三次专题讨论会，与初中的教师们开展了四次专题讨论会。

研究工具

这篇论文的研究工具包括项目顾问对项目工作的描述性记录、项目实施中期的访谈以及项目末期进行问卷调查所获得的数据。

访谈

项目实施的第一年，共有 17 位教师接受访谈（10 位小学教师，7 位初中教师）。接受访谈的教师是从总数为 69 人的群体中挑选出来的。

抽样的程序如下：先由校长在各个学校中寻找自愿接受访谈的教师。抽样包括以下4个标准：（1）性别：6名男性，11名女性；（2）资历：2年以内4名，3—6年6名，6年以上7名；（3）教师代表：一般教师10名，科任教师7名；（4）担任科、组长的教师5名，未担任此类职务的教师12名。然后，两所学校的校长将符合要求的教师名单报到负责此次访谈的挪威斯塔凡格大学行为研究中心。尽管以上提到的标准可以指导校长如何选择被试，但是因为所选教师均是自愿者，并且，在理论上校长大多不愿意挑选那些对项目持消极态度或抱有不满情绪的教师，因此名单存在潜在的偏差。此外，一个可能的假设是，那些对项目抱有积极态度的教师更容易被选中参与访谈。因此，主持访谈的项目顾问要求学校校长不能只挑选那些对项目持积极态度的教师。

访谈通常进行35—45分钟，采用半结构化的访谈形式，先录音，后对录音进行整理。访谈的主题是教师参与此项目的情况以及他们对项目学习机会的看法。

问卷

参与此项目的教师都需要填写两份不记名的问卷，一份是在项目开始时填写，另一份则是在项目结束时填写（Midthassel and Bru，2001）。在项目末期，研究小组形成了此次调查的三个量表，这三个量表分别是“项目效用”“对指导手册的满意程度”以及“指导手册的利用程度”。“项目效用”由以下的四个部分组成：（1）此项目对参与项目的教师是否具有教育意义；（2）项目工作是否为教师提供了进行反思的有利机会；（3）项目工作是否让教师对课堂管理者的角色更有把握；（4）参与此项目是否能够激发教师的工作热情。这个量表的alpha系数是0.89。“对指导手册的满意程度”由以下的三个部分组成：（1）教师对手册是否满意；（2）教师是否在手册中看到了自己的想法；（3）手册是否有明显的错误（如果有，记录下来）。这个量表的alpha系数是0.78。“指导手册的利用程度”由以下的四个部分组成：（1）对教师来说，手册是否成为了一个重要的工具；（2）教师是否根据手册来反思自己在课堂上的工作；（3）在教师合作过程中，手册是否成为了一个重要的工具；（4）在教师合作过程中，教师是否使用参考书目来查询有用的文献。这个量表的alpha系数是0.85。最后，按喜好程度，将所有量表分成 0—5 六个级别进行评分。

数据分析包括信度分析、因素分析、描述性统计分析、产出性实时相关分析以及独立样本 T 检验。这些分析都是通过 SPSS 软件来进行的（Norusis，1986）。

结果

研究所关注的第一个问题是当前项目的程序。

作为课堂管理者，教师的个人价值观、知识和经验，以及他们和其他同事分享自己的价值观、知识和经验的意愿都是研究的核心问题。因此，必须研究教师参与此项目的动机以及为此项目所承担的义务。

在项目开始之前的春季，有一个准备期。在此阶段，教师需要确定其作为课堂管理者所要承担的责任。此阶段的程序如下：（1）个体的反思；（2）与 4—5 个同事展开讨论并分享彼此的经验；（3）将达成共识的主题列入清单。来自挪威斯塔凡格大学行为研究中心的项目顾问会整合这些讨论清单，使之成为针对所有学校而制定的联合清单的一部分。两个学校的项目小组就这份联合清单展开讨论，并在学校全体员工大会上达成共识。围绕课堂管理者的核心职责所形成的最终清单是建立在教师经验的基础之上的，它由 12 个主题构成，在每个主题之下又有许多分主题。具体见附录。在准备阶段，两所学校的校长努力激发学校员工对项目的兴趣。他们在员工大会上热情地讲解这个项目，并为之组织项目团队、安排实施该项目的时间规划。

项目在八月份开始实施，清单上罗列了教师的下一步工作进程。这个秋天是出成果的阶段。项目以各个学校的专题研讨会为起点，此阶段的成果是在每所学校形成一部关于课堂管理指导手册的书面稿。这些指导手册作为书面文件，记录了为学校教师所共同理解的课堂管理及课堂管理的标准。同时，这些文件也会成为教师工作指南。校长通常将学校教师分为由 4—6 人组成的任务小组，并安排时间以保证工作的进行。按照时间进度安排，在经过 12 次每次两小时的研讨会后，学校的指导手册最终形成。在这些会议上，分主题是教师分析和反思的目标。通过一些特定的程序，教师任务小组确保每一位教师个体都参与研讨，并通过与同事分享彼此的想法和相互讨论来使教师任务小组达成书面的一致意见。在这一过程中，一名来自挪威斯塔凡格大学行为研究中心的项目顾问担任编辑，收取每一个教师任务小组的书面意见，在此基础上，整理出为大多数教师任务小组所广泛赞同的意见，并反馈给学校。而教师任务小组还要就这些反馈的书面意见达成一致，如果一致意见未能达成，教师任务小组还要进行进一步的讨论。

为了使教师任务小组的工作具体化，我举一个例子：一个分主题是"老师是学生行为的榜样"。首先，每个老师反思自己在课堂上的行为究竟意味着什么。第二，教师与小组其他成员分享彼此的观点，并且努力理解其他人的观点。第三，小组成员就这些观点展开讨论，达成彼此都赞同的书面意见。以小组书面意见为基础，项目顾问整理出一份书面意见，并将之反馈到学校项目团队，进而再分发给教师任务小组。在上述例子中，就此主题达成一致的书面意见是：学生会学习教师的行为，因此，教师应注意自己的行为，为学生创造一个积极的成人榜样。任务小组中的教师针对是否接受这个共同的书面意见展开讨论，并且讨论这一意见是否需要进行修改。一旦任务小组就此意见达成一致，并报告给学校项目团队，一个属于所有教师的共同范例就形成了，它将指导教师按照共同理解采取行动。这些具体的例子将被写入有关课堂管理的指导手册中。

经过大约6个月的概念化程序，指导手册就会形成。校长并不参与到教师任务小组之中。但作为学校项目团队的成员，校长要安排那些项目所需要的工作。此外，他们还要撰写指导手册的前言，以表明手册的重要性，并确保所有教师都能够拿到手册。因为这个程序是高度结构化的，所以这一出成果的阶段在两所学校里是同步进行的。

手册一旦形成，下一步的工作目标就是确保手册的应用。一月份，两所学校分别召开了研讨会，目的是让教师反思他们作为课堂管理者所实施的行为，并要求教师使用指导手册、使之成为一个课堂管理的工具。教师们使用同行小组训练程序（peer group coaching procedure）来辅助小组工作。这一程序是对挪威学校中惯用方法的一种调整（Munthe and Midthassel，2003）。另外，学校鼓励教师独立地使用手册。发展到现在，这个项目在很大程度上涉及的是学校领导和项目团队的责任问题。因此，两所学校的进程并不一致。

在小学中，所有的老师都在手册形成后的第一时间拿到了指导手册，同行学习小组也在初冬开始了他们的工作。在该学年的剩余日子里，校长会每月组织教师召开一次两小时的会议。此外，在同一时间内，所有教师小组的工作主题都是一致的。由于教师小组的成员执教于不同的年级，因此，他们在课堂管理工作上的联系并不紧密。而学校项目团队的成员则会分配至各个教师小组，这有助于教师关注那些已经达成一致的任务。学校校长并不参与教师小组的活动，他的工作是组织、促进和监管教师的工作。在下一学年里，学校会建立一些新的教师小组，这些小组也是由不同年级的教师构成。同时，在这一年中，学校还会吸纳一些新教师，学校欢迎新教师参与教师小组并由同事通过指导手册来指导他们。这一阶段，学校项目团队的成员不会参与到任何一个教师小组之中。因为教师们现在已经熟悉了同行小组训练的方法，因此学校项目团队成员的意见已经不像最初那么重要了。

直至新学年，初中教师才拿到他们的指导手册。从冬季到春季，学校项目小组的大部分时间被用来完善指导手册的细节问题并重印这些指导手册。不过，在冬季和春季，教师们已经收到了指导手册的草案，并就此草案在教师小组中进行了讨论。在项目开始前，这些教师小组就已建立，他们是由同年级的教师组成的。校长鼓励教师使用同行小组训练的方法。但是，他却并没有采取任何行动确保教师小组采用这种方法。在六月份进行的访谈中，项目顾问发现，这所初中并没有采用同行小组训练的方法，这让校长非常惊讶。因此，学校计划在九月份为教师们举办一次研讨会，让教师重新开展项目工作并发给每一位教师一本完整的课堂管理指导手册。在项目的第二年，这所初中建立了教师小组并促使教师小组发挥作用。同时，校长再次鼓励教师们使用同行小组训练程序，不过校长仍然不想为此而控制教师。

本文研究的第二个问题是学校教师是如何参与这计划于自下而上地开展工作，却由学校外部发起的项目目的。

访谈的结果表明：在被采访的 17 名教师当中，有 15 名教师认为，他们的参与对学校项目产生了影响。而且在两所学校里，校长都在员工大会上讨论了学校参与此项目的情况。一名小学老师说："在我们的教学小组中，大家会讨论各自的参与情况，每个人都有机会表达自己的想法。"但是，在每一所学校里至少有一名教师表示，由于校长和一些资深教师对这个项目过于热情，因此实际上教师小组会提前采用他们的意见，从而使其他教师并不能真正对项目活动产生影响。

所有接受访谈的老师都表示，课堂管理是一个值得关注的重要问题。而且，在17名教师中，有14名教师表示，在项目开始时，他们就对项目抱有很高的期待。一些教师希望从同事那里学到一些实践经验，还有一些教师则特别期待有机会与同事讨论教学问题并分享实践教学经验。其中，还有三名教师对项目不抱期待或持有负面期待。此外，有一些教师提到了时间上的压力，因为在繁忙的学校工作日中，项目活动的开展让教师的时间变得更加捉襟见肘。虽然一些教师认为，他们对项目的期待要比他们的同事更为积极，不过大多数教师还是认为那些消极的同事分享了他们的成果。

在两所学校中，接受访谈的老师均表示，学校校长参与了此项目。他们中的大多数人认为，这个项目对校长非常重要。一名小学老师说："是的，我知道校长很感兴趣，她安排我们完成工作，并希望我们把项目做好，尽管她并没有来检查我们的工作。但是，她相信小组组长能带领大家高质量地完成任务。"另一名教师则说："是的，校长觉得这个项目很重要并且清楚地表明了这种重要性。她希望我们积极地参与项目，并且认为应该让所有教师都掌握课堂管理的方法。"然而，校长的时间表是很紧张的。一个小学老师强调，当校长在排列工作的先后顺序时，常常会面临一个两难境地："是的，她知道这项目很重要，但是迫于当前的工作压力，她不能每件事情都亲力亲为。因此，项目小组扮演了很重要的角色。"

同样，接受访谈的一名初中老师也强调，他们的校长也认为这个项目很重要，因为她为项目投入了很多时间，并在项目开始讨论时，表现出了一种积极的态度。然而，并不是所有的初中老师都像这位老师一样认为校长对项目有如此强烈的兴趣。其中一名教师说，"我知道她还是对这个项目感兴趣的，不然的话她也不会为之投入那么多的时间。但是因为我们之间很少讨论项目，因此我并不知道，她是否对项目进展真的感兴趣。我猜想，在校长的工作日程中，还有其他的一些工作比项目工作更重要。"

在项目实施末期，教师们认为他们参与到项目中会对自己产生多大的作用呢？问卷就此展开了调查。调查结果见表1。

表 1　项目效用的频次（N = 61）

	没有用处					非常有用
项目效用（%）	0	9.2	21.6	63.1	23	4.6

正如表格中所记录的那样，教师们对项目的效用给予了中等偏高的评价。平均值是 3.2。另外，独立样本 T 检验显示，小学老师对项目的态度比初中老师更为积极（$t = 3.24$，$p = 0.002$）。

在项目中，形成课堂管理的指导手册是至关重要的。在出成果阶段，学校形成了为全体教职员工一致赞同的文本标准。尽管教师通过联合行动形成了指导手册，但是他们对这一手册有多满意呢？表 2 显示了教师在项目最后阶段的想法。如表 2 所示，绝大多数的老师表明，对手册较为满意。根据量表 0—5 的六级偏好划分，教师满意度的平均值是 3.6。经独立样本 T 检验之后，表明在两所学校之间不存在显著差异。

表 2　手册满意度的频次（N = 62）

	很不满意					非常满意
手册满意度（%）	0	4.8	11.3	33.9	50.1	0

第三个研究问题是教师们如何看待项目提供的学习机会。

在接受访谈的 17 名教师中，有 9 人表示，他们在教师任务小组中表现得很活跃。相反，还有 7 位教师认为，他们属于中等程度的活跃分子。另外，还有一名教师将自己描述为消极分子，因为她在出席会议时只是听别人说、自己并不发言。一名表现活跃的老师这样描述他自己的角色："在出席会议时，我都会作好准备，并积极参与发言和讨论。"一名表现中等积极程度的老师则说："我的动机一直没有发生变化，但是我觉得执行指导手册要比编制（增加手册内容）指导手册更难一些。"这名教师的发言得到了其他教师的赞同，他们认为，执行同行小组训练程序非常困难。不过，还是有一些教师表示，尽管这种实施方法很有挑战性，但是如果教师能够亲自去做并确实采用这种方法的话，就会为教师提供学习机会。那位将自己描述为消极分子的教师就表示，她在出席会议的时候大多是听其他的同事发言。

所有接受访谈的教师都表示，在项目结束之后，他们在参与教师小组过程中所获得的经验将对他们今后的教师合作工作产生很大的影响，这些经验都是以反思、分享和讨论为特征的。正如一位教师所言："我认为，教师小组工作的方式将对我们今后的合作产生影响。"另外一个老师也说："是的，因为我们已经形成了对特定概念的共同理解。这些概念是建立在教师胜任的基础之上的，通过认真地交流经验，我们能更加胜任自己的工作。"此外，还有一些年轻教师对项目非常满意，因为项目能够为他们提供更多的学习机会，使他们能够向其他有经验的同事学习。当然，也不是只有新教师才对学习机会感兴趣。一名经验丰富的教师便指出："尽管我的课堂管理做得不错，但是对课堂管理进行再次反思还是有益的，它能够使我们产生新的想法并有机会分享同事之间的看法，这是非常有意义的事情。"尽管这些引用表明，教师们都提到了学习机会的重要性，但是也有例子显示，在不同的教师小组中，学习氛围是不一样的。有一名教师谈到："在这个教师小组中，我们是用头脑说话，而不是用肚子说话，"这意味着小组对话不会对小组成员构成挑战，也不可能让小组成员置身事外。另外，还有一名老师提供了一个反面例子："有人告诉我，我的语言和肢体动作有可能会对学生造成过多的控制，使他们处于被动境地。"

由于教师们都参与了项目，而且指导手册获得了教师们的一致赞同，因此我们可以假设，该指导手册能够对教师的工作起到指导作用。在项目的最后，便是探讨教师是否在课堂中使用该指导手册。表3显示了相关分析的结果。

表3　指导手册的使用频率（N = 65）

	根本不用					一直都用
手册使用	15.4	16.9	29.2	26	12.2	0

表3的结论表明，在项目的最后阶段，教师在以中等程度使用指导手册。在0—5的等级偏好排序中，平均值是2.4。独立样本T检验的结果也表明，两所学校之间不存在显著差异。

二列相关分析显示，那些在该项目效用排序较高的教师对指导手册的满意度更高（$r = 0.5$，$p = 0.000$）。相对于那些对项目不太满意的教师而言，这些教师更经常地使用指导手册（$r = 0.54$，$p = 0.000$）。

讨论

这篇文章的一个主要目的是介绍在挪威所作的这一项目。在这个项目中，研究者希望通过开发和执行为教师们所赞同的课堂管理指导手册创建对课堂管理的共同理解。前期的研究结论表明，经过实施该项目，两所学校的教师都提高了课堂管理技能、减少了因捣蛋学生所产生的焦虑并提高了对教学目标的共识。有一个可能的假设是，教师在两年中所进行的讨论、反思及思想分享行为是非常重要的，正是因为这些行为，教师才获得了进步（Midthassel and Bru，2001）。通过教师小组的结构性会议，教师可以有机会挑战他们在实践中所使用的理论，并借鉴和学习同事的心智模式。

尽管第二年，两所学校所实施项目的程序是不一样的，但是这并没有影响研究的结论（Midthassel and Bru，2001）。初中学校通过行政管理的途径和交流程序，明显形成了一个更复杂或更具个性化的组织。举例来说，在小学教师拿到指导手册好几个月之后，初中教师才拿到他们的指南手册。另外一个例子是，在该项目实施的第二年，小学校长组织了教师小组、拟订了会议时间表，并决定在同一时间所有教师小组都对同一个主题展开讨论，这在初中学校里没有得到实施。相反，初中校长鼓励教师小组应用之前所介绍的、同行互助的学习模式，但是她并不会强迫教师去应用这一模式或监督他们使用手册。她知道，所有学校教师都参与了这个项目并且为制定指导手册作出了贡献，因此她相信教师会使用那些来自教师小组的经验。根据挪威一项针对典型教师所展开的前期研究，可以解释初中和小学在项目实施程序上的差异。该项研究指出，相对于初中而言，小学里的革新精神更为显著。因此，该项研究表明，初中校长应对学校教师参与学校发展活动提出更严格的要求。但是，如果初中校长更严格地要求教师参与学校发展活动的话，教师们又会认为校长对他们不够支持（Midthassel et al.，2000）。根据这些研究结论，一个可能的解释是，小学老师认为校长的组织安排是一项必需工作，而初中老师却认为这是不合理的干涉。

尽管该项目是由外部发起的，但却致力于贯彻自下而上的推广策略。因此，这篇论文的第二个研究问题涉及教师在这个项目中的体验。

访谈结论表明，尽管大多数教师认为，他们能够对学校是否参与此项目产生一定影响，但是，也有不少教师认为，他们并不能真正地影响学校的决策。这表明，校长在推行项目过程中可能会遇到困难，这种困难被富兰称为“变革进入障碍”。尽管并不是所有教师都对此项目抱有热情，但是，两所学校的校长仍然选择继续实施该项目。

同时，大多数接受访谈的教师都说，在项目开始时，他们对项目抱有积极的期待；只有三名教师表示，他们对项目不抱期待或抱消极期待。此外，还有一些教师认为，时间上的压力和忙碌的学校生活是实施项目的阻力。这一研究结论并不是研究所期待的，但与其他国家的研究报告一致（Hargreaves，1992，1994）。项目的有效性也很重要，所有接受访谈的教师都认为，课堂管理这一项目主题与他们的工作息息相关。然而，项目末期所进行的问卷调查显示，尽管教师对项目的有效性持中等偏高的评价，但教师之间的看法还是千差万别。另外，相对于初中教师，小学教师通常认为项目更有效。

至少可以给出两个解释用以说明小学教师和初中教师在此问题上的差异。第一个解释可能与教师小组的工作相关。根据两所学校在组织上和进展程序上的差异，小学教师更愿意按照项目程序进行教师小组会议，因此他们认为项目更有效。而且，有研究指出，初中学校的校园文化更具特色，初中学校更不愿意进行学校变革。因此，相对于小学教师，较少变革意向的初中教师可能更依赖于运用原来规定的方法（Midthassel et al.，2000）。对教师小组所进行的观察也发现，在教师小组之间存在质量上的差异。另一项解释则可能是，初中教师更主观，因而对课堂管理不太感兴趣。

尽管为了制定课堂管理指导手册，所有教师都参与了分享和讨论活动，但也正因为如此，指导手册很容易成为不同理解相互妥协的产物。然而，正如结论所示，大多数教师表示，他们对指导手册满意。这可能是因为他们的心智模式并不存在本质上的差异，所以他们中的大多数人能够就指导手册达成一致。这也可以用这个事实来加以解释：教师们是通过教师培训课程和他们在学校中的工作来实现社会化的。

正如表2所示，结果表明在项目末期，在手册的使用上存在差异。事实上，结果表明，教师对手册越满意，使用手册的频率就越高。这可能代表了那些认为指导手册与他们自己的行为理论相吻合的教师的意见。因此，他们更愿意使用指导手册。如果学校不安排教师使用指导手册并督促教师在同事中进行反思，那么从长远来看，可能会导致教师课堂管理的多样化，而不是在教师团队中形成对课堂管理的共同理解。

第三个研究问题是关于项目提供的学习机会。正如在访谈报告中提及的，教师小组具有一种潜力：以其他同事的意见为参照，小组成员能够反思自己的实际做法；因此，他们能够形成个人的心智模式和组织的集体观念，这与圣吉（Senge，1990）的学习型组织理论是一致的。然而，访谈也揭示了一些发生在教师小组中的、与学习相关的问题。正如埃德蒙森（Edmonson，cited in Farr et al.，2003）和圣吉（Senge，1990）指出的，小组学习取决于小组中的心理安全水平。教师不得不经历一种担心与挑战并存的氛围。正如结论所示，当一名被访谈者列举了一个例子描述此氛围时，而另一名教师却描述这一个缺乏安全感的氛围。因为这是一个所有教师都参与的研究项目，所以任何一个想消极应付的教师都不可能退出这个项目。但是，他们可以在教师小组中表现用更消极的方式表达他们的反抗情绪。

然而，大多数接受访谈的教师都表示，他们在教师小组中很活跃，而项目提供给他们反思课堂管理的时间也很合适，他们对时间的长度很满意。而且，之前的一些研究（Midthassel and Bru，2001）也指出，这个项目能够对参与者掌握知识和分享知识产生影响。然而，分享性学习是否会持续呢？这可能取决于学校教职员工对分享性知识的管理。如果对指导手册的使用不作进一步的安排，则可能导致教师之间的分化，对指导手册满意的教师可能会继续使用该手册，对指导手册不满意的教师则可能不会再使用该手册。

结论

通过一系列实施过程，这个项目旨在帮助所有教师达成一个共识：作为课堂管理者，他们应该怎样扮演自己的角色。项目的目的是通过反思和小组交流，来扩充教师的知识，使他们意识到自己的角色和行为对学生的影响，进而使教师们在课堂管理上更具一致性。项目采用并执行了能够确保个体反思、分享和讨论且达成共识的方法程序。而且，指导手册既是活动过程的产物，同时也是将来进一步反思的有力工具。如果校长充分意识到两方面的必要性，即一方面教师具有相互交流、相互学习的愿景，另一方面学校也需要教师们在课堂管理上更具一致性，那么他们就会在管理过程中平衡这两种需求。他们既要安排需要完成的工作，也要重视这些工作的重要意义。这些工作既可由项目团队来完成，也可由教师直接完成。人们可能会认为，校长是一个既施加压力又具有支持性的角色。而且，压力与支持的本质和强度是不一样的，这取决于校长管理风格和学校文化上的差异。有理由相信，如果校长对学校教师进行更严密的监管，则会发现在学校里既存在学习——改善的教师小组，也存在不遵循指令的教师小组。对那些希望通过程序来营造共同理解氛围的校长来说，建议他们制订计划以监控教师小组的工作质量。此外，当前项目中所获得的经验也表明，尽管所有教职员工都参与了这个为期两年的项目，项目也产生了积极的影响，但是有迹象显示，在项目结束之后，持续的、有组织的工作仍然是必需的，因此校长应该继续制订具体的新方案并对学校发展予以监控。

研究表明所有那些促使教师参与反思、交流和讨论的方法是有价值的，它能够就课堂管理创建一个为所有教师共同理解的书面文件。反过来，这种书面文件又成为指导教师进行课堂管理的工具。然而，此项研究也存在一定的局限性。现场观察和深度访谈所提供的大量有关教师小组工作方法的知识，可以给校长提供一些信息，帮助他们更好地协调和管理教师小组的工作，以提高教师小组的学习机会。

附录

依据教师经验，手册的一级标题和二级标题如下。

1. 清晰的课堂管理：教师是学生行为的榜样。

2. 教师和学生的关系：（1）对所有的学生抱有高期望；（2）对学生有信心；（3）与所有学生进行积极的联系；（4）允许幽默情况在教室中出现。

3. 学生之间的关系：（1）鼓励学生间的积极交流；（2）教育那些捣蛋学生和令人沮丧的学生，使他们掌握必要的社会技能；（3）教育学生对彼此负责。

4. 训练调整：给所有学生提供有益的任务和训练。

5. 物理环境调整：调整环境来刺激学生集中注意力并产生理想的社会联系。

6. 流程：在持续的流程中始终聚焦于课堂教学。

7. 规则和惯例：（1）在每个学年开始时，投入必要的时间来制定有关班级生活的规则和惯例；（2）在每天开始时，营造一个积极的氛围；（3）清晰界定每一节课的导入和结尾；（4）建立良好的迁移习惯；（5）根据各种各样的课堂活动，建立相对应的规则。

8. 可预测性：（1）预测学生的行为；（2）确保那些打破规矩的学生能够受到同等的惩罚。

9. 评估：（1）对学生的学习和行为作出持续的评估；（2）不时让学生参与评估。

10. 纪律问题：（1）根据不同的情境和参与的学生，选择不同的反应；（2）在课堂里，避免与学生对峙；（3）关注具体的情形。

11. 家长参与：（1）不断与学生家长联系；（2）从家长的立场出发来看待学校；（3）向家长了解一些信息，帮助教师处理有关孩子的问题。

12. 在同一个班授课的老师们：应该进行合作，分享彼此的经验。

参考文献

Adalsteinsdottir, K. (2004) 'Teachers' Behaviour and Practices in the Classroom', *Scandinavian Journal of Educational Research* 48 (1): 95 – 114.

Argyris, C. and Schon, D. (1974) Theory in Practice: Increasing Professional Effectiveness. San Fransisco, CA: Jossey-Bass.

Argyris, C. and Schön, D. (1996) Organizational Learning Ⅱ. Reading, MA: Addison-Wesley.

Berger, P. and Luckmann, T. (1967) The Social Construction of Reality. London: Penguin.

Chazan, Laing, A. and Davies, D. (1994) Emotional and Behavioural Difficulties in Middle Childhood: Identification, Assessment and Intervention in School. London: Falmer Press.

Day, C. (1999) Developing Teachers, the Challenges of Lifelong Learning. London: Falmer Press.

Eraut, M. (2002) 'Menus for Choosy Diners', Teachers and Teaching 8 (3/4): 371 – 378.

Farr, J. L., Sin, H-P. and Tesluk, P. E. (2003) 'Knowledge Management Processes and Work Group Innovation', in L. V. Shavinina (ed.) The International Handbook on Innovation, pp. 574 – 585. Amsterdam: Pergamon.

Fullan, M. G. (1992) *Successful School Improvement.* Buckingham: Open University Press.

Fullan, M. G. (2001) *The New Meaning of Educational Change*, 3rd edn. London: Cassell.

Guskey, T. R. (2002) 'Professional Development and Teacher Change', Teacher and Teaching 8 (3/4): 380 – 391.

Hargreaves, A. (1992) 'Time and Teachers' Work: An Analysis of the Intensification Thesis', Teachers College Records 94 (1): 87 – 108.

Hargreaves, A. (1994) *Changing Teachers, Changing Times.* London: Cassell Wellington House.

Harris, A. (2003) 'Behind the Classroom Door: The Challenge of Organisational and Pedagogical Change', Journal of Educational Change 4: 369 – 382.

Harris, A. and Hopkins, D. (1999) 'Teaching and Learning and the Challenge of Educational Reform', School Effectiveness and School Improvement 10 (2): 257 – 267.

Haslam, S. A. (2000) *Psychology in Organizations. The Social Identity Approach.* London: SAGE.

Hopkins, D. and Reynolds, D. (2001) 'The Past, Present and Future of School Improvement: Toward the Third Age', *British Educational Research Journal* 27 (4): 459 – 475.

Idsöe, T. (2003) 'Work Behavior in the School Psychology Service: Conceptual Framework and Construct Validity Approached by Two Different Methodologies', *Journal of School Psychology* 41: 313 – 335.

Klein, H. J. (1991) 'Further Evidence on the Evidence on the Relationship between Goal Setting and Expectancy Theories', *Organizational Behavior and Human Decision Processes* 49: 230 – 257.

Kokkinos, C. M., Panyiotou, G. and Davazogklou, A. M. (2004) 'Perceived Seriousness of Pupils' Undesirable Behaviour: The Student Teacher Perspective', *Educational Psychology* 24 (1): 109 – 120.

Lam, Y. L. J. (2004) 'Reconceptualizing a Dynamic Model of Organizational Learning for Schools', *Journal of Educational Administration* 42 (3): 297 – 311.

Little, J. (1990) 'The Persistence of Privacy: Autonomy and Initiative in Teachers' Professional Relations', *Teachers College Records* 91 (4): 511 – 536.

Locke, E. A. and Latham, G. P. (1994) 'Goal Setting Theory', in M. Drillings and

H. F. O'Neill, Jr. (eds) *Motivation. Theory and Research*, pp. 13 – 30. Hillsdale, NJ: Lawrence Erlbaum Associates.

Marks, H. and Seashore Louis, K. (1999) 'Teacher Empowerment and the Capacity for Organizational Learning', *Educational Administration Quarterly* 35 (supp.): 707 – 750.

McMahon, A. (1999) 'Promoting Continuing Professional Development for Teachers: An Achievable Target for School Leaders, in T. Bush, D. Bell, R. Boham and P. Ribbins (eds) *Promoting Continuing Professional Development for Teachers: An Achievable Target for School Leaders*? pp. 102 – 116 London: Paul Chapman.

Midthassel, U. V. (2004) 'Teacher Involvement in School Development Activity and its Relationships to Attitudes and Subjective Norms Among Teachers: A Study of Norwegian Elementary and Junior High School Teachers', *Educational Administration Quarterly* 40 (3): 435 – 456.

Midthassel, U. V. and Bru, E. (2001) 'Predictors and Gains of Teacher Involvement in an Improvement Project on Classroom Management. Experiences from a Norwegian Project in Two Compulsory Schools', *Educational Psychology* 21 (3): 229 – 242.

Midthassel, U. V., Bru, E. and Idsöe, T. (2000) 'The Principal's Role in Promoting School Development Activity in Norwegian Compulsory Schools', *School Leadership & Management* 20 (2): 247 – 260.

Munthe, E. (2003) 'Teachers' Workplace and Professional Certainty', *Teaching and Teacher Education* 19: 801 – 813.

Munthe, E. and Bru, E. (2003) 'Teachers' Professional Certainty in Relation to 6th and 9th Grade Students' Perceptions of their Learning Environment at School', in E. Munthe (ed.) *Teachers' Professional Certainty. A Survey of Norwegian Teachers' Perceptions of Professional Certainty in Relation to Demographic, Workplace, and Classroom Variables.* Doctoral dissertation: University of Oslo, Norway.

Munthe, E. and Midthassel, U. V. (2003) 'Peer Learning Groups for Teachers: A Norwegian Innovation', in I. Livingstone (ed.) *New Zealand Annual Review of Education*, pp. 303 – 316. Wellington: Victoria University of Wellington.

Nordahl, T. and Sörlie, M. (1997) *Skole og samspillsvansker. En studie av 4. og 7. klassingers atferd, kompetanse og loeringsbetingelser i skolen* [*School and Behaviour Problems. A Study of Behaviour, Competence and Learning Environment among Studentsin 4th and 7th grades*]. Oslo: NOVA.

Norusis, M. J. (1986) *SPSS/PC + for the IBM PC/XT AT*. Chicago IL: SPSS Inc.

Ogden, T. (1998) *Elevatferd og læringsmiljø. Loereres erfaringer med og syn pa elevatferd og læringsmilgø i grunnskolen* [*Student Behaviour and Learning Environment in Compul-*

sory School]. Oslo: Kirke-, Utdannings og Forskningsdepartementet.

Reynolds, D. and Teddlie, C. (2000) 'The Process of School Effectiveness', in C. Teddlie and D. Reynods (eds) *The International Handbook of School Effectiveness Research*, pp. 134 – 159. London: Falmer Press.

Reynolds, D., Teddlie, C., Hopkins, D. and Stringfield, S. (2000) 'Linking School Effectiveness and School Improvement', in C. Teddlie and D. Reynolds (eds) *The International Handbook of School Effectiveness Research*, pp. 206 – 231. London: Falmer Press.

Rhodes, C. and Beneicke, S. (2002) 'Coaching, Mentoring and Peer-networking: Challenges for the Management of Teacher Professional Development in Schools', *Journal of In-Service Education* 28 (2): 297 – 309.

Rosenholtz, S. (1989) *Teachers' Workplace.* Columbia University, NY: Teacher College.

Seashore Louis, K. and Kruse, S. D. (1998) 'Creating Community in Reform: Images of Organizational Learning in Inner-city schools', in K. Louis and S. Kruse (eds) Organizational Learning in Schools. Dordrecht: Swets & Zeitlinger.

Senge, P. (1990) *The Fifth Discipline.* London: Century Books.

Schön, D. (1983) *The Reflective Practitioner.* Aldershot: Ashgate ARENA.

Winkley, L. (1996) *Emotional Problems in Children and Young People.* London: Cassell.

[作者简介]

尤尼·维尔·米德撒赛尔，挪威斯塔凡格大学行为研究中心副教授。研究兴趣主要是学校发展以及促进教师学习和改变的因素与过程。

[联系方式]

UNNI VERE MIDTHASSEL, Centre for Behavioural Research, University of Stavanger, 4036 Stavanger, Norway. [email: unni. midthassel@ uis. no]

校长甄选

——同质社交性，寻求安全性以及标准化校长特性的结果

吉尔·布莱克莫尔（Jill Blackmore），帕特·汤姆森（Pat Thomson），卡林·芭蒂（Karin Barty）

赵茜 译

摘要

研究者对有能力申请校长职位的候选人数量下降的情况进行了调查，结果表明，教师们认为目前的甄选程序存在着很多的问题。本文考察了在澳大利亚两个州进行的、有关校长甄选的一项调查。从一系列访谈、两个研究案例以及管理原则中，我们关注了甄选面试时必须考虑的5个主要问题：（1）甄选小组对书面申请材料过分依赖；（2）以工作经验为主还是考虑发展潜力的两难选择；（3）确定首选申请人的潜规则；（4）甄选小组的成员能力有限窘境；（5）决策的前后矛盾。我们认为，甄选过程是可复制的，在寻求确定性和安全性的过程中，特定类型的人能够取得成功。这就是说，我们认为，不管是由激进的还是由保守的人事部门控制甄选过程，甄选过程都存在着同质社交性，即管理人员倾向于挑选与自己相似的人。

关键词： 职业阶梯　性别　校长职位　甄选

导言

世界各地的政策制定者都把大量资金投入到领导发展项目中，这些项目是为有抱负的新任校长开展的，并且是服务于校长的。这种做法备受推崇，因为人们普遍认为校长是学校发展过程中不可或缺的一部分。但令人惊奇的是，研究者并不能真正参与到对这些关键人物的挑选过程中，或者说，直到最近，雇主都没有真正参与挑选过程。

在本文中，我们呈现了一项在澳大利亚的两个州——维多利亚州（Victoria）和南澳大利亚州（South Australian）——进行的有关校长甄选程序的研究。我们的数据由38个访谈和两个案例研究组成；其中，访谈的对象包括面试小组的主席、来自各州教育系统和天主教教育系统的高级人力资源执行官、专业校长协会和教师工会的代表；两个案例是一个甄选小组在某个地级市进行面试的整个过程。我们也研究了招聘广告、对州教育系统及天主教教育系统中的甄选程序进行规定的各项方针政策。本文中，我们探讨了调查过程中发现的主要问题。我们认为，甄选是一项技术，可以对校长职位的主要类型进行复制；同时，我们也发现，有些甄选小组组长尤其鼓励形成多元化的校长申请人资源库。继而，我们指出了需要改进的问题。下面，我们开始对甄选过程中存在的“问题”进行概括讨论。

改革甄选?

一些教育系统（官方的和非官方的）开始反思使用“绩效甄选法”的方式，他们正在对某些方法进行思考或者实验，以促进甄选方式的丰富性，或者在某方面加大甄选的力度。不管上述行为的出现是否反应了近期的研究结论（d’Arbon et al.，2001；Lacey，2002；Pritchard，2003）——把甄选过程与校长职位申请者的数量下降联系起来——这些都是需要我们思考的。

一项著名的研究发现甄选过程“过于复杂、常常受到干涉、且/或存在问题”（d’Arbon et al.，2001：8）。在另一项研究中，研究人员发现，在人们即将获得晋升时，甄选过程成为他们递交申请的“一个主要障碍”（Lacey，2002：24）。莱西（Lacey）把甄选描述为“浪费时间、苛刻的、极不愉快的”，普里查德（Pritchard，2003）也认为“绩效甄选法”始终是有问题的。普里查德的报告认为，到目前为止，甄选是西澳大利亚公立学校教师中存在的最重要的问题（2003：20），是该州天主教系统的教师中存在的三大问题之一（2003：14）。公立学校中，44%的被调查者把甄选列到一系列障碍因素的首位。因此可以认为，甄选和校长职位申请人的数量减少之间存在着联系。很明显，绩效甄选法所带来的大范围的失望，证实了它本身存在着问题。

澳大利亚研究委员会发现项目（Australian Research Council Discovery Project）“澳大利亚后备校长数量下降的调查研究”（An Investigation of the Declining Supply of Principal in Australia）也表明，甄选过程已经成为并且将继续成为阻止那些有潜力、有能力的人申请校长职位的因素之一，还可能是造成校长职位申请者的数量减少的影响因素。在我们自己进行的调查中，我们与曾经申请过校长职位（不管最后当上校长还是没当上）的人、曾经的甄选小组成员、曾担任过甄选小组主席的人、负责过该地区或学区校长甄选工作的人，以及专业和管理机构的部分成员进行了交流。通过这些交流我们发现，绩效甄选法已经变得就像一位校长所说的，“流于形式并容易出错”。

以绩效原则为前提，我们认为甄选过程中对“绩效”结构的解释是狭义的。我们的研究结论是，在很大程度上，目前的甄选过程创造了“标准化的校长特征”，从而导致了平等与多元化的政策冲突，引起了关于校长创新行为的争议。我们的数据表明，绩效甄选制度通过优先考虑财政管理能力和较强的领导才能，并且采用一种特定的“可复制”的技术，使校长的形象和工作标准化。不仅如此，校长甄选还在经历着一种转变，它正逐渐卷入一连串不同管理水平的管理决策行为中。我们还不清楚这种纠缠状态今后会如何推动甄选的发展。

现在，我们对甄选的历史进行简要回顾，以定位我们的研究。

地方甄选简史

直到20世纪70年代（南澳大利亚州）或80年代（维多利亚州），校长甄选才受到重视，地方甄选开始启用“绩效甄选法”，取代了以资历为依据进行集权管理的科层委任制度。在南澳大利亚州，地方甄选最初被视为吸引“优秀校长”走进困难学校的手段。在维多利亚州的案例中，地方甄选是在社区、教师工会和专业行为主义急剧增长的背景下，校董会、教师和校长组织之间的一种和解。到了20世纪80年代中期，由于行为主义者、政策制定者以及相关媒体指控教育部门及其他公共部门忽视了地方的要求，在这两个州都出现了变革的动力。此时，在澳大利亚和其他盎格鲁民族国家（Anglo nation-states）正在进行第一次改革运动：一场基于公司管理的理念、对公共部门管理进行改革的运动，这场改革运动强调的是向地方单位下放职责（Lingard，1993）。

因此，形成了管理机构向地区和学校部分分权（而非放权）框架下的基于绩效的地方甄选，使这些运动合理化的原因有许多，如：

- 越来越多的家长试图更多地介入教育政策及决策过程，特别是地方上的教育政策及决策；
- 性别平等改革的制度化。它的基础是自由主义“绩效”概念和“平等的就业机会”政策（Eisenstein，1984；Yeatman，1990）。
- 高品质的教师专业团体通过工会要求更多地参与地方决策（Blackmore，1986，1990，1991；Chapman，1990）。

南澳大利亚州和维多利亚州制定了各项政策，包括促进校本决策、确定学校委员会的新职能、确定更多学校改进和地方校长甄选的常规形式等（Chapman，1990）。在大多数教育系统中，地方学校甄选小组主要由家长、雇主（教育管理机构）、工会及教师代表构成；在不同的甄选小组中，这些人所占的比例是不同的。而在维多利亚州和南澳大利亚州的案例中，甄选小组则是由正式任命的并接受过培训的人员代表构成，只要是正式任命的并接受过培训的人员，进入甄选小组的机会就是均等的。在这两个州，20世纪90年代进一步放权的结果就是地方甄选向教师岗位、其他晋升岗位和普通员工岗位显著延伸；尤其是校长们，他们热切地希望增加甄选权力，以“招收适合的教师”（Thomason，1994，1998）。

在20世纪90年代初的维多利亚州和90年代末的南澳大利亚州，随着公平成为“主流”观念，正式的甄选代表平等入选制度被废除。

尽管如此，普通**甄选技术**中仍然保留了绩效甄选法的“规则”，即对所有的候选人使用普通的面试题目，坚持设置一定的程序，反对根据广告中的工作描述和职位要求（坐标图）进行判断，将鉴定人的陈述和面试作为挑选候选人的主要方式。校长职位多样化的理念主要通过申请者的性别、种族和体能（残疾）方面的统计数据来实现。

尽管如此，各州的甄选活动还是存在一个重要的差别。在维多利亚州，地方管理非常深入（Caldwell and Hayward，1997），甄选过去以及现在完全由学校层面进行管理。在南澳大利亚州，由于地域广、不方便管理，校长任命权，特别是校长甄选权，极少下放，一直由学区主管（District Director）（以前称学监［superintendent］）直接管理。另外，因为学生家长和校长组织认为现在的甄选程序过于主观，无法鉴别申请者的经历，且甄选小组仅仅听取了申请人“好的一面”，所以，南澳大利亚州不断地对鉴定程序进行修正。下文将深入地论述这个问题。

“后备力量”和“甄选”中的问题

自 2001 年开始，校长甄选就成为州、天主教机构以及校长协会中的雇主们关注的焦点，校长协会中的大多数主管已经认识到，目前的甄选方式效度越来越低，无法做到“将合适的人安置在恰当的工作岗位上”。

从诸多的证据中，我们提炼出有关“后备力量”的 5 个关注要点。

（1）校长被看做是教育改革和学校成功的关键；而甄选过程，作为对校长职位的主要“把关”机制，被普遍地认为是一项有偏见的、且难以预见结果的活动，它阻碍了很多教师申请校长职位（Lacey，2002）。对于已经开始采用严格领导更替计划的学校系统而言，这是值得关注的主要问题。

（2）甄选过程中体现出的领导力特性非常多变。近期，两个州所开展的政府改革——改革的目的在于建设学习型社区、实施网络工程、实施社区本位的教育以及与企业确立合作伙伴关系——在很大程度上都要依靠校长的力量。这些组织学习的新方式要求校长具有主动性、具有管理复杂的机构设置和关系的能力（Hargreaves，2003）。此外，从

2000年开始的课程和评价改革提倡个性化学习、“基本的”一般性技能和专门性技能、知识和能力。这种改革趋势把更多的责任施加到校长身上，要求校长具有超前思维，能够发起并管理组织变革和教学改革。对于校长能力的关注满足了这些需求，推动了校长专业发展项目的展开。

剩下的3个问题，在很大程度上并未被目前的“政策后备力量方案”所采纳。但是，学校系统内的各部门、校长协会和教师工会、有关学校领导力特征的研究结论（包括我们的研究），都对这三个问题进行了清楚的说明。

（3）从目前情况看，校长甄选与形象管理密切相连。以选择为基础的学校教育促使人们形成了新的关注点：关注学校教育的形象、关注校长作为学校身份的代表（Thomson，2004）。因为学校的“成败”与社区的理解和媒体的报道密切相关，所以，就像一名资金管理者，校长必须像形象管理者一样高效（Blackmore and Thorpe，2003；Blackmore and Thorpe，2004；Thomson et al.，2003）。甄选意味着产出并且要看到产出高绩效的“赢家”，但是，判断绩效高低的标准却备受争议。

（4）甄选和晋升的程序是变革与持续性之间冲突的爆发点。在甄选和晋升的过程中，学校和学生非常不稳定。在特定的环境背景中如何理解危机、处理危机？一些社区和个人很好地处理了模糊性、变革、危机和不确定；另外一些社区和个人则通过选择同类校长的方式，退回到安逸和保险的环境（Boler，1999；Evans，1996）。随着不确定性的不断增大、强制性变革的快速发展，一些家长和教师则在力所能及的范围内保持持续性。寻求确定性的压力会产生巨大的影响，我们将在下文中进行论述。

（5）由“公平”和“多元化”引发的问题讨论已经平息。以按照绩效和公平原则进行培训为例，虽然教育系统中很多人能够“理性”地认为，长时期内女性在生理结构和文化上都不占优势，但是在特殊的环境中，这种观点并不必然影响行动。性别平等通常意味着对性别认同的挑战，公平政策能够恰当地应对男性和女性的行为差异。在领导职位上的女性不仅要消除人们特别是挑剔的男性对女性的担心，还必须面对那些“女性中的女性”（emphasised femininities），这些女性过分强调传统的性别角色（Blackmore，1998）。在教育领域，性别观念受到了影响，高效的企业家型和强势领导的形象构成也发生了变化（Blackmore，1996）。通过甄选提高或消减多元化和公平的方式，在很大程度上脱离了政策议程的控制范围。

校长甄选过程展现的是申请者和学校在处理相同的工作中相互竞争的一面；甄选过程同时还显示了人们对未来的集体投资、为学校和学生选择好校长的愿望，以及对未知的恐惧。因为在人们看来，校长就是学校；所以，校长甄选是一项具有高度情感的工作，是具有象征意义、代表学校形象的工作。所有这些，对个体和组织关于“一般标准”的认识都提出了挑战，特别是引发了一些社团和个人对“多元化”和“差异”观念的强烈反对。我们将会在下文中加以讨论。

接下来将讨论我们研究的主要结论。

甄选——一项棘手的技术

我们的研究提出了五个主要问题：（1）甄选小组对书面申请的依赖；（2）经验和潜力的两难选择；（3）任命优势候选人的潜规则；（4）面试小组成员能力有限的窘境；（5）决策前后矛盾的问题。

书面申请

人们讽刺甄选过程的主要原因是，申请人首先要提交一份书面申请书。在我们的研究中，两个州都要求申请者在有限的字数范围内详细说明个人对职位的理解、介绍相关信息以阐明自己具备该职位要求的知识、技能和经验。

这方面的奇闻轶事很多。有些申请人因为写作能力强脱颖而出，就有人私下议论：其中一些人花钱雇用专业人士对申请书进行加工。甄选小组成员通常对千篇一律的申请书感到烦恼，相似的申请书使得人们无法对申请者之间的差异作出正确区分。有少数人把写作申请书看做是强迫人们用最有效的语言来描述自己的专业技能的一种训练。一位高级官员告诉我们：

> 简历制作是一项沟通练习……是把某个领域内的人介绍给陌生人的最公平的方式。简历尽管并不完美，但它表明了一个人在未来的校长职业生涯中能否使用书面语言与人进行沟通。每当我看到惨不忍睹的简历时，我仍然认为我们应该坚持这种甄选方法并教会人们学会写作，因为领导职位需要正式的书面交流，写作是艺术创作的过程，也是一位校长必须具备的技能。

在这两个州里，专业协会和领导力中心通常采取措施支持“申请书的写作”。一些学区和区域也常常提供此类帮助，但是，这种方式对消除怨言——参加写作课程的人会获得种种益处，无法参加写作课程的人自然会有怨言——几乎没有什么作用。面试小组对书面申请书的作用看法不一。一些人认为书面申请本身就是一种沟通方式：一些面试小组要求申请书能表明申请人准确的自我定位，面试小组企图用某种方式在申请书中清晰说明具体工作岗位的特性，以利于申请人了解所申请的学校；另外一些面试小组的甄选标准是“申请人具有全身心投入工作的发展倾向”。实际的面试过程完全可以反映这些不同的看法，人们普遍认为，甄选小组更乐于录用那些“思路清晰”的人。我们研究中的一位调查对象认为，真正的问题并不是申请书的写作，而是申请书的阅读：

> 实际上，我认为人们之所以失败，往往并不是因为申请书写得不好，而是申请书如何被阅读的问题。我知道有一些优秀的申请人没有通过初审，是因为面试小组不能有鉴别力地、明智地对待他们的简历。所以，你可以看到，人们还在经历着这些还原论者的训练。我真的愿意写一篇充分论述的论文，能真实而系统地全面描述我的领导能力；但是，你无法做到这一点，因为一些面试小组不接受这种简历，他们不能超越标准所列出的要求，不能理智地理解申请书中的语言，不能理解写作的复杂性，因此他们错过了重点。

经验和潜力

甄选中的另一个主要问题是申请人的经验所占的比例问题。毫无疑问，要想获得相关的经验，就必须在教育系统内从事不同的工作。与他人相比，有一些人更幸运，他们可以接近代理的职位、校内领导的职位及组织中的关键角色。这类经验是写简历和申请书的关键，因为这些文本材料才是面试小组要仔细审查的。面试小组成员经常把有关经验、技能和知识的文字逐字逐句地标出，并标出等级。经验究竟是什么，也是值得讨论的问题。另外，“经验”也许还好判断，对“潜力”进行评价和测量就难多了。根据“潜力”录用申请人，对于面试小组而言，要承担更大的风险。

在南澳大利亚州，我们明确地询问了“以潜力任命职位”的问题。我们得到了各式各样的答案。南澳大利亚州两位高层管理者自信地告诉我们，“从‘经验’上提取的特征不充分，而且与潜力相比，经验是‘比较好控制的’”。这个观点得到了校长协会管理人员的支持，他们积极地游说人们在甄选过程中更关注于“经验”。然而，在同一个总部工作的、负责“平等就业机会”的一位高级官员所持的观点与此完全相反。她认为，强调经验，会不利于乡村教师、不利于年轻教师、不利于那些不幸地在没有领导机会的地区和/或学校工作的人。她对日益增多的、强调“可证实的经验”的南澳大利亚州政策感到非常绝望，她把这种政策看做是与创建一个多样化的人力资源系统目标相悖的主要行为。

一位女性学区主管把经验与职位和年龄联系在一起：

> 在我以前的学区中，我任命了我中意的校长，她还不到30岁，刚到这个系统时就像一个孩子。她是来自农村地区的年轻女性，非常优秀。这个到我们学校来当校长的孩子是谁？这个系统中没有年轻人，我想这是一个值得关注的重要问题，因为近10年来，我们一直在讨论有必要进行劳动力规划、未来规划、反思我们是如何鼓励毕业生、使用毕业生及吸纳毕业生诸如此类的各种问题。但是，一切还是老样子。

然而，另一个做过校长的主管（女性），持有不同的观点。这位校长看重经验的作用，同时，她也认识到了因此可能产生的困难：

> PT：想必您在甄选校长的时候，不仅挑领导能力，还挑管理经验。

主管：是的，这仅仅是工作的80%。

从访谈中，我们可以清晰地看到，“经验的获得”与“什么是经验”是相关的。希望这样做的学区主管能够创造出一种“表现”机会均等的环境；希望这样做的学区主管会在系统中提供诸如“存在着潜在的工作岗位”之类的小道消息。与其他主管相比，一些主管更乐意冒险、挑选具有潜力的申请人，这也是非常明显的：

PT：……有些人认为，在你主管的地区内，你应该“在自己的学区内寻找候选人”，而另一些人认为你应当从更大的范围中寻找候选人，这两种意见。你倾向于哪一方？

主管（男性）：我想我属于第二类人。这并不是说人们在本地不能成为校长，但是，当我想起本地4所中学里只有一位校长是本地的……××小学有位女老师，数年来一直在申请校长职位，一直没有申请上。我冒险接受了她的申请，然后，我不得不承认，实践证明……我想，坦白地说，这个险冒得可能有些极端，但是事实证明，结果非常好。

在南澳大利亚州的具体情境中，经验和潜力之间的紧张可以通过学区主管的协调而得到缓和。当倾向于按照潜力进行甄选的人占据少数的时候，学区主管的协调确实为其他学区因为“经验”测试而落败的教师及中层管理者创造了获得岗位的机会。

有优先权的申请人

与绩效甄选法相连的首要问题是“现任者”的尴尬地位。“现任者”是指在某个职位上按照合同期已经工作了数年，现在又重新申请这个职位的人。我们的证据显示，通常情况下，现任者会优先于“外来的”申请人而再次被任用。就像一位校长指出的：

……“现任者”在系统中处于有利的地位……他们回来继续

申请他们自己正在做的工作……除非你知道内情，你才能申请到这个职位，否则你根本不会知道你早就没有希望了。然后，你变得有点愤世嫉俗……有时候你回想起来，会说，何必烦恼呀！

甄选中流行的潜规则是极力要求任用值得信赖的人，因为“如果看到申请人中包括现任的话，而且他的工作做得很好”，一位校长说道，“人们就会感到欣慰，然后，现任者就可能官保原职了”。

在我们的数据中，到处可以看到这种需求：为曾经在学校提供长期服务的申请人保留职位。“以前取得的绩效应该得到奖赏”的观点，似乎有意识地、下意识地、毫不费力地从教室里转移为甄选小组成员的看法。在某些情况下，这种观点“扼杀”了绩效好的校长。私底下，甄选现任的过程创造了一套基于过去的声望和工作投入的奖励机制。但是，表面上，甄选小组依然坚持说他们是以绩效为依据来选择校长的。

对现任的任用导致“知情者再生产”模式，也就是，甄选小组成员熟识的申请者（如代理校长或副校长）通常比那些“陌生人”更容易胜出。我们研究中的被调查者认为，一种明显的趋势是本校的副校长会被甄选小组看上，晋升为校长，由此创造了一种基于本土知识的学徒式模型。了解这些之后，外来的申请者就会询问这个职位是“真正公开招聘”还是已经“内定”。对当地教育委员会来说，招聘熟识者的风险和威胁显然比招聘不知情者要少很多，经过“考验”和“证明”的代理校长和副校长的任命导致了校长甄选“实然”形式的应运而生。几乎所有的被访者都告诉我们，“重复任用”领导的这种趋势导致“外来者”对申请校长职位感到非常气馁，因为很少有现任者不再“重返”工作岗位的。

现任者优先的潜规则使新申请人感到气馁，同时也会受到批评；因为这些新的申请者与偏向于保守和安全的选择相比，往往会带来同学校内（外）不同的东西。但是这种甄选方式还有其他的含义，因为地区主管和学监，实际上还包括其他校长，也能应用这种规则以形成对策。例如，任命女性做副校长或代理校长，就能促使她们以后成为校长。事实上，这个策略恰恰受到了20世纪八九十年代制定的平等法案的保护，从而这些法律产生了戏剧性的效果：与维多利亚州相比，南澳大利亚州任命了更多的女性校长。一旦拥有了“经验”，女性就不再受到威胁。

因此，女性教师、土生土长的教师以及少数民族的教师可以通过一种“偶然的方式”成为校长（Blackmore and Sachs，in press）。与此同时，有经验的年轻男士们也利用了地方教育委员会任用代理校长时的慎重态度，用相同的方式，走上了校长岗位。

甄选小组的能力

我们得知，通常情况下，正如杰出的、有影响力的人在组织中的作用都非常大，甄选小组成员的成见和偏袒也控制着甄选过程。虽然大多数甄选小组成员都接受过与绩效和公平相关的培训。在维多利亚州，部门代表是指定的“绩效和公平”顾问，所有甄选小组成员都必须接受培训。但是，我们的数据，特别是两个案例研究表明，除了绩效以外，还有其他的因素在甄选过程的特定时间发挥了作用。

关于申请人是否“适合”既定的甄选标准的讨论，很容易变成讨论一些不相干的问题。例如，一个人是否有能力和魄力去应对一段持续5年或8年的任期？或者，工作地点距离居住地很远是否会对某个人产生不利影响？不言而喻，这种观点总是针对女性承担更多的家庭责任而言。在我们研究的一个案例中，当仅仅以既定标准为依据无法对申请人作出判断的时候，甄选小组的讨论中就会出现偏袒和成见。讨论就从看似透明地关注过程和绩效（“候选人与标准相符合程度”）转变为个人意见的论述，也就是将申请人与面试官关于“校长应该是什么样的”的个人观点相匹配。这种转变表明面试小组成员对校长工作缺乏深刻的理解，和/或缺乏在这种情况下选用校长的前期经验。这种能力（无能）往往会促使甄选小组成员挑选熟悉的校长及相处愉快的校长。就像一位校长说的：

> 当你参加面试的时候，你知道“家长们想要听到什么”是什么意思？……他们想要知道，你喜欢孩子而且你会保证孩子们的安全并且拥有最好的机会。

我们的结论是，可能很多甄选小组都在以这种方式工作。他们选择“保险的”校长，而且与这样的校长相处，他们感到舒心。

案例研究和访谈的数据表明，为了甄选成功，申请人通常需要表明他具有“通常的特性”。这就是一种绩效，与学校和教育系统目前所理解的“好校长”的表现没有什么区别。这种状况令人担忧。

我们的观察对象，也就是由学生家长和校长组成的甄选小组，不时会表现出强烈的反理性主义倾向，这与我们听到的情况相吻合。人们常常认为，研究生毕业的人不能处理日常工作和实际问题，而且以专业发展为由“自我陶醉”。我们观察了一次面试。在面试过程中，一位拥有硕士文凭的申请人用学术研究的口吻谈论教育问题，他所使用的高深语言很快就让甄选小组成员退避三舍。可能是因为他们没有什么教育背景，也可能是因为他们没有进一步接受正式的专业教育，一些面试官似乎不能理解这位申请人在说什么，他们变得迷惑、不知道如何评价他。看起来，面试官认为理论与实践是相对立的。一些面试官公开表明自己不喜欢这个申请人：他的话“太难懂”，他是第一个从名单上被划掉的人。具有讽刺意味的是，一位申请人，非常有知识、表达能力也很强，也接受过专业发展训练（比如说，研究生课程）。由于证明了其“有知识”——甄选标准中的一个关键词语——而失利。这就提出了问题：在现实中，甄选小组是否真正以能力进行任用，是否能够对申请者的绩效进行公正的分析判断。

我们的案例研究表明，大多数的面试官明显表现出对某种类型申请者的偏好，如谦逊的人、温和的人；如果申请人的行为表现出不顺从、有活力和强烈的幽默感，那他是不会受欢迎的。我们记录了一个例子，一位女性申请者拥有“沉稳的举止”和“温文尔雅的博爱品质”，少数面试官对她评价很高，好像这些是校长甄选的核心品质；同样，“具有博爱的、使人宽心的风格”的男性候选人很快通过了初审，而其他更符合书面甄选标准要求的人却很少受到关注。我们观察了一次为了争取甄选程序的某些控制，得以公正地听取其他申请人的面试陈述的斗争。这场斗争是漫长而艰苦的，目的是争取其他面试官的支持。面试小组的这些策略是非常典型的。

教育领域中，这类问题是众所周知的。围绕着面试小组成员的表现而提出的疑问，促使维多利亚州的小学校长，通过专业协会，赢得了一场抗击这种取向的“战役”：面试小组应当增加一位校长代表。但是，也许有人会说，应当进一步巩固性别复制模式！他们坚持说，甄选小组里增加一位校长，可以提高甄选小组适应调整的决策能力。作为对甄选的反思，南澳大利亚州发起了一场有关甄选小组的构成及其能力的争论。天主教教育系统进行了一项针对核心甄选小组的试验，目的在于集思广益，在根据学校的具体要求进行地方甄选之前，建立具有与系统要求不同的知识和技能的申请人资源库。

我们注意到了我们的研究和其他甄选研究的相似之处。温特和耶格（Winter and Jaeger，2002）在一项针对面试小组的能力及其对学校领导的意义的全国性研究中，模拟演示了甄选的整个过程。甄选小组中的教师代表和家长代表选择他们认为最有经验的人，而且还要根据申请人在沟通、管理和教育领导等方面的绩效来选择。研究者们断定，教师代表和家长代表在校长甄选过程中的决策能力是“值得商榷的”；也就是说，家长和教师不能精确地挑选出最有经验的申请者。温特和耶格（Winter and Jaeger，2002：5）得出结论：“把校长甄选的行政性任务交给缺乏人事管理经验的人，这种做法值得三思”。在南澳大利亚州和维多利亚州存在着一种观点，即：可以由相似的核心甄选小组来决定建立地方甄选的后备人才库。这是反思校长甄选过程的一种可行的办法。

决策的前后不一致

我们的访谈显示，经历过校长甄选的人都把绩效甄选法描述为“抽奖”。在一些人看来，绩效甄选法并不是一种为学区提供优质服务的可信赖的方式，而是不系统且不可预测的：

> 甄选涉及甄选小组成员的个人偏好……如果你用其他人代替甄选小组的成员，而这个人与原来的小组成员的价值观不同、生活经验不同、对人的好恶也不相同，你会得到不同的甄选结果。

一位校长，同时也是一个经验丰富的面试官，用“抛硬币”的比喻来形容如何在两个申请者的“贴身搏斗”中进行最终选择。

有人认为，没有严格执行甄选要求导致了甄选小组所作决策的前后不一致。一位研究者用一个事例说明这种事情多么容易发生，他说，甄选小组成员将申请书标为“不能胜任”，只需这一个词，申请人就不可能获得工作职位。事情就这么简单。例如，面试官可以宣称申请书没有进行“充分详述”，或者申请书中某些“论断”没有事实依据。用这种方法来影响其他人的观点并操纵甄选过程并不困难。我们的数据表明，在这两个州里，校长职位申请人在一所学校给甄选小组留下了很好的印象，而在另一所学校的甄选中却失败了，这种现象是非常普遍的。

在南澳大利亚州，甄选是“抽奖”，而不是一个公正的、令人尊重的晋升方式，这是一个与校长相关的、值得深入探讨的问题。这里所说的“抽奖赌博”，其结果依赖于某位申请人给学监留下的印象如何。学区主管在校长甄选中的作用很大，他们认为自己并不是靠运气来进行甄选的；他们确信，甄选就是为他们确定的“合适的”申请人准备的。在正式情境中，主管根据甄选小组成员的共识进行决策；在非正式情况下，他们用一种被人们形容为“厚颜无耻”的方式获得他们内心想要的结果。就像前面提到的那样，一般而言，这种方式支持了那些符合现状的人，同时，这种方式也是一种反抗行为，目的是反对校长的多元化、反对引入有“潜力”的校长。

随着时间的推移，绩效甄选法使得一些人不再痴迷于校长职位，并促使一些现任校长寻求调任。我们的访谈表明，如果申请人与学监喜欢的特殊类型不相“符合”，或者不属于能增加甄选机会的内部圈子，他们就不可能成功。一位申请者结合自己不成功的申请经验，告诉我们：“教育系统内的人都知道，取得成功的申请人都与学区主管有关系”；“……这不是一个公正而公开的过程”，另一位研究者说，“人们都在说，既然如此明目张胆，又何必那么烦恼呢”？我们猜想，不管在哪个地区，人们都可以自主选择是否进入校长申请者储备库，只有那些心甘情愿适应优先模式的人选择了留在校长职位申请的游戏中。除了在那些激进主义拿不定主意的地方，这个过程促进了现任校长和渴望成为校长的人的一致和顺从。

现在，我们将深入地讨论甄选和再生产的问题。

甄选作为复制过程

我们前面已经阐述过，伤脑筋的甄选技术有变成“复制”模式的趋势，在这种“复制”模式中，不符合“标准化校长特性”的人将被排除出去；就是我们知道的或者熟悉的，所谓的同质社交性（homosociability，Kanter，1984）——选择与自己相像的人。我们认为，在我们所研究的两个州中，这是甄选校长的主要模式。

绩效甄选法，曾经与公平、正义的理念紧密相连，随着时间的推移，人们对绩效甄选法的认识出现了细微的差别，在实践中也产生了不同的表现形式。在具体操作过程中，绩效甄选法主要依靠对校长已有的观念及其内在品质、经验和性格进行甄选。撰写基本的工作说明是对这类观点进行详细解读的第一步——学校是否展望新的发展方向、是否巩固或缓和变革。然后，该工作说明控制了甄选小组的行动并且经常对不成功的申请人给予反馈。

> 我去参加最后一次面试的时候，他们告诉我，他们要挑选与过去13年里任用的校长一样的人做校长。

这个申请人没有被选上。在甄选小组看来，她撰写的课程回顾和创新建议与即将退休的校长的理念是相反且不被赞同的。其他被试说，甄选小组内部存在一个问题，他们还没有准备好接受“新鲜血液”，而且，在公平地听取各类校长职位申请人的陈述方面也存在问题。一位学区主管强调了这点，她说，当参加甄选小组面试的时候，有时能够感觉到“……如果有人作出令人震惊的事，那要想说服甄选小组给申请人一个机会是很难的”。

本研究所展现的仅仅是广泛而保守的甄选方式的一个方面。不管是在企业式的大学中，还是在农村地区的学校中，这种甄选方式很大程度地限制了那些能给学区带来不同观念的申请者担任校长的机会。一位经验丰富的校长说：

> 我碰到过这样一种情况，他们告诉我，我是最好的申请人，但是我却没得到这项工作，因为学校委员会的人不敢超出认识范围来冒险作决定。

一位研究者从管理者的角度指出，领导者在离职之前，挑选或者“培养”继任者就是在“实施组织的表面权力”；这种文化环境下甄选出的领导在很多方面都很相似。通常，甄选小组似乎也认为从学校退休就意味着丧失了了解和领导学校的能力。一位校长，在地区办公室担任了多年的顾问，他就不再符合作为专业人士的校长的“标准化特性”了。他告诉我们，“在这个领域，等级制并不总是能够发挥作用”，他说他不会再参加校长甄选了。

维多利亚州的地方政策有很明显的这类特征。一位面试官告诉我们：

> 很明显，学校已经在头脑中设定了结果，他们指示甄选小组必须达到这个结果。没必要批评相关的人……他们非常清楚学校需要什么样的人。我认为，令人失望的是……他们从来就不准备客观地看待两名申请人的资历。

一方面，这些评论认为，学校挑选所谓的“最合适的”新校长的做法是合法的；另一方面，这些评论也认为，对于“合适”的理解、缺乏公开性的甄选方式都是不恰当的。这位被访谈者承认，也有一些面试官试图公平地聆听人们的陈述，他们认为这些人“对学校的发展有益”，但是他们的努力失败了。

我们的访谈数据显示，对于很多人而言，甄选过程和绩效甄选法，都已经变得没有意义了。

绩效的故事

女权主义者一直认为“绩效”是一种社会概念，而且不是中立的。当把绩效观念应用到工作中的时候，“绩效”一词不可避免地反映出现任者和下定义者的经历。因此，绩效通常是巩固而不是改变组织的层级（Burton，1993）。

就像我们前面提到的，绩效甄选法在澳大利亚的教育领域和其他官僚体制的甄选过程中已经被制度化了。在20世纪80年代，绩效甄选法通常与“公平”相连，因为大多数有关“性别平等”的政策都受到了信奉自由主义的女权主义者的追捧；他们认为，与男性拥有相同的技能、品质和能力的女性（以衡量男性的标准为依据），应该不考虑性别而得到任用。假定组织文化是性别中立的，可以认定绩效和平等也是建立在程序公正的基础上，这个观点遭到了组织理论家的极力反驳（Aaltio and Mills，2002；Alvesson and Due Billing，2002；Bacchi，1999）。

在我们的研究中，一些被访谈者明确表明他们非常关注绩效甄选法，另一些被访谈者则仅仅作出了暗示。这表明，任何不明显的、模糊的方法都会削弱"绩效"的地位。一位甄选小组的成员代表向我们详细描述了一个极端漠视绩效的情景：她的同事是某甄选小组的成员，在学校颇有影响力。面试的时候，他明显表现出对某位申请人的特别偏好；他使用肢体语言表达了他对这个申请人的喜爱，而避免与其他申请人进行眼神交流；他制造了一个带有期望的气氛：他想要一个特定的结果。而间接施加的这种压力迫使面试官们遵从了他的选择，他成功地达到他所追求的结果，其他面试官要么因为无法拒绝而支持他提名的副校长，要么因为害怕和他意见不一而赞同他。

有人告诉我们，学区主管和地区主管在校长甄选方面的影响是相当大的。表面上看起来无害的、会导致不佳公众影响和复杂管理问题的潜在冒险行为，在访谈中都受到了关注。访谈中，一些面试官并不避讳讨论开除校长这个罕见且特别棘手的问题。有时候，制度直接或间接地任命了一些不会"捣乱"的人领导甄选小组。合作时期，捣乱被视为不顺从于系统的广泛改革和发展方向。但是，这种安排也属于人际关系网可以调动的范围。这种声名狼藉的行为的确存在着。在维多利亚州的一个地区中心，有"一个非常强大的、力主提升男性同伴的男人俱乐部"存在了很多年，力量非常强大，直到2004年其力量才大大削弱。这个人际关系网在该地区校长任命过程中发挥了巨大的作用。

具有讽刺意味的是，关于性别均衡的公平理论通常都是针对女性而言的。有一个女校长通常意味着有一个男性副校长，一旦女校长离职，这名男性副校长就可以顶替校长职位。由此产生了争议：在一所学校里，一任女校长之后的下一任校长必定是男性。我们发现，学校领导团队中全是男性的现象也并不少见。在我们的研究中，在维多利亚州的一些地区，挑选优秀男性担任领导的甄选过程使得人们不得不去忍耐男权主义的一次次复制。在其他地区，女性领导者的数量超过了男性，与教师中的男女比例相当。

很多研究者认为，普遍来说，因为保守的甄选小组仍然将领导职位视为男性的专属，所以，女性仍然面临着一个不利的因素。在男权主义和强势领导（惩戒性的和指令性的）之间有一个持久的联合。一位男性校长注意到：

……尽管能力很强、很有天赋，我的女同事必须付出更多……很多社区对任命女性做领导仍然持有老套的且根深蒂固的成见。

有两项研究——一项是新西兰校长甄选过程（New Zealand principal selection process）的研究（Brooking et al.，2003），另一项是领导和管理澳大利亚学校（leading and managing Australian schools）的研究（Blackmore and Sachs，in press）——证实了在市场化教育背景下性别与地区之间的相互影响作用。农村社区的保守主义比较明显，在更多传统的学术性/精英型学区也是如此。在学术性/精英型学区中，男性特征与企业家精神（entrepreneurialism）联系在一起，最近还受到关于“危机中的男性”和“女性化”学校的讨论的影响。

很明显，在绩效甄选法实施了20年之后，教育系统已经形成了任用“适合”特定地区、特定系统职位和形象的“首选申请人”作为学校领导的优势群体。保守的甄选小组挑选保守的校长；位于“高层”的人选择并引进那些符合其领导观要求的人来接替自己；学校重复地选择与现任校长相类似的继任者，而不考虑其他类型的人选。这些情况被复杂理论的一个要素（抽签的结果）所掩盖。当然也存在着例外，10年来，南澳大利亚州在副校长和代理校长的甄选中采取肯定行动，取得了具有长期借鉴意义的经验与教训。有证据表明，具有公平敏感性的部分领导，一旦成为学区主管，就会脱离常规，反对校长的复制。但是大部分地区，尤其是在维多利亚州，绩效甄选法的结果就是复制“标准化的”校长特征，最终体现为“克隆”学校领导者（Green，2002）。

那么，我们应当怎么办？

改变甄选过程

在英国，地方自治已经实行30年了，也曾经尝试了各种管理方法。就校长甄选来说，不再严格地要求书面申请和面试，但是仍然保留了几个实践环节。通过初审的申请人，需要与学校员工会面并一起参加会议，或者与学生代表们进行会谈。校长甄选除了至少5人的面试小组进行选择以外，甄选过程还具有较高的开放度和参与度，会持续一两天。有趣的是，传闻这里有“克隆”甄选的说法，地方甄选小组显然是想在学校外部找到一名特殊的“超级人物”来审计和检查学校改进过程。

西澳大利亚州实施了一项“领导者项目”（a pilot project），该项目没有对甄选过程进行彻底的改革，也没有对甄选过程进行调整；但是，该项目探究了扩充甄选过程并促使其多元化的可能性。在2004年的甄选过程中，已经通过初审的完全中学（Level 6 secondary schools）校长申请人必须完成大量“任务”，这些任务是“校长日常工作的基本内容”（Department of Education，Western Australia，2003）。每一项任务都包括向申请人提供一份作为“刺激物”的材料，例如学校数据、学生档案或者已发表的文章，要求申请人回答问题，根据他们的回答来判断申请人理解并解决问题的技能水平。为了避免对任务评价的“主观性”，甄选小组不以“领导研究的框架”（a Leadership Framework）设定的标准来评价表现——系统开发者非常自信地认为能力的客观测评确实能够实现。当人们认为“领导者项目”是成功的，就可以有计划地把校长甄选的新“手段”应用到甄选过程中。目前的甄选还是我们所熟悉的书面申请、甄选小组磋商和面试。在独立的学校系统中也进行过甄选的实验，例如聘用顾问指导甄选小组、延长甄选的时间等（Thomas，1999）。

在维多利亚州，《公立学校发展蓝图》（*Blueprint for Government Schools*，Department of Education and Training，Victoria，2003：3）中提出的第三个旗舰战略（Flagship Strategy 3）是关于领导能力建设的。该战略的第一条即为“改良后的校长甄选过程”，其主要内容包括：

- 引进现代招聘技术而不是以面试结果为主要依据。
- 增加甄选小组中的校长代表的数量。
- 修改甄选标准以反映学校的不同需求和特征，包括主要目标和对象，以及学校系统的期望和要求。
- 积极鼓励符合条件的申请人参与甄选过程。
- 鼓励候选人和雇用学校之间更多地联系以促进双向交流。（Department of Education and Training，Victoria，2003：17）

该战略同时关注校长接替计划，目的在于甄别和培养新的领导才能以吸引和留住“好”教师和“有潜力的”领导。

这是针对研究数据反映出的问题而提出的对策。就像一位校长在访谈中提到的，“最适合的”通常意味着符合学校当前的需要，而不是未来5年的需求。

我们认为，必须首先关注组织重构，使得组织可以满足教育、社区和工作之间不断变化的关系的需要，使得组织符合下列理念：学校是一个学习型社区；与企业建立伙伴关系、让学习者进入工作场地进行学习；随着“理论—实践”二元论的消解，加强课程的学科间融合、提高学生解决问题的能力。继而，我们必须关注社区本位的教育中的个性化方式、实质性课程（authentic curriculum）和教学。这将引导我们思考重新设计领导力的问题（Thomson and Blackmore，in press）。如何筛选并培养有潜力的领导者？需要什么样的领导力教育？需要什么样的甄选过程？所有这些都是对校长角色进行重新理解的结果。

结论

在课程改革、教学改革、教师教育改革和工作场所学习改革的背景下，当前澳大利亚的一些教育系统对校长甄选制度进行了回顾并注入了新的活力。即使是当前最好的甄选过程，也不再能满足改革的新需求。早期对绩效甄选法的回顾已经大量增长，进行了细微的调整和改进。实践过程中，因为教育系统倾向于任命代理校长或副校长，校长甄选不可避免地会与后备力量计划（succession planning）相交叉。这种局面产生了一种“实然”的校长甄选过程。另外，由于众所周知的、优秀候选人匮乏的原因，更多的正式后备力量规划成为需要研究的问题（see special issue of the *Australian Journal of Education* 2003；Carlin et al.，2003；Lacey，2003b）

目前情况下，绩效甄选法与后备力量规划既互补又矛盾（Lacey，2003a：5）。后备力量规划是预测领导的未来需求，是挑选满足需求的合适人选，是吸引这些人、给他们提供发展的机会和动力。然而，我们的数据表明，虽然人们期望标准化的后备力量规划能够消除过去的非正式行为，但由于“在职人员趋向于培养与自己相似的继任者”（Lacey，

2003b：2），“后备力量规划将打破标准化校长特性的同质复制”说法是不可能的，尤其是在当权者说“合适”的时候。

如前所述，尽管强调绩效标准和程序公正，甄选小组使用的语言和不着边际的甄选过程就好比是一个强大的复制技术。因为这种情况可能永远不会消失，所以为了让工作更加富有吸引力并吸引更多的申请人，就要求对甄选过程进行彻底的改革。就像一位被试所说的，似乎没有另外的选择，但是“恰好反过来了”。其他访谈对象也同意这个观点，他们认为，“小修小补”是没用的，必须进行重大变革。

参考文献

Aaltio, I. and Mills, A. eds (2002) *Gender, Identity and Culture in Organisations.* London: Routledge.

Alvesson, M. and Y. Due Billing (2002) 'Beyond body-counting: A Discussion of the Social Construction of Gender at Work', in I. Aaltio and A. Mills (eds) *Gender, Identity and Culture in Organisations*, pp. 72-91. London: Routledge.

Bacchi, C. (1999) 'Managing Diversity: A Contested Concept', *International Review of Women and Leadership* 5 (2): 1-8.

Blackmore, J. (1986) 'Tensions to be Resolved in Participation and School-based Decision Making', *Educational Administration Review* 4 (1): 29-47.

Blackmore, J. (1990) 'Teacher Unions and School Based Decision Making: The Appropriation of a Discourse', in J. Chapman (ed.) *School Based Decision Making*, pp. 245-279. Lewes: Falmer Press.

Blackmore, J. (1991) 'Corporatism, Democracy and Teacher Unions', in D. Dawkins (ed.) *Power and Politics in Australian Education*, pp. 53-86. Lewes: Falmer Press.

Blackmore, J. (1996) 'Doing Emotional Labor in the Educational Market Place: Stories From the Field of Women in Management', *Discourse* 17 (3): 337-350.

Blackmore, J. (1998) 'The Politics of Gender and Educational Change: Managing Gender or Change Gender Relations', in A. Hargreaves, A. Liebermann, M. Fullan and D. Hopkins (eds) *International Handbook of Educational Change*, pp. 460-481. Dordrecht: Kluwer.

Blackmore, J. and Sachs, J. (in press) *Performing and Re-forming Leaders: Gender, Educational Restructuring and Organisational Change.* New York: SUNY.

Blackmore, J. and Thomson, P. (2004) 'Just "Good And Bad News"? Disciplinary Imaginaries of Head Teachers in Australian and English Print Media', *Journal of Edu-*

ation Policy 19 (3): 301 – 320.

Blackmore, J. and Thorpe, S. (2003) 'Media/ting Change: The Role of Print Based Media in School Reform in Victoria, Australia', *Journal of Education Policy* 18 (6): 577 – 595.

Boler, M. (1999) *Feeling Power: Emotions and Education.* London: Routledge.

Brooking, K., Collins, G., Court, M. and O'Neil, J. (2003) 'Getting Below the Surface of the Principal Recruitment "Crisis" in New Zealand Primary Schools', *Australian Journal of Education* 4 (2): 146 – 158.

Burton, C. (1993) 'Equal Employment Opportunity and Corporate Planning', in J. Blackmore and J. Kenway (eds) *Gender Matters in the Theory and Practice of Educational Administration: a Feminist Introduction*, pp. 157 – 164. Lewes: Falmer Press.

Caldwell, B. and Hayward, D. (1997) *The Future of Schools.* Washington, DC: Falmer.

Carlin, P, D'Arbon, T., Dorman, J., Duignan, P. and Neidhart, H. (2003) *Leadership Succession for Catholic Schools in Victoria, South Australia and Tasmania.* Final Report. Strathfield, NSW: Australian Catholic University.

Chapman, J., ed. (1990) *School-Based Decision-making and Management.* London: Falmer Press.

Department of Education and Training, Victoria (2003) *Blueprint for government schools.* Melbourne: Department of Education and Training.

D'Arbon, T., Duignan, P., Duncan, D. and Goodwin, K. (2001) 'Planning for the Future Leadership of Schools in New South Wales', paper presented at the British Educational Research Association Annual Conference, University of Leeds, 13 – 15 September.

Eisenstein, H. (1984) *Contemporary Feminist Thought.* Sydney: Allen & Unwin.

Evans, R. (1996). *The Human Side of School Change: Reform, Resistance and the Real-Life Problems of Innovation.* San Francisco, CA: Jossey Bass.

Green, T. (2002) 'The Principal Selection Process: How Much Merit and How Much Equity?' *Principal Matters* 52: 14 – 16.

Hargreaves, A. (2003). *Teaching in the Knowledge Society: Education in the Age of Insecurity.* Buckingham, Open University Press.

Kanter, R. M. (1984) *The Change Masters: Corporate Entrepreneurs at Work.* London: George Allen & Unwin.

Lacey, K. (2003a) *Executive Summary. Principal Class Leadership Aspirations Research Project.* Melbourne: School Leadership Development Unit, Department of Education and Training, Victoria.

Lacey, K. (2003b) Succession Planning in Education. Available at http: //www. apapdc. edu. au, Accessed 17 June 2003.

Lacey, K. (2002). *Understanding Principal Class Leadership Aspirations: Policy and Planning Implications*. Melbourne: Department of Education, Victoria.

Lingard, B. (1993). 'Corporate Federalism: the Emerging Approach to Policy-Making for Australian Schools', in B. Lingard, J. Knight And P. Porter (eds) *Schooling Reform in Hard Times*, pp. 24 – 35. London: Falmer Press.

Pritchard, A. (2003) 'Issues Concerning Succession Planning for the Principalship in Western Australian Catholic, State and Independent Schools'. A Report For The Australian Principal Association Professional Development Council: University of Western Australia.

Thomas, M. (1999) 'Challenges and Rewards: Selecting A Principal', *Independence* 24 (1): 8 – 11.

Thomson, P. (1994) *Local Decision Making and Management*. Adelaide: Joint Principals Association, South Australia.

Thomson, P. (1998) *The Changing Role of the Principal*. Adelaide: South Australian Secondary Principals Association.

Thomson, P. (2004) 'Severed Heads and Compliant Bodies? A Speculation about Principal Identities', *Discourse* 25 (1): 43 – 60.

Thomson, P., Blackmore, J. Sachs, J. and Tregenza, K. (2003) 'High Stake Principalship: Sleepless Nights, Heart Attacks and Sudden Death Accountabilities: Reading Media Representations of the United States Principal Shortage', *Australian Journal of Education* 47 (2): 118 – 132.

Thomson, P. and Blackmore, J. (in press) 'Beyond the Power of One', *Journal of Educational Change*.

Winter, P. and Jaeger, M. (2002) 'An Experimental Investigation of Principal Selection Decisions Made by Teachers Serving on School Councils', research report presented at the Annual Meeting of the National Council of Professors of Educational Administration: Burlington, VT.

Yeatman, A. (1990) *Bureaucrats, Technocrats, Femocrats: Essays on the Contemporary Australian State*. Sydney: Allen & Unwin.

[作者简介]

吉尔·布莱克莫尔，博士，迪肯大学（Deakin University）教育学院的教育学教授。研究兴趣包括用女权主义的方法研究全球化和教育政策、管理和组织理论、教育领导和改革、组织变革和创新、教师和学者的工作并据此提出相应的政策建议。著作包括《困境中的妇女：女权主义、领导和教育变革》（*Troubling Women: Feminism, Leadership and Educational Change*, Open University Press, 1999）；《实践型领导和重建型领导：性别、教育重构和组织变革》（*Performing and Re-Forming Leaders: Gender, Educational Restructuring And Organisational Change*, with Judyth Sachs, SUNY Press）。

卡林·芭蒂，博士，澳大利亚维多利亚州的一名学校教师。她在迪肯大学攻读博士学位时的研究领域为在线学习；最近她加入迪肯大学的一系列研究中，主要研究方向为职业教育和培训、高等教育在线学习及校长申请人的数量下降（本文的项目来源）等。

帕特·汤姆森，博士，诺丁汉大学教育学教授。研究兴趣包括从批判的行动研究视角研究合作、学生及其家长的发言权、领导和管理等。著作包括《为经济衰退区的孩子提供学校教育：在变革时代制造差异》（*Schooling the Rustbelt Kids: Making the Difference in Changing Times*, Allen and Unwin [Australia] and Trentham [UK], 2002）、《公共教育反思：迈向公共课程》[*Rethinking Public Education: Towards a Public Curriculum*, 2003, with Alan Reid (eds), Brisbane] 以及《帮助学生写作：博士生管理教育学》（*Helping Student Write: Pedagogies for Doctoral Supervision*, 2006, with Barbara Kamler, Routledge）。

[联系方式]

JILL BLACKMORE, School of Social and Cultural Studies, Faculty of Education, Deakin University, Geelong Victoria, Australia 3217. [email: jillb@ deakin. edu. an]

校长职位的胜任技能

——资深校长的专业发展

文斯·斯特劳德（Vince Stroud）

赵茜　译

摘要

很多人视教育领导为学校改进和提高学校效能的最重要的因素之一，并且认为教育领导与创建一种促进教学成功的文化相关。因此，领导者的培训变得极为重要。在英国，对处于领导职位的教师进行了大量的培训，主要是那些有望成为校长的教师以及新任校长。研究结论表明，在职多年并且仍在寻求自身专业发展的校长们依然存在着培训需求；真正的问题在于，这些资深校长逐渐对工作不再抱有幻想，他们的工作绩效在担任领导职位的中期会有所下降。本文的第二个结论是，培训、焦点小组以及丰富的专业发展机会非常重要。

关键词： 领导　保持　机会　阶段　培训

导言

本文探讨了资深校长的专业发展需求，这类校长任职年限很长，都参加过在职校长领导力项目（Leadership Programme for Serving Headteachers，LPSH）。本文用焦点小组的方式对资深校长进行了一系列的访谈和讨论，试图揭示校长能做什么、不能做什么以及他们需要在哪些领域加强培训。本文也在努力探寻这类培训应该为校长提供最佳的服务。本文强调校长们对差异性专业发展项目的需求，这些项目是为了帮助校长在其学校领导方面继续取得成功。当对一个新职位的新鲜感减弱，学校的员工和工作程序都稳定之后，有什么能保持校长的挑战性和积极性呢？本文试图找出答案，并且试图为资深校长提供新的专业发展机会。

校长职业阶段

校长职业早期阶段的任务主要是处理组织的问题。当新任校长面对个人和组织，并且试图理解职位的本质的时候，他们需要对自己的角色进行充分学习。这已经被国家学校领导学院委托的、对1405位校长进行的全国性调查所证实（Bright and Ware，2003：14）。在校长职业生涯的早期阶段结束之后——他们的角色已经发展成熟，他们在角色中理解了最广泛意义上的职位的本质——他们可能感受到寻找更有独创性和创新性挑战的需要。

戴（Day）和贝基尔戈鲁（Bakioglu）阐述了这些“校长职业阶段”，他们分析了中学校长的职业生涯，指出典型的校长职业生涯是一个四阶段的过程。校长职业生涯阶段从入职开始，进入发展阶段，然后是自主阶段，以职业幻想破灭结束（Day and Bakioglu，1996）。布里格豪斯（Brighouse）和伍兹（Woods）通过阐述校长职业生涯阶段描绘了相似的校长生活的过程，他们认为有这样三个阶段（Brighouse and Woods，1999）。与第一个研究非常一致，第一阶段是入职，新任校长开始了解职位的本质。第二个阶段，在发展阶段校长角色已经确定，并建立了人际网络，开始着手进行学校改进。最后一个阶段，发现校长处于一个下降和退隐的状态，他们停止规划未来，开始让其职业生涯顺其自然。布里格豪斯和伍兹认为，处于最后一个生涯发展阶段的校长需要获得新的力量，来继续发展和改进他们的学校（Brighouse and Woods，1999）。

帕斯卡尔（Pascal）和里宾斯（Ribbins）的研究使用了戴和贝基尔戈鲁提出的生涯类型，揭示了有经验的小学校长的专业经历（Pascal and Ribbins，1998）。他们的研究不同意"职业倦怠是必然的"这种观点，他们认为可能存在另外一种相反的情况（Day and Bakioglu，1996）。伍兹也同意这种观点，他认为职业幻想破灭不一定是必然的（Woods，2003）；伍兹的观点是通过注入新的活力使工作年限长的校长能够重新振作起来，他认为有一种方式可以保持校长的工作积极性和防止校长的职业倦怠。本文探讨的就是通过专业发展是否能够激发校长的工作积极性。伍兹（Woods，2003）认为领导职位的早期阶段应该包括新入职的校长试图强制实施他们的学校愿景、改变事情的处理方式以使其价值观融入学校的价值观。而戴和贝基尔戈鲁把这一阶段看做是关系建立和获得信任和尊重的阶段之一（Day and Bakioglu，1996）。伍兹对相关文献进行梳理之后，指出校长职业生涯的第二个阶段，也就是"发展"的阶段，是一个最高产的时期（Woods，2003：5）：

> 这是一个信心增长的阶段，是一个效能提高的阶段，是一个自我批评的建设性阶段。在这一阶段，校长获得他们最大的收获，取得最大的成功。他们在构建团队、授权责任，并使员工感受到他们对学校的价值。

伍兹（Woods，2003）认为领导职位的第三阶段是自立。这是一个校长认为自身已经确立了领导地位并且对自己担任校长职位充满信心的阶段。在这个阶段，校长取得很少进展，更多关注与维持他们目前的工作进展。伍兹指出，存在这样一种趋势，就是自信的校长采取更加专制的领导风格（Woods，2003）。他认为，在校长生涯的这个阶段中，校长的任职时间可能比大多数员工都要长，而且很多员工都是他们雇用的。在这种情况下，校长的权力和影响力非常均衡，这可能是潜在困难存在的原因，布里格豪斯和伍兹称这种困难为"职业幻想破灭"（Brighouse and Woods，1999）。

伍兹也认为处于此阶段的校长可能意识到他们缺乏激情（Woods，2003）。这一阶段的校长把大量的精力用在习惯于自己的职位上，用在发展学校上，同时他们也可能想知道他们下一步怎么发展。伍兹说：

> 通常“我从这儿能到哪儿去?”这个问题引发校长转向对外部事物的关注，并且再次出现两难选择。经验丰富、干劲十足的校长感到他们需要新的挑战。(Woods，2003：6)

这个概括与戴和贝基尔戈鲁（Day and Bakioglu，1996）的看法非常相似。戴和贝基尔戈鲁认为资深校长是指那些在维持他们的校长角色的同时、已经妥当调整好学校的组织结构，并且转而尝试其他管理方法的校长。不仅仅是职业倦怠和自我满足导致一些资深校长工作效率降低，例如，莱特伍德（Leithwood）等人指出：“近期，社会期望值发生了大幅度的改变，致使一些长期担任校长职位的人变成了不称职的校长”(Leithwood et al.，1994：11)。如果资深校长不设法跟上最新变化的话，越有经验的校长可能越低效，这种论断与费尔南德斯（Fernandez，2000：240）的论述非常相似。费尔南德斯认为教师从“做事的旧方法”中感觉到了稳定性，在任何一种变化来临的时候，教师们都自然地趋向怀疑、猜忌，甚至是害怕。因此，某些专业发展需求主要集中在这些校长的身上。

当前的研究试图采用这种观点，即校长的职业生涯在经历某些发展时期（phase）或阶段（stage）的时候，会导致潜在的职业倦怠，很可能导致绩效下降。本研究的任务是判定资深校长的需求，因此能够对专业发展进行适当的修正以克服任何可能出现的绩效下降。

数据收集的方法

数据收集的主要方法是访谈法和焦点小组法。一位研究者对 14 位校长进行了个别访谈。5 位被访校长来自中学，5 位来自小学，4 位来自特殊学校。另外，有 4 个小组的校长参加了焦点小组，主要讨论资深校长的专业发展问题。访谈和焦点小组的结果都反馈给被访者，为的是让这些专业发展人员了解专业的需求和要求。

参与者被大体分为4个小组。第一小组是4位任职年限为4—7年的校长。第二小组是4位任职年限为8—15年的校长。第三小组是3位任职年限为16—17年的校长。第四小组是3位任职年限为19—21年的校长。研究重点不在于任职年限的确切数字，而是展示对经验的测量。本研究有5个目的：

- 批判性地回顾专业发展、培训和校长职位的概念。
- 分析英国资深校长的培训选择。
- 探索资深校长对于他们所接受的专业发展的认知。
- 调查英国资深校长对额外培训机会的需求领域。
- 使培训的提供者了解英国资深校长潜在的额外培训机会。

下面的论述从这5个方面来探讨结论并且提出建议。

专业发展、培训和校长职位的概念

根据本研究的目的，本文将“培训”定义为：为提高技能和针对当前问题进行教育而设计的实践活动。相反地，“教育”一词可以视为使校长能够创造性地思考困难问题并得出结论，从而让校长为未知因素作准备（Wright, 2001）。专业发展可视为这两个方面的结合，既包括培训，也包括教育。对于资深校长而言，这可能意味着指导或训练较少经验的校长；意味着拥有一些国家培训机构，如“在职校长领导力项目”；或者意味着着手于在高层水平上提供领导和管理机会的大学课程。但是在与校长的交谈中发现，除了这两种选择之外很少为资深校长提供国家级的培训。

在本研究中，英国教育与就业部（DfEE）认为如果变革会成功的话，一个人必须接受变革（DfEE, 2001）。在调查中，一些校长也提到了这点，并且感受到当这个在他们自己身上发生时，在职校长或者“为不同的事物作准备”，或者“坚持他们的原有方式”。这些大概会出现两个极端——那些资深校长或接受，或抵抗变革。其他的很多情况也发生在我们所访谈的校长身上。他们提到，他们希望找到专业发展的机会来反思自己已知的和自己已经做过的事情，如将最好的实践应用于其他学校，与其他资深校长组成小组分享发生在他们学校的事情。他们提到需要了解新观点和新方式背后的理论基础，如通过战略发展课程以及对人际沟通技能的了解。访谈中资深校长最期望有机会把自己对新战略和新观点的解释应用到工作中，以提高他们已有的知识和技能，这是另一些英国教育与就业部的报告中认为重要的方面。最后，资深校长们感到对他们专业行为的培训和反馈是他们自身专业发展的关键。

英国资深校长的培训选择

国家学校领导学院（NCSL）提出了“领导发展框架”（Leadership Development Framework），在这个框架中，有各种为领导者发展所设计的项目。他们提出了学校领导发展的 5 阶段项目，采用了新生领导、进入校长职位、高级领导、最终的顾问型领导 4 种类型。这个框架设定了 4 个主要的国家级项目，旨在给未来的校长设定一条培训的路径。这些项目始于“从中层领导中脱颖而出”（Leading from the Middle），遵循英国校长专业资格检定制度（the National Professional Qualification for Headship，NPQH），这个资格标准已经在 2004 年 3 月成为那些有志成为校长的人士的强制性条件。进入校长职位要经过校长入职程序（Headteachers Induction Programme，HIP），包括导师指导、接受训练和一系列新校长入职模块，后是一个广泛的需求评估。也有一个叫做“新视野”（New Vision）的课程，新校长可以选择这个课程作为他们就职准备的一部分。“在职校长领导力项目”是为任职 4 年以上的校长设置的，是国家学校领导学院提供的高级领导课程的一部分。

国家学校领导学院指出他们的项目目的是：

> 提供多种项目和机会来满足有经验的领导者的不同需求。我们也会探讨，学院是否应该在帮助资深校长担任其他角色或退休这些方面发挥一定的作用。

但是，这些项目很少涉及校长角色的发展，很少帮助他们保持职业方面的专业技能、动力和工作热情。调查中的校长却认为应该继续赋予他们选择培训课程、培训者和培训机会的权利，因为他们感到能够像

“逛商店”一样挑选培训是很重要的。校长们有一个强烈的感觉，特别是在焦点小组中，他们认为国家学校领导学院不应该试图成为提供专业发展的唯一主体。焦点小组的很多校长提到，当他们刚开始担任校长工作的时候，他们的职位是多么困难；目前的新校长培训与以前相比是多么好。他们感到对新校长而言，还有很多能够改善的，能够与校长更相关；对于资深校长而言这些项目也有很多需要改善的地方。

本研究所访谈的资深校长认为，因为他们的学校属于不同的规模和类型，所以他们之间存在很多不同。他们也认为，自身的需求与其他校长有很大差异，特别是与那些新任的和早期任职的校长。在这方面哈格里夫斯（Hargreaves，2003）的观点是正确的，他认为校长们需要处于多元化的、而不是“一刀切”的专业发展方式。很多资深校长表达了他们对参加普通的任务相关（task-related）型和任职资格类型的课程的忧虑（Holmes & Harding，1997），他们说愿意接受更加个性化的培训方式和专业发展方式，通过这些方式他们有机会塑造自身的专业发展，并且可以与有经验的同行一起理性地讨论一些问题。

尽管大学提供了很多硕士层次或者更高层次的课程，这些课程对资深校长的管理和领导方面的进一步发展，无疑提供了条件，但是我们所访谈到的校长却都没有提到这些课程。但是他们的简介表明这些接受访谈的校长中，超过一半的校长已经获得了更高等的学位。一位资深校长表达了这样一个观点，他认为应该设置一系列的一次性课程，这些课程可以打包形成一个相互联系的整体。例如，让校长支付5个、10个或15个课程的培训费用，然后提供宽泛的课程设置，校长们可以从中选择想学习的课程。这样，他们可能会更加努力地学习他们已经付费的课程，并且会认为课程包能够满足专业发展、内容和类型的多元化需求。这样的培训，将满足资深校长的多元化需求，因为有多种选择，校长们可以自由选择任何适合自己的课程。

资深校长对于专业发展的认知

布伦德里特（Brundrett，2001）批评说目前的英国培训项目过分依赖行政机构和集中的培训。本研究结果表明，在某种程度上高等教育机构没有积极参与。大多数资深校长赞扬了“在职校长领导力项目”，但是却对项目的设计提出了一些批评。他们认为项目的普适性设计意味着国家层面的专业发展把培训集中化，给校长留下的选择余地很小。霍姆斯和哈丁（Holmes and Harding，1997）提出了更多中肯的评价，分析了那些“如何做”课程不受欢迎的原因。受访校长说他们不想参加短暂的技能培训课程，而更愿意参加一些更有挑战性的课程。一个焦点小组评论了课程，他们认为课程主要集中在财务和管理等方面，而没有开设儿童学习这类重要的课程。被访校长都没有提到高等教育拥有的、在校长中间培养博士或教育博士的潜力。

有些人对专业发展在实践的背景下的需求作出了回应。因此，本调查的结论支持了伯纳姆和奥沙利文（Burnham and O'Sullivan，1998）的观点，他们指出了培训的现实特征和校长的现实生活之间的不同。他们把培训看做进行经验学习的主要途径，这也是调查中校长们想要得到的。

在调查中，资深校长感到他们可能会发展到一个对工作失去兴趣的阶段，其中一些校长已经发展到了这个阶段。他们认为他们需要萌生进一步发展的念头并受到相应的激励。实际上一些受访的校长在把学校引向一个正确的方向方面做得很好，并且现在需要其他的一些东西来引导他们的思想。虽然，他们普遍感到工作过度，就像一位小学校长说的“受到重压”，并且当所有的校长都被大量的工作占据了自己时间的时候，他们仍然感到仿佛“肯定还有其他事情”。资深校长不想单纯依靠自己管理学校的经验，而正在寻找激发他们专业兴趣的其他方式。布洛克（Bullock）等人指出，有很多的观点都认为单纯的经验不足以为校长的未来铺好道路（Bullock et al.，1997）。资深校长认为校长可能会依赖于自己的经验，并且有些校长说他们已经依赖于经验了。有些校长感到他们在校内的工作已经足够了。一位被访的中学校长把自己的所有时间花费在员工发展上，并且保证有适当的“继任计划”。他解释说，为员工提供在校内或地方教育委员会（LEA）内担任领导职务的机会，可以提高他们自己的领导技能。

一些校长想通过外部培训机构成为顾问、培训者和服务商，而其他校长则成为地方教育委员会的兼职顾问。很多资深校长已经接受了导师培训，他们提到了自己指导新任校长进行工作，以及这些导师工作如何激发了他们的兴趣。多数校长说尽管这值得去做，但是他们并没感觉到充分的培训，他们也没有充分发挥作用。指导者的作用趋向于包括时不时地拜访一下被指导者的学校，在需要的时候提供电话咨询。许多资深校长认为他们作为新校长的导师可以发挥更多作用，想知道有没有可能接受更多提供指导的相关培训。被访校长对教练和指导者的作用方面可能存在一些误解，其实这可以由很多地方教育委员会使用“指导者”一词进行解释。

对于英国资深校长的额外培训机会的识别

有几位校长表达了他们的期望，包括希望开展团队协作课程和团队协作专业发展，以及副校长跟他们一起参加专业发展课程。这些评论来自于所访谈的经验小组的所有成员。厄尔利等人（Earley et al.，2002）在他们的结论中也支持了这种观点，他们认为高效的校长开发了强有力的团队，强调专业发展和温和变革，最终有效地完成变革，使变革与他们的价值观和学校的文化相适应。有几位校长探讨了对人际关系网的需求和对协同工作的需求。这与哈格里夫斯（Hargreaves，1995）关于校长协作和共同掌权策略的观点是一致的。

校长和资深校长，从学识上看没有差别，二者的差异在于资深校长能够协助新任校长的工作。这个指导者或导师的角色可能非常有助于资深校长的专业发展。同时，随着指导者和导师的培训，很多校长感到，自己拥有一个指导者，自己的专业发展也会得到很好的帮助。他们认为需求分析在帮助他们分析自己的需求的时候很有用，而指导者会提供一个提前预定的机会来分析他们的需求。有一位校长在她第二次任校长职位的时候拥有了一个指导者，因为她感到有大量的工作需要处理，请一位指导者可能会有助于讨论问题，更重要的是会有人激励自己。一位小学校长也有自己的指导者，他认为这是一个减少孤独感的好方式，也是保持自己责任心的一个必要途径。

在调查中校长们提到，当考虑到课程类型的时候，没有一个统一的答案。新校长们的共识是他们需要多元化的专业发展方式。普里查德和马歇尔（Pritchard and Marshall，2002）明确指出，他们的研究表明，对于什么是最有效的单一的专业发展类型不存在共识。本调查的结论表明，目前为资深校长提供的专业发展途径与提供给教师和其他校长的专业发展途径是一样的，都是旨在提高对新方案的认识或培养新技能的短期培训。没有特意为资深校长设计课程，也没有专门强调与资深校长的经验和专长相关的问题。

有些被访校长就与顾问共事过，顾问为他们提供了一个学习、挑战、分享和支持的平台，富兰（Fullan，2001）也把这个作为来自美国学校领导者的实践。加拿大安大略省（Ontario）的一项关于教育领导力的研究能够进一步阐明这个问题（Giles，2001）。他们考察了校长培训风行的县市，报告说，后备校长和副校长参加了一个公认的“校长资格项目”（Principal’s Qualification Program，PQP），并在他们获得校长职位之前已经取得了公认的校长资格证书。该项目的第一部分和第二部分看起来与英国校长专业资格检定制度及“在职校长领导力项目”相似，但是第三部分是非强制性的，为校长更深入地研究其不断变化的角色本质提供了机会。随之而来的问题是，校长超越了简单的胜任力标准，同时，培训方式转为在自身的工作实践中学习。

调查对象特别强调校长们投入专业发展的课程或某些方面的必要性和重要性。资深校长感到他们需要允许他们参与进行讨论问题的课程，以及能进一步就他们的学校状况和自身经验发表意见的课程。假设有时间进行辩论，他们希望联合会和专家们告诉他们如何去做。有些人认为焦点小组可能是一个理想的方式，可以促使资深校长加强他们的讨论。他们认为任何一个“专家”都可以带来“刺激”，然后促进焦点小组的讨论，或者“专家”可以帮助校长围绕着某个主题展开讨论。一个焦点小组把这个看做是先进的方式，提出了值得讨论并有文献支持的议题，他们认为这些议题的讨论可以结集出版。

对课程开发的最后一个建议是早餐式课程。很多资深校长发现他们在把大量的时间花费在学校之外，并且感到这可能是阻碍任何未来专业发展的一个问题。但是，早餐式课程，特别是以焦点小组的形式提供的（尽管没有排他性），可以让校长们有机会在学校上课之前进行培训，而且，在学校课间休息的时候也可以随时回来参加培训，这样，他们就有足够的时间来完成白天的工作。这种课程的另一个优点是他们可能不会占用学校的工作时间，并且当他们的头脑最清醒的时候，可以思考一些高层次（higher-order）的问题。

在考虑学校的战略方向和发展的时候，文献并没有区分校长和资深校长之间的差别。对于愿景、使命以及长期、中期战略规划的需求在文献中被多次强调，并且也是被访谈资深校长的兴趣点。本调查发现，资深校长认为他们在处理高层次（higher order）技能和问题处理能力比以前提高和增强。他们用校长职位的经验来解释这一现象，认为他们已经多次完成例行的工作，并且这几乎成为自己的第二本能了。这意味着他们能更多思考如何解决困难和使学校沿既定的方向发展这些问题。但是，因为本研究中校长仅仅触及了问题的表面，所以建议后续研究可以继续关注这一领域。

访谈中所提出的另外一个主题就是对于高效校长特征的思考。有些校长提到本领域其他的专业发展需要，特别是对变化和业务的分析，因为这些被视为变革的催化剂。被访校长认为校长工作的人际关系特征是一所学校成功与否的关键因素。所有的被访资深校长都同意莱特伍德等人的观点。莱特伍德等人认为尽管校长工作的任务和管理状况非常重要，但是与学校教职员工建立良好的关系是优先考虑的问题（Leithwood et al.，1994）。但是莱特伍德并没有把建立良好关系和保持良好关系区分开来，而这种区分对于资深校长而言似乎更加重要。已经在任一段时间的校长感到在让自身和教职员工继续前进方面有更多的困难，并且这比在担任校长职位伊始建立良好的关系更难。

很多校长感到他们需要适合自身需求的培训，因为他们有不同的背景并且都拥有各种不同的技能。另外一些校长感到他们的培训需求与学校发展阶段密切相关。这与戴（Day，2003）和凯德等人（Kydd et al.，1997）的观点是一致的。戴和凯德等人阐述了组织发展和校长个人发展相互关系的重要性。例如，一所已经建校很久的学校的新任校长与一个新建学校的新任校长的需求会存在不同。同样，资深校长在一所新建学校中可能会面对一些令人兴奋的挑战，他们要制定新的政策和程序，要去了解教职工和学生，还要通晓地方教育委员会的工作。

尽管如此，在同一所学校任职一段时间的资深校长也会面临不同的挑战。这些挑战是有关如何维持学校、如何发展的——并且保持着一定的发展水平。一位新建学校的资深校长可能会有一些变革的机会。在同一所学校的资深校长会发现判定为什么变革对于教职工和管理者很有必要是比较困难的。被访校长和焦点小组中的校长给出了一些原因。变革可能通过自下而上的方式发生，也就是说，教师在课程中有一些发现，或者教师想要尝试一个新理念的时候，就发生了变革。变革可能发生于事物的新开端，要么来源于英国教育和技能部、国家学校领导学院，要么来自其他学校的新实践。校长们所谈到的这些变革是不断增加的。资深校长所在的学校中，这些变革必须是小规模的，并且与学校的风气和特征相适应。在一所学校任职一段时间的资深校长无法轻易推动使学校产生深刻变化（transformational change）。在这种情况下，校外的意见就可能很有帮助。如果有一位导师/指导者的话，即使资深校长不受鼓励，她/他也可能会觉得尝试新事物是正当的。

很多被访者谈到，资深校长缺乏有针对性的专业发展，他们支持本调查所进行的研究。尽管没有明确提到文献所强调的校长领导职位的各个阶段，本调查中一些校长的评论显示他们相信在不同阶段存在个性化的专业发展需求。当然，在本研究中，调查对象都认为，通常被称做“开端”和“发展”的初始阶段是恰当的。一些资历更深的校长显示出不再对工作抱有幻想的迹象，他们开始感受到工作的压力，可能丧失了一些激情。然而，布里格豪斯和伍兹认为校长可能陷入一种衰退和退隐的状态，尽管这在本研究的校长中并不存在（Brighouse and Woods，1999）。

被访的中学校长，不管他们的经验丰富与否，好像都能反思自己的工作和自己的愿景。这也是大多资深校长的状态。他们不像一些小学校长那样依靠外界的指示，而是通过自我反思产生了关于自身专业发展的许多想法。伊拉奥特（Eraut，1997）有关校长更严格地控制经验型学习的研究结论好像证实了本研究中中学校长和资深校长的行为。他们好像有更多的自我意识和能力来反思自己的行为，并且也有能力通过收集周围的证据多方求证其发现。在回答中，校长经常担心投入在自身专业发展上的时间和资源是否恰当。他们感到有外部要求他们投入一定的专业发展预算在自己身上可能会有帮助，这样他们就能认为这些投入是恰当的。

另一些想法是有些资深校长对他们的工作进行自愿评估。这可能是在发展或自治年代的一种期望，可能鼓励资深校长继续进行自身的专业发展，并且可能成为拥有更高学位的一部分人。同时，这可能证明他们自身培训的资源分配是恰当的，并且对于防止进入校长职位的退隐和机能衰退阶段起到一定的作用。

将潜在的额外培训机会告知培训者

被访者和焦点小组提出了很多观点和意见。下面是本调查的结论，也是对于资深校长专业发展提供者的一些建议，下列条目并未穷尽，多数条目是常识性的。然而，建议和常识的区别是建议被研究过并且被证实了，尽管是在很小的程度上，并且是在英格兰西南的一个地区内。

- 提供者应该考虑到为资深校长开发培训项目，它可能包括继续影响人们、教职工和学校的方式，理解关系，课程和程序的改进。它从维持的角度而不是初始发展的角度出发，加拿大校长培训系统的最后一阶段可能与这种情况相似。
- 应该鼓励提供适当的专业发展条件，让资深校长选择自己的方向。
- 皇家教育督导员（HEI）们可能想考虑专门为资深校长开设一门课程作为更高学位的一部分。
- 资深校长想要得到更多专业发展方面的培训和指导以及更多的专业发展机会。
- 需要开发一个专业发展系统，这个系统可以供资深校长在任何阶段进入。回应者特别强调了校长置于任何专业发展的课程和情境中的需求的重要性，并且表明焦点小组和个体访谈是这方面的很好的方式。
- 应该提供更多个性化的培训和专业发展方式，校长们就有机会形成自己的专业发展特点并且可以跟有经验的同事进行明智的讨论。就像开发专业发展包这样的观点可能适应资深校长的需求，有了多元化的选择，校长就可以自由选择任何适合他们的课程。
- 提供者应该注意到资深校长愿意在实践中进行学习，认为他们是把学习成果应用到实践中的最理想的人，感到有校长职位经验的人可能应用得最好。
- 提供者应该在战略规划及其与经验的关系方面提供更多的专业发展帮助，更多地研究（1）校长经验和战略规划能力之间存在的可能的联系；（2）校长在职期间的经验和通过学生的学业成绩判定学校成功之间的联系。

• 资深校长在维持教职工的动机和在把学校的愿景维持在一段时期的方面所起的作用必须作为专业发展的领域。

• 对于资深校长而言，他们确实有兴趣成为培训者，成为其他工作的兼职人员，并将之作为激发专业兴趣、促进自身提高的一种方式。国家学校领导学院很适合通过“咨询领导者”的项目为资深校长们提供这种机会。

• 早餐式课程被资深校长看做是激发他们专业发展兴趣的一种方式，该课程在他们的思维最敏捷的时刻进行，并且不占用过多的工作时间。

• 英国教师培训机构（Teacher Training Agency，TTA）国家标准应该在校长能力和资深校长被要求的能力之间存在不同。这可能要求进一步的研究。

• 思考专业发展对于帮助领导者在促进和建议其他人的专业发展技能方面可能会很有用。

结论

本文报告了资深校长研究文献的匮乏，特别是在其专业发展方面。研究表明，校长的发展经历多个阶段，但是这些研究未必赞同当他们接近职业生涯末期时校长最终可以避免绩效的下降。更重要的是，在资深校长的未来发展方面研究非常少，本调查解释了校长职业生涯各阶段在专业发展机会方面存在差异的原因。建议通过一些方式改进这种状况，尽管校长存在差异并且有些校长不管接受多少干预都可能对职业失去幻想。同样，也有这样的校长，他们从来不会衰退，不需要外因来促使其产生新的活力。然而，本研究的结论表明很多资深校长需要专业的激励和更新，他们清楚地知道愿意接受何种干预方式。

每一位被访校长都认为资深校长有不同的需要。即使被选为顾问，他们仍认为他们被忽视了，因为他们陷入了“在职校长领导力项目”和退休之间的空中。大多数被访校长找到了激励专业发展的其他途径，那些途径被视为是传统专业发展的有益补充。本调查讨论了校长们认可的、可以改变上述趋势的方式，同时强调了校长们从自身寻找绩效潜在衰退原因等方面的思考。在本调查的过程中，人们认为，学校校长对学校发展和学生们的未来是非常重要的。如果资深校长的工作绩效下降的话，学校及其教职员工的绩效也会下降，最严重的是学生们的学习成绩也会下降。因此，我们应当也去做些事情，帮助那些最有经验的专业人员重新获得他们的工作热情。

参考文献

Brighouse, T. and Woods, P. (1999) *How to Improve Your School.* London: Routledge.

Bright, T. and Ware, N. (2003) *Were You Prepared? Findings from a National Survey of Headteachers.* NCSL. Available at: http://www.ncsl.org.uk. Accessed May 2003.

Brundrett, M. (2001) 'The Development of School Leadership Preparation Programmes in England and the USA. A Comparative Analysis', *Education Management & Administration* 29 (2): 229–245.

Bullock, K., James, C. and Jamieson, I. (1997) 'The Process of Educational Management Learning', in L. Kydd, M. Crawford and C. Riches (eds) *Professional Development for Educational Management.* Buckingham: Open University Press.

Day, C. (2003) 'Successful Leadership in the Twenty-first Century', in A. Harris, C. Day, D. Hopkins, M. Hadfield, A. Hargreaves and C. Chapman (eds) *Effective Leadership in School Improvement.* London: Routledge-Falmer.

Day, C. and Bakioglu, A. (1996) 'Development and Disenchantment, in the Professional Lives of Headteachers', in I. Goodson and A. Hargreaves (eds) *Teachers' Professional Lives.* London: Falmer Press.

DfEE (2001) *Learning and Teaching. A Strategy for Professional Development.* London: HMSO.

Earley, P., Evans, J., Collarbone, P., Gold, A. and Halpin, D. (2002) *Establishing the Current State of Leadership in England.* Brief no. 336. DfES. Available at: http://www.dfes.gov.uk/research. Accessed March 2003.

Eraut, M. (1997) 'Developing Expertise in School Management and Teaching', in L. Kydd, M. Crawford and C. Riches (eds) *Professional Development for Educational Management.* Buckingham: Open University Press.

Fernandez, A. (2000) 'Leadership in an Era of Change. Breaking Down the Barriers of the Culture of Teaching', in C. Day, A. Fernandez, T. E. Hauge and J. Moller (eds) *The Life and Work of Teachers. International Perspectives in Changing Times.* London: Falmer.

Fullan, M. (2001) *Leading in a Culture of Change.* San Francisco, CA: Jossey-Bass.

Giles, C. (2001) 'Educational Leadership in Canada: From Empowerment to Control', in P. Pashiardis (ed.) *International Perspectives on Educational Leadership.* Hong Kong: CEL.

Hargreaves, A. (1995) 'Beyond Collaboration: Critical Teacher Development in the Post-modern Age', in J. Smyth (ed.) *Critical Discourses on Teacher Development.* London: Cassell.

Hargreaves, A. (2003) 'Professional Learning Communities and Performance Training Sects. The Emerging Apartheid of School Improvement', in A. Harris, C. Day, D. Hopkins, M. Hadfield, A. Hargreaves and C. Chapman (eds) *Effective Leadership in School Improvement.* London: Routledge-Falmer.

Holmes, G. and Harding, A. (1997) 'Continuing Professional Development for School Leaders: the UK and North American Experience', in H. Tomlinson (ed.) *Managing Continuing Professional Development in Schools.* London: Paul Chapman.

Kydd, L., Crawford, M. and Riches, C., eds (1997) *Professional Development for Educational Management.* Buckingham: Open University Press.

Leithwood, K., Begley, P. T. and Cousins, J. B. (1994) *Developing Expert Leadership for Future Schools.* London: Falmer.

NCSL (2000) *Think Tank Report.* NCSL. Available at: http://www.ncsl.org.uk. Accessed March 2003.

Pascal, C. and Ribbins, P. (1998) *Understanding Primary Headteachers.* London: Cassell.

Pritchard, R. J. and Marshall, J. C. (2002) 'Professional Development in "Healthy" vs. "Unhealthy" Districts: Top 10 Characteristics based on Research', *School Leadership & Management* 22 (2): 113-141.

West Burnham, J. and O'Sullivan, F. (1998) *Leadership and Professional Development in Schools. How to Promote Techniques for Effective Professional Learning.* London: Prentice Hall.

Woods, R. (2003). *Enchanted Headteachers: Sustainability in primary school headship.* NCSL. Available at: http://www.ncsl.org.uk. Accessed May 2003.

Wright, N. (2001) 'Leadership, "Bastard Leadership" and Managerialism. Confronting Twin Paradoxes in the Blair Education Project', *Educational Management & Administration* 29 (3): 275-290.

[作者简介]

文斯·斯特劳德，2004年4月加入国家重塑团队（National Remodelling Team），成为一名西南地区顾问（Regional Adviser）。他创建了教育领导有限公司

(Educational Leadership Ltd)，并担任经理，其间调往国家重塑团队兼职。文斯曾经在特殊学校和主流学校里当过教师，他第二次担任校长是在该国一所规模最大的农村灯塔特殊学校（beacon special school）。在那个学校中，他注重培养学生们各方面的能力。他的研究兴趣包括团队凝聚力、教育的内涵、教育领导、学校自我评价、学校变革和重塑以及资深校长的专业发展等。

[联系方式]

VINCE STROUD [email：vstroud@ educationalleadership. co. uk]

跨越鸿沟

——中国中学学科组长的角色

大卫·默瑟（David Mercer），赖日（Lai Ri）
江雪梅 译

摘要

本文从中华人民共和国的中学里抽取了一小部分调查研究的样本，探讨了这些中学里学科组长的角色任务。作为本论文研究基础的数据都来自于样本学校的教师和校长。研究结果表明，中层管理者对于其履行职责的认识与其对职责的期望之间存在着很大的差异。当我们趋向于使用“分布式领导”的方法来发展有效学校的时候，研究揭示出中国学校的情境与西方学校普遍存在的情境是截然不同的。虽然人们一直认为文化差异是客观存在的，而且进行比较研究的时候必须考虑这些文化上的差异。但是，本研究总结出中国的学校仍然有必要重新思考并定位学科组长的角色及任务。

关键词： 文化差异　分布式领导　中层管理者　角色观念　学校效率

导言

近年来，中层管理者的角色问题在西方文献中逐渐受到重视（Adey，2000；Bennett，1999；Brown and Rutherford，1998，1999；Brown et al.，2000；Busher and Harris，1999；Glover et al.，1998，1999；Gold，1998；Hannay and Ross，1999；Harris et al.，2003；Leask and Terrell，1997；Murphy，2002；Schmidt，2000；Simpson，2002；Turner，1996，2003；Turner and Bolam，1998；Wise，1997）。部分原因在于人们已经意识到这部分个体[1]在为儿童创建良好的学习环境过程中发挥的重要作用（Aubrey-Hopkins and James，2003；Brown，Rutherford et al.，2000；DfEE，2000；Harris，1997，2002b；Teacher Training Agency，1998）。这种认识具有革命性的意义，因为在厄利和弗莱彻－坎贝尔（Early and Fletcher-Campbell，1989）的著作出版之前，人们的观念中一直存在着一个习惯性的假设：促进学校有效发展所需的领导权是属于校长的。即使到了1992年，英国皇家大督学（Chief HMI）波林·佩里（Pauline Perry）仍然认为：

> 一直以来，校长是整个教育服务领域内最重要的工作职位；要使学校取得更好的发展，校长就需要承担更重要的职责。（Perry，1992）

上文提及的研究改变了这些认识，指出了分布式领导的重要性，并强调了中层管理者的重要角色（Bennett et al.，2003；Elmore，2000；Gronn，2000；Harris，2002a；Spillane et al.，2001）。

正如我们将在下文中看到的，西方文献中所确定的中层管理者重要角色任务并没有在中国中学中层管理者研究中得到反映。本研究认为，在中国，中学里的学科组长（heads of department，HoDs）在追求卓越（search for excellence）的过程中，并没有机会施展才能、促进所在学校的发展；而且，如何发挥学科组长的专长，也成为中国教育体制改革过程中需要考虑的一个问题。

西方学科组长的角色

导言中提及的大量著作关注的似乎都是中层管理者的角色（Brown and Rutherford, 1998, 1999; Brown, Rutherford et al., 2000; Brown et al., 2000; Hannay and Ross, 1999; Schmidt, 2000; Simpson, 2002; Turner, 1996; Turner and Bolam, 1998; Wise, 1997, 2001）。这是可以理解的，因为，只有意识到了中层管理者在学校发展中所具有的战略性的角色，我们才能够准确地找到其个人及专业发展的起点。

近年来，学科组长角色的一个特点就是处于不断发展变化中，在英国尤其如此。例如，阿迪（Adey, 2000）认为，工作量的增大可以算做学科组长角色变化发展的一个指标。也许有人会说，至少在英格兰和威尔士，会出现这种情况，是因为中层管理者的压力逐渐增大，而中层管理者的压力之所以会增大，是由国家课程的要求、教育标准局（Ofsted）的定期视察、教学大纲的变化以及绩效管理的引入造成的。然而，正如布兰福德（Blandford, 1997）所说，那些趋向于扁平式管理结构的调整变化使得学校对中层管理者委以重任，这也使中层管理者的角色得到扩展。另外，如果中层管理者越来越多地参与学校的发展规划（Wallace and Hall, 1994），毫无疑问，其角色的范围将会显著扩大。

那么，学科组长的角色到底是什么？阿迪（Adey, 2000）针对这个问题展开了研究，他认为学科组长的具体角色一共有35种，大致可以归纳为5类：教、学与课程设计，监督、评价与改进，人际关系，管理资源及问责。同样地，布兰福德和吉布森（Blandford and Gibson, 2000）认为，学科组长应当从任务、职责、人际关系、工作环境及外部影响等方面来考察自己的角色。部分人际关系职责包括一个至关重要的任务，即创建积极而有效的文化环境（Busher and Harris, 1999）。还有教师培训机构（TTA），在制定《英国中小学学科组长的专业标准》（the National Standards for Subject Leaders）（Teacher Training Agency, 1998）的时候，提到必须重视中层管理者在战略规划和愿景形成中的地位与作用。上面提及的研究小组，在与中层管理者进行讨论的时候，都没有提到中层管理者角色这个方面，这个事实也许表明，让中层管理者明确他们的权利、职责及重要地位，任重而道远。当然，布朗、波义耳等人（Brown and Boyle et al.，2000）提出了不同见解。与此类似，格洛弗等人（Glover et al.，1999）指出，虽然高级管理者认为中层管理者应当参与战略决策，但是学科组长们却认为他们的角色是进行大量的沟通与交流，即便是让他们对确立整个学校目的与目标发表意见，他们也是无话可说。在这种背景下，转变中层管理者的角色意识就显得更为重要了。值得关注的是：国家学校领导学院（the National College for School Leadership，NSCL）采纳了这个观点，并将其引入到旨在促进专业发展的中级专业发展引领项目（Leading from the Middle Programme of Professional Development）中（详见 www. ncsl. gov. uk）。该项目的重点在于促进中等教育领导者的专业发展，国家学校领导学院委派工作人员全力支持该项目的深入展开（Bennett et al.，2003；Bush，2003；Murphy，2002；NCSL，2003a，2003b；Wise and Bennett，2003）。

中国学科组长的角色

那么，在中国，学科组长的情况是怎样的呢？不得不承认，在中国，中学学科组长的角色没有西方那么重要。之所以会这样，一部分原因在于中国的学科组长与英国中学里看到的学科组长不是一回事，与我们所期待的不一样。阿迪（Adey，2000）考察了英国中层管理者具有的五个主要的角色——教、学与课程设计，监督、评价和改进，人际关系，资源管理以及问责——而在中国的中学里，这些具体的角色分别由不同的人扮演。布什（Bush）、科尔曼（Coleman）等人（Bush and Coleman et al.，1998）指出，在这些中学里，中级管理分为两个部分——教务处负责教学管理，总务处负责基础建设。另外，每所学校还有负责教学与研究的团队，称为**教研组**；这些团队，按照佩因和马（Paine and Ma，1993）的观点，定期开会，他们每天所做的事情就是英国中学里学科组长所承担的任务：教学法、学科知识方面的事宜、确定教材以及安排课程表。由于所有的教师都属于教研组，我们估计，在中国的中学里，共同治理的程度是比较高的（Bush and Coleman et al.，1998），这种状况可能进一步削弱了学科组长角色的重要性。事实上，事情也许并非如此，因为教学人员之间还是有差异的，这种差异有可能形成中层管理者的官僚机构和权利保留。

至于高级职员，布什、强等人（Bush and Qiang et al.，1998）认为，在中国，学校管理职责是由学校管理委员会承担的。这与我们在英国学校里所看到的学校管理职责由高级管理小组来承担是完全不同的。在中国，学校管理委员会成员包括教师代表和学校党支部书记，还包括布什、科尔曼等人所说的“教务主任”（teaching dean）。在这个管理委员会中，他们无法像英国的学科组长那样发挥作用。大致上，人们认为学校管理委员会的职责是进行宏观管理，因为学校中还有一个行政委员会，专门负责学校的日常管理。我们说“大致上”是因为，正如华盛顿（Washington，1991）、卢因（Lewin）等人（Lewin et al.，1994）以及布什、强等人（Bush and Qiang et al.，1998）所说的，校长的权力不仅在政治方面，而且在教育方面都是受限制的。因此，中国学校校长与英国学校校长相比，管理权限的灵活性比较弱、管理的空间比较小。中国学校校长的权力范围仅限于考查考试成绩并对教师、年级组长和学科组长进行评价（Bush and Coleman et al.，1998：187）。从英国的现状来看，这些都属于学科组长的角色任务，在中国却由学校管理委员会来承担了。

除了正式结构以外，学校内还存在着一种工作职位，进一步限制了学科组长的角色任务。布什、科尔曼等人（Bush and Coleman et al.，1998：186）认为，在他们研究的学校中，有两种中层管理者——后勤主任（director of logistics）和教务主任——他们的工作与西方学校工作说明书中所描述的学科组长的角色任务有一定的重叠。

在西方人的眼中，如果学科组长的角色是严格限定的，那么这对承担该角色的个体会产生什么样的影响呢？

方法论

本文主要研究中国中学里中层管理者的角色。本研究主要调查了中国东北部4所中学的教职工是如何看待学科组长的。自始至终，我们将西方研究中学科组长的角色定位作为中国学校学科组长角色的标准。当然，我们必须注意，适合西方国家学校的事物未必适合中国学校。然而，在如何最大限度地发挥个体作为学校中层管理者的价值方面，西方学校里有些东西仍然是值得我们借鉴的。

本研究的主要目的在于揭示对于中国中学里的学科组长的角色的认知。在研究过程中，我们试图回答下列三个问题：

(1)在中国，中学教师如何看待学科组长的角色？
(2)在中国，中学里的学科组长如何看待他们自己的角色？
(3)在中国，中学校长如何看待学科组长的角色？

为了回答这三个问题，我们使用了三种相互关联的技术：群体提案评估法（nominal group technique，NGT），访谈法以及问卷调查法。我们用这三种方法对中国东北的4所中学的员工进行调查研究，以收集研究数据。样本学校位于城区，其学生均来自于不同的家庭环境。之所以这样选择样本，是因为我们一位研究人员曾经在该地区工作过，与这些学校保持着良好的关系。因此，在这些学校中比较容易获得必要的信息。

我们同时使用上述3种数据收集技术，互相补充。通过群体提案评估法收集教师群体和学科组长们的资料，以此为依据，编制了李科特式调查问卷，然后使用该调查问卷调查了4所学校的100名学科组长。共发放100份调查问卷，回收88份有效问卷。最后，分析调查问卷、得出分析结果，由此列出4所学校校长的访谈提纲。

数据结果

群体提案评估法

我们将教师和学科组长分成不同的小组，询问他们对于学科组长角色的看法。据此，我们罗列出了许多观点，诸如教师认为学科组长角色包括“帮助老教师适应教育变革”“组织学科组内的各种考试”以及“提供教学技能和专业知识方面的培训”。接着，我们将这些观点划分成与学科相关的4种工作职责——管理、专业发展、质量监控和传授教学方法。这样划分的依据是鲍尔（Ball，1991：182）所说的“对数据进行严格控制”。通过这种方式，我们审核了通过群体提案评估法得出的观点之间的相似性，按照上述标准将这些观点分为4大类。我们以这种方法对观点进行分类，并根据每类观点所表现出来的共同点给每类观点命名。

教师与学科组长在群体提案评估法项目上的人数比例状况见表1。

表1　学科组长的角色期待

	教师（%）	学科组长（%）
管理	50	62
专业发展	25	19
质量监控	12.5	9
传授教学方法	12.5	9

从表1中，我们可以看出，教师和学科组长都认为学科组长所拥有的管理角色是非常重要的。教师和学科组长们认为学科组长的其他职责不那么重要，可能是因为学校中还存在着其他部门，比如教务处、总务处及**教研组**。在下文中，我们将讨论这些观点与学科组长的角色观念及期望的相关程度。

问卷

在调查问卷中，我们请学科组长对他们在25个重要职能上的实际水平和预期水平打分。每个职能包括两个问题：

(1)作为一名学科组长，请对你参与下列活动的程度进行评分……
(2)作为一名学科组长，请对你预期参与下列活动的程度进行评分……

每一个题项的问题表述以及所得分的平均数如表2所示。图1也大致显示了现实状况与理想状况之间的差异。

调查数据非常明显地表明现实状况与理想状况之间的差异程度。例如，从数据中可以看到学科组长期望参与整个学校发展规划的程度与他们实际参与程度之间有巨大差距。同样地，在“听课以检查教师的教学质量”这一题项上，期望值与现实之间也存在着很大的差异。在数据讨论部分我们将会探讨这种差异。

访谈

我们从五个主要方面对4所学校的校长进行了访谈。这五个方面就是表1所反映出来的差异较大的问题；就是说，研究者从下面五个方面探究了学科组长的角色：**发展规划**、**资源规划**、**教师发展**、**教学质量监控和学科组长之间**的交流。

正如我们期望的那样，我们得到了许多不同的答案。

表2　中国中学学科组长的角色期待

	学科组长认为他们现有参与水平的平均得分	学科组长认为他们应有的参与水平的平均得分
1. 向所在学科组的同事们传递新的教学改革信息	5.93	6.68
2. 通知同事们学校校长的意见	6.11	6.40
3. 将同事们的意见汇报给校长	5.45	6.50
4. 在学科组内进行有效的教学管理	5.28	6.84
5. 参与整个学校的发展规划设计	1.89	6.17
6. 在教学组织内部与副校长谈判	3.81	6.33
7. 协助副校长确立学校的教学目标	2.69	6.37
8. 确保所在学科组拥有足够的教学资源	2.73	6.38
9. 召开学科组会议	6.23	6.73
10. 组织教师交流教学经验	6.11	6.62
11. 组织与本学科相关的考试	5.80	6.04
12. 组织教师分析考试试卷	3.50	6.83
13. 与学校里其他学科组织交流信息	2.64	5.81
14. 协助学校总务主任购买并保管各种教学资源	2.59	6.20

续表

	学科组长认为他们现有参与水平的平均得分	学科组长认为他们应有的参与水平的平均得分
15. 从教学技能和专业知识两个方面培训教师	5.40	6.53
16. 帮助本学科组实施教学改革	5.60	6.73
17. 必要时，帮助某些教师适应教育变革	5.40	6.61
18. 鼓励教师观摩同事的优质课	6.25	6.64
19. 在学科组内促进教师的发展	3.52	4.50
20. 对学科组的教育质量负责	5.14	5.86
21. 监督教师备课	5.00	5.89
22. 检查学科组内教师的教案	4.57	6.12
23. 听课以检查教学质量	2.09	6.00
24. 向同事介绍好的教学方法	5.63	6.25

发展规划

关于教育发展规划，每个校长都提到了中国教育体制的实质问题；就是说，在中国，发展规划属于地方教育局（the Local Education Community）的职责范围，甚至像程（Cheng，1999：6）所说的那样，“……中央政府向地方赋权的现象很明显。学校自治、学校参与地方管理都受到极大的鼓励，目的在于促进学校的发展和效率的提高”。校长在制订发展规划中发挥了一定的作用，因为发展规划影响到学校，但是学科组长的角色任务似乎是有限的，最多只是在本学科领域内提出自己的建议。

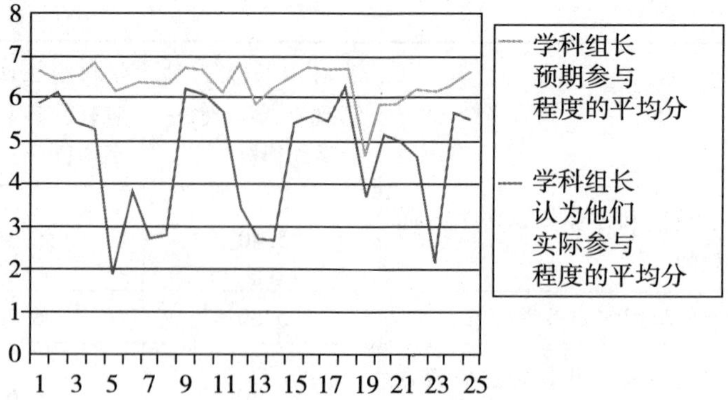

图1　中国中学学科组长的角色期待

资源规划

与英国学科组长可以在资源规划过程中发挥重要作用有所不同，在谈到中国学科组长无权涉足资源规划时，4 位校长的意见是完全一致的。一位校长谈道：

> ……学校购买各种教学资源，这些教学资源属于学校，不属于学科组。学校总务办公室有专人负责保管这些教学资源，并保证各学科组在需要的时候有资源可用。

这个回答与上文提到的，在样本中学里有专人或专门小组负责资源分配的说法是一致的。

教师发展

虽然学科组长认为预期情境与实际情境之间存在着巨大的差距，校长们却认为，学科组长们承担着组织教师发展的职责。一位校长甚至认为这是学科组长的主要角色任务。然而，在中国，学校组织的一个特点是，存在着地方教育局的一个分支机构——地方教育培训中心。这些组织在教师发展上发挥了主要的作用，因此学校在教师培训中的投入就是有限的。正如一位校长所说，他所在学校的学科组长“……通过向学科组的教师传递信息来协助地方教育培训中心的工作”。

这表明，在教师发展的问题上，学科组长的角色就像管道一样，是一种单向的传递；同时还表明，在中国，教师发展的含义与其在西方情境中的含义是不同的。

确保教学质量

调查问卷中，有一部分题项的设计目的是探究学科组长在保证教师工作质量方面承担了多大的责任。调查结果显示，学科组长们很少去听教师的课。与此对应的是，校长们认为学校里的中层管理者应当听更多的课。然而，他们认为学校中的确存在这样的问题：

> 一些学科组长本身还是班主任。他们的教学任务非常重，所以他们没有时间去听其他教师的课。我个人认为这是主要的问题。

由于本研究没有收集有关教学工作量的数据，但是布什、科尔曼等人（Bush and Coleman et al.，1998）在陕西省所作的研究结果应当引起我们的关注，在陕西省的样本学校中，基本上每位教师每周 10 节课、每节课 45 分钟。虽然中国东北的情况可能不太一样，但是，有人认为区别不会很大，有人甚至对这些校长的观点感到奇怪。另外，如前所述，在布什、强等人（Bush and Qiang et al.，1998）作研究的样本学校中，由教务处负责监督、评价和改进教学的事实也表明学科组长在保证教师的教学质量方面处于边缘化的状态。

学科组长之间的交流

谈及学科组长之间的交流问题，同一位校长的观点是：

> 我想说的是，我们的学校文化并没有为“学科组长之间交流”提供机会。而且，教学及管理任务繁重，意味着学科组长没有时间和精力与他人交流信息。

有两位校长关于教育的观点在一些人看起来似乎是狭义的：“在我看来，学科组长之间没有什么联系，他们不需要进行交流”，以及“对一些学科来说，比如英语和数学，相互之间是没有什么关系的”。但也有一位校长直接指出了其部分下属身上可能存在的缺陷：

> 这可能是由于一些学科组长不能完全理解他们的角色任务。他们没有意识到学科组之间进行交流的重要性。另外，他们认为彼此之间没有必要交流，是因为他们不知道交流可以创造协作式的工作环境。

当然，样本学校中都存在着学科分裂的现象，我们可以认为是这种现象真正阻碍了构建一种允许并鼓励学校发展的文化（Day et al.，1993；Stoll，2003）。

讨论

将本研究中通过群体提案评估法得到的数据，与在其他国家（诸如英国）中学里的研究结果相比较，可以看出：中国的学科组长职责范围较窄。阿迪（Adey，2000）的研究表明，英格兰和威尔士的中层管理者拥有35种角色任务。如果我们将这些角色任务与群体提案评估法的结果进行比较，会发现在中国，下列各项不属于中学学科组长的职责范围：

- 监督并评价学生的学习进步；
- 针对学生学习中出现的问题采取行动；
- 为学科的发展作预算；
- 为学科的发展作符合学校发展规划的预算；
- 管理与组织食宿；
- 与校长和高级管理团队建立并保持有效的工作关系。

上述各项与表2和图1中所列出的学科组长的某些角色任务是一致的。图1显示了学科组长的现实角色和预期角色之间的差距，这可能是影响学科组长工作满意度的一个因素，就像洛克（Locke，1976：1307）所说的："工作满意度是由一个人的工作完成情况或者一个人重要的工作价值的实现状况决定的……"

关于工作满意度的研究表明，所谓的"重要的工作价值"包含了自治和自我实现（Lawler，1973）。从研究数据中，我们可以看到，在中国，样本中学里的学科组长所面临的工作情境是无法满足上述两个条件的。然而，我们必须保持慎重，不要轻易去作这方面的价值判断。原因在于，文化差异可能会使西方关于工作满意度的理念在中国完全失效。毫无疑问，这个问题很重要，值得进一步深入探究。

回到我们访谈校长时所列的提纲上，当提及“发展规划”时，学科组长认为他们的实际参与程度是非常低的。这似乎暗示着应当确立学校愿景以及让学科组长参与学校愿景的实现过程。毫无疑问，这是战略规划的一个关键部分。如果考虑到有效学校的创建，这[2]似乎就是一个弱点了。我们说过，格洛弗等人（Glover et al.，1999）以及贝内特（Bennett，1999）的研究表明，英国的校长将学科组长与学科职责紧紧相连。产生这样的差异可能是由于中国与英国大环境不相同的缘故。

中国的学科组长认为自己不用承担责任的另一个领域是资源规划。布兰福德认为，负责资源管理的人对学校效率来说是至关重要的（Blandford，1997）。在中国，在确定哪些资源有利于学生的时候，学科组长是不参与这个决策过程的。这个事实可能也会造成学科组长的不满意，也可能会失去一个发挥中层管理人员专长的机会。

至于**教师发展和教学质量监控**这两个因素，怀斯（Wise，1997）的观点是，这可能是学科组长的主要职责，因为教学质量直接源于此。有趣的是，虽然中国的学科组长认为他们在这两个因素上的实际参与程度很低，但是他们似乎对此十分满意。这可能是由于存在着地方教育培训中心，而且地方教育培训中心对各学校的教师发展负责。同时，**教研组**的角色任务也应当考虑在内。这些基于学科而形成的（Bush，Coleman et al.，1998）教学与研究团队，承担着重要的专业发展任务，从而可能取代学科组长。

在阿迪列出的题项中，最后一个——**交流**——是存在争议的，考虑到良好关系对学校的有效工作至关重要（Morrison，1998），这一题项是最令人惊奇和担忧的。从图 1 中可以看出，实际值与期望值之间的差异是非常大的。正如索恩斯（Thornes，1988：80）所说的：

> 非常明显，学科组长角色的一个重要方面就是与高级管理人员相处。

例如，索恩斯指出，当学科组需要进行资源分配并促进成员专业发展时，必须邀请学科组长参加高级管理团队的会议。然而，正如上面看到的，校长们并不认为这两项任务属于学科组长的职责范围。与此相关的是，调查问卷的结果表明，在我们调查的中国学校中缺乏各种交流，学科组长之间的交流便是其中的一种。这可能是因为校长没有认识到学科组层面上同事交流的必要性，他们会认为找不出合适的理由进行这样的交流。无法认识到在学校中创造合作性氛围的必要性，可能是阻碍有效学校成长的一个因素（Hood，2001；Wallace and Hall，1994）。

在这一部分，我们提及了"工作满意度"的概念。埃文斯（Evans，1998：4－5）引用谢弗（Schaffer）的话：

> 总的说来，个体的需求在工作过程中得到满足的程度将直接导致工作满意度的变化；需求越强烈，需求的达成程度对工作满意度的影响就越大。

本文大致描述了本研究的发现，如果我们接受谢弗的观点，就意味着样本中学里的学科组长们是对工作稍有不满的群体。考虑到学科组长对学校未来发展的重要性，这是一种令人遗憾的状况，我们应当加以重视。

结论

近年来，中国教育体制的一个特征就是趋向于分权（Bush，Qiang et al.，1998；Ryan et al.，1998）。程（Cheng，1999：6）指出：

> ……中央政府向地方（local communities）赋权的现象很明显。学校自治、学校参与地方教育管理受到极大的鼓励，目的在于促进学校的发展和效率的提高。

我们有理由提出这样的观点：在这种环境下，学校的责任日益重大，学科组长的角色任务也越来越重要（Brown，Rutherford et al.，

2000)。程认为，在中国，学校实践的改进、教育质量的提高，意味着寻找资源成为学校的主要任务，他指的是来自于学校外部的经费资助。然而，人们忽视了中国学校中学科组长这种现有的、经验丰富的人力资源，至少在我们研究的样本学校中是这样，这些学科组长似乎还在寻求职责、他们希望在学校发展过程中拥有较多的话语权，我们可以认为忽视学科组长的作用使得高级管理失去了大好的发展机会。我们强调对中层管理者进行培训，目的在于挖掘他们的管理和领导潜能，使他们能够在学校管理中发挥积极的作用。另外，我们认为，正如卢因等人(Lewin et al.，1994)、布什以及科尔曼等人（Bush and Coleman et al.，1998）提出的，我们需要重新思考、确立学校的管理结构，因为现有的管理结构可能会妨碍学科组长有效地发挥作用，而且实际上也可能会限制学校中的共同管理。

然而，就像一部分研究者曾经指出的那样，我们必须时刻清楚地认识到，如果仅仅是努力将西方的学校效率概念“输入”到中国，我们就有可能会忽视环境条件、文化条件以及中国学校教育固有的力量(Bush and Qiang et al.，1998；Dimmock and Walker，1998；Hughes，1990)；其中的一种力量——忠诚（chung）——根据黄（Wong，2001）的观点，儒家（Confucian）传统的一部分，在现代中国社会中仍然受到推崇。忠诚，意味着听从上司的安排。在教育情境中，忠诚可以看做是，校长的观点在学校这个等级结构中是第一位的。与此类似的是，程（Cheng，1995：97）写道：东亚学校的规则是“集体利益至上，个人自由服从于集体利益”。因此，对这种情境提出质疑，可能会与中国人长期秉持的基本文化信仰相抵触。无论如何，假设变革是教育的一个特征，而且如前所述，中国政府正致力于改革，我们认为教育界有必要对有关高级管理者和学科组长的观点进行研究，从而更全面地认识到中国学校里的中层管理者在建设有效学校中必须承担的角色任务。

注释

❶ 指中层管理者。——译者注

❷ 指“学科组长实际参与学校发展规划的程度非常低”。——译者注

参考文献

Adye, K. (2000) 'Professional Development Priorities: The Views of Middle Managers in Secondary Schools', *Educational Management and Administration* 28 (4): 419 – 431.

Aubrey-Hopkins, J. and James, C. (2003) 'The Influencing Role of Subject Leaders in Secondary Schools', in L. Kydd, L. Anderson and W. Newton (eds) *Leading People and Teams in Education.* London: Open University/Paul Chapman Publishing.

Ball, S. S. J. (1991) 'Power, Conflict, Micropolitics and All That!', in G. Walford (ed.) *Doing Educational Research.* London: Routledge.

Bennett, N. (1999) 'Middle Management in Secondary Schools: An Introduction', *School Leadership and Management* 19 (3): 289 – 292.

Bennett, N., Wise, C., Woods, P. and Harvey, J. A. (2003) Distributed Leadership. Nottingham: National College for School Leadership.

Blandford, S. (1997) *Middle Management in Schools: How to Harmonise Managing and Teaching for an Effective School.* Edinburgh: Pearson Education.

Blandford, S. and Gibson, (2000) 'Middle Management in Schools: a Special Educational Needs Perspective', paper presented at the European Conference on Educational Research, Edinburgh, September.

Brown, M., Boyle, B. and Boyle, T. (2000) 'The Dhared Management Role of the Head of Department in English Secondary Schools', *Research in Education* 63: 33 – 47.

Brown, M. and Rutherford, D. (1998) 'Changing Roles and Raising Standards: New Challenges for Heads of Departments', *School Leadership and Management* 18 (1): 75 – 88.

Brown, M. and Rutherford, D. (1999) 'A Re-appraisal of the Role of the Head of Department in UK Secondary Schools', *Journal of Educational Administration* 37 (3): 229 – 242.

Brown, M., Rutherford, D. and Boyle, B. (2000) 'Leadership for School Improvement: The Role of the Head of Department in UK Secondary Schools', *School Effectiveness and School Improvement* 11: 237 – 238.

Bush, T. (2003) *Middle Level Leaders Thinkpiece.* Nottingham: National College for School Leadership.

Bush, T., Coleman, M. and Si, X. (1998) 'Managing Secondary Schools in China', *Compare* 28 (2): 183 – 195.

Bush, T., Qiang, H. and Fang, J. (1998) 'Educational Management in China: An Overview', *Compare* 28 (2): 133 – 140.

Busher, H. and Harris, A. (1999) 'Leadership of School Subject Areas: Tensions and

Dimensions of Managing in the Middle', *School Leadership and Management* 19 (3): 305 – 317.

Cheng, K. M. (1995) 'The Neglected Dimension: Cultural Comparison in Educational Administration', in K. C. Wong and K. M. Cheng (eds) *Educational Leadership and Change: An International Perspective.* Hong Kong: Kong Kong University Press.

Cheng, Y. C. (1999) 'Recent Developments in South East Asia: An Introduction', *School Effectiveness and School Improvement* 10 (1): 3 – 9.

Day, C., Hall, C., Gammage, P. and Coyles, M. (1993) *Leadership and Curriculum in the Primary School.* London: Paul Chapman Publishing.

DfEE (2000) *Performance Management in Schools.* London: Department of Education and Employment.

Dimmock, C. and Walker, A. (1998) 'Towards Comparative Educational Administration: Building a Case for a Cross-cultural School-based Approach', *Journal of Educational Administration* 36 (4): 379 – 401.

Earley, P. and Fletcher-Campbell, F. (1989) *The Time to Manage?* London: NFER.

Elmore, T. (2000) *Building a New Structure for School Leadership.* Washington, DC: The Albert Shanker Institute.

Evans, L. (1998) *Teacher Morale, Job Satisfaction and Motivation.* London: Paul Chapman Publishing Ltd.

Gold, A. (1998) *Head of Department.* London: Cassell.

Glover, D., Gleeson, D., Gough, G. and Johnson, M. (1998) 'The Meaning of Management: the Development Needs of Middle Managers in Secondary Schools', *Educational Management and Administration* 26 (3): 279 – 292.

Glover, D. and Millar, D. with Gambling, M., Gough, G. and Johnson, M. (1999) 'As Others See Us: Senior Management and Subject Staff Perceptions of the Work of Subject Leaders in Secondary Schools', *School Leadership and Management* 19 (3): 331 – 344.

Gronn, P. (2000) 'Distributed Properties: A New Architecture for Leadership', paper presented at the British Educational Management and Administration Society Research Conference, Cambridge, March.

Hannay, L. M. and Ross, J. A. (1999) 'Department Heads as Middle Managers? Questioning the Black Box', *School Leadership and Management* 19 (3): 345 – 358.

Harris, A. (1997) 'Differential Department Effectiveness: An Analysis of Middle Management', paper presented at the English Educational Research Association Annual Conference, York, September.

Harris, A. (2000a) 'Distributed Leadership in Schools: Leading or Misleading', paper presented at the British Educational Leadership and Management Association Annual Conference, Birmingham, September.

Harris, A. (2000b) 'Effective Leadership in Schools Facing Challenging Context', *School Leadership and Management* 22 (1): 15 – 26.

Harris, A., Busher, H. and Wise, C. (2003) 'Effective Training for Subject Leaders', in N. Bennett, M. Crawford and M. Cartwright, M. (eds) *Effective Educational Leadership*. London: Open University/Paul Chapman Publishing.

Hood, P. J. (2001) 'Human Resource Development: Motivation and Movement', *Management in Education* 15: 19 – 25.

Hughes, M. (1990) 'Improving Educaiton and Training for Educational Administrators and Managers: Urgent Needs', paper presented to UNESCO International Congress, Mexico Planning and Management of Educational Development.

Lawler, E. E. (1973) *Motivation in Work Organizations*. Monterey, CA: Brooks/Cole.

Leask, M. and Terrell, I., eds (1997) *Development Planning and School Improvement for Middle Managers*. London: Kogan Page.

Lewin, K., Xu, H., Little, A. and Zheng, J. (1994) *Educational Innovation in China: Tracing the Impact of the 1985 Reforms*. Harlow: Longman.

Locke, E. A. (1976) 'The Nature Causes of Job Satisfaction', in M. D. Dunnette (ed.) *Handbook of Industrial and Organizational Psychology*. Chicago, IL: Rand McNally.

Morrison, K. (1998) *Management Theories for Educational Change*. London: Paul Chapman Publishing.

Morrison, K. (2002) School Leadership and Complexity Theory. London: Routledge Farmer.

Murphy, R. (2002) *Facilitating Effective Professional Development and Change in Subject Leaders*. Nottingham: National College for School Leadership.

NCSL (2003a) *New Perspectives on Middle Level Leadership*. Nottingham: National College for School Leadership.

NCSL (2003b) *The Heart of the Matter: A Practical Guide to What Middle Leaders Can Do to Improve Learning in Secondary Schools*. Nottingham: National College for School Leadership.

Paine, L. and Ma, L. (1993) 'Teachers Working Together: A Dialogue on Organisational and Cultural Perspectives of Chinese Teachers', *International Journal of Educational Research* 19: 675 – 697.

Perry, P. (1992) 'Standing on One's Head', *Times Educational Supplement* June 5.

Ryan, P., Chen, X. D. and Merry, R. (1998) 'In Search of Understanding: A Qualitative Comparison of Primary School Management in the Shaanxi Region of China and England', *Compare* 28 (2): 171 – 182.

Schmidt, M. (2000) 'Role Theory, Emotions and Identity in the Department Headship of Secondary Schooling', *Teaching and Teacher Education* 16: 827 – 842.

Si, X. (1993) *The Principles of School Management.* Xi'an: Educational Publishing Company of Shaanxi Province.

Simpson, P. (2002) 'SMTs and Middle Managers as "Gatekeepers" and "Power Brokers"', paper presented at the British Educational Leadership and Management Association Annual Conference Birmingham.

Spilane, J., Halverson, R. and Didmond, J. (2001) 'Investigating School Leadership and Practice: A Distributed Perspective', *Research News and Comments* 23 – 27 April.

Stoll, L. (2003) 'School Culture and Improvement', in M. Preedy, R. Glatter and C. Wise (eds) *Strategic Leadership and Educational Improvement.* London: Open University/Paul Chapman Publishing.

Teacher Training Agency (1998) *National Standards for Subject Leaders.* London: TTA.

Turner, C. K. (1996) 'The Roles and Tasks of a Subject Head of Department in Secondary Schools in England and Wales: A Neglected Area of Research', *School Organisation* 16 (2): 203 – 217.

Turner, C. (2003) 'A Critical Review of Research on Subject Leaders in Secondary Schools', *School Leadership and Management* 23 (2): 209 – 227.

Turner, C. and Bolam, R. (1998) 'Analysing the Role of the Subject Head of Department in Secondary Schools in England and Wales: Towards a Theoretical Framework', *School Leadership and Management* 18 (3): 373 – 388.

Wallace, M. and Hall, V. (1994) *Inside the SMT: Teamwork in Secondary School Management.* London: Paul Chapman Publishing.

Washington, K. (1991) 'School Administration in China: A Look at the Principal's Role', *International Journal of Educational Management* 5: 4 – 5.

Wise, C. (1997) 'The Role of the Academic Middle Manager in Secondary Schools', paper presented at the English Educational Research Association Annual Conference, York, September.

Wise, C. (2001) 'The Monitoring Role of the Academic Middle Manager in Secondary Schools', *Educational Management and Administration* 29 (3): 333 – 341.

Wise, C. and Bennett, N. (2003) *The Future Role of Middle Leaders in Secondary Schools.* Nottingham: National College for School Leadership.

Wong, K. C. (2002) 'Culture and Educational Leadership', in K. C. Wong and C. W. Evers (eds) *Leadership for Quality Schooling: International Perspective.* London: Routledge Falmer.

[作者简介]

大卫·默瑟：纽卡斯尔大学泰恩河分校教育管理专业讲师。在此之前，默瑟博士授教于森德兰大学和香港。他的研究方向包括：领导学、中层管理及学习型组织。

赖日：纽卡斯尔大学泰恩河分校教育学硕士。回国后，在中国冶金矿业总公司进出口部工作。

[联系方式]

DAVID MERCER [e-mail: david. mercer@ newcastle. ac. uk].

变革型课堂领导

——这是教师领导的第四次浪潮吗？

詹姆斯·S. 庞德（James S. Pounder）

茅锐，范文 译

摘要

教师领导的概念已经形成多年了，但是针对教师领导的发展历程这一问题的研究仍然存在不少争议。本文认为，那种认为教师领导源自于正式组织层级的看法已经逐渐没落了，教师领导的发展历程包含三个阶段或三次“浪潮”。第三次浪潮强调，教师领导不是一个职位概念，而是一个过程概念，并且认为教师领导者越来越趋向于拥有许多变革型领导者的特征。本文还认为，在第三次浪潮中，教师领导者是优秀的课堂实践者。此外，本文还探讨了教师领导和变革型领导两个概念之间的关系；并且提出，在教师领导的第四次浪潮中，不论是在中小学里、还是在大学里，变革型课堂领导都将成为教师领导者的一种特有品质。

关键词： 课堂领导　领导者的产出　学生表现　变革型领导

导言

近20年来，教师领导的概念开始在教育文献中日渐凸显（Little，2003）。很大程度上，教师领导这一概念的普及应该归功于学校改进运动（school improvement movement）；该项运动同样始于近20年，并且席卷了美国、加拿大、英国和澳大利亚等国家的公立教育体系（Chui et al.，1996）。本文探讨了教师领导这一概念在这些年的发展过程；并且认为，变革型课堂领导是教师领导结构的逻辑延伸；教师领导的概念不仅与中小学有关，也和大学有关。

教师领导

教师领导这一概念已经形成一段时间了。席尔瓦等人（Silva et al.，2000）提出，该概念的发展包括三个阶段或三次"浪潮"。第一次浪潮以正式组织层级的框架来界定教师领导，仅仅将这一概念与教师的教学职能联系在一起。因此，在此次浪潮中，学校部门领导是主要的教师领导者。这是教师领导者管理教师的一种控制模式，教师仅仅被视为前者决策的执行者（Frymier，1987）。第二次教师领导的浪潮更强调教学职能的教育性维度，但是仍然通过创造诸如团队领导者、课程研发者等正式组织岗位来授予教师领导权。尽管第二次浪潮从教学职能中分离出教师领导权，并将这一概念从传统的层级组织领域分离出来，但仍然强调通过为授课教师提供事先准备好的资料来控制课程开发者和教学设计者。这种方法被称为"遥控教师"（remote controlling of teachers）（Darling-Hammond，1998；Shulman，1987）。

第三次浪潮融合了教学和领导两个概念，形成了目前饱受争议的教师领导概念。人们应该认识到，教师领导并不是一个职位的概念，而是一个过程概念，指的是教师在履行其工作职责时应该获得一定的机会以展现其领导能力。为了对那些通过设计各种大家参与的活动以促进教育进程，进而改善学校教育氛围的教师的行为予以解释和说明，教师领导的概念才应运而生。因此，教师领导的概念化是建立在教师专业化和教师权力共享的基础之上的。举例来说，瓦斯利（Wasley，1991）认为，那些“能够帮助重新设计学校理念、成为同事的良师、在学校层面解决问题且能够为同事提供专业成长活动”的教师就是教师领导者（Silva et al.，2000：5）。

当教师领导被视为是一个过程而非职位概念时，要清晰地解释这一概念就变得更为困难，因为这个概念不仅包括正式的工作职责，还包括一系列行为和特征。即使如此，还是有不少学者试图厘定教师领导第三次浪潮的构成要素。举例来说，席尔瓦等人强调，教师领导者的能力体现在“改善学校结构、维持学校人际关系、成为专业发展的典范、鼓励变革和挑战现状”等方面（Silva et al.，2000：22）。谢里尔（Sherrill，1999）认为，对教师领导者的主要期望在于，他们应该精通学习理论、能够进行富有成效的实践性教学、具有扎实的教育学知识基础，并且能够进行课堂教学示范。此外，谢里尔还认为，教师领导者应该在教学理论和学习理论方面建立以研究为本的知识体系。基于对这些知识的掌握和理解，教师领导者可以通过深入的调查，对同事予以恰当地安排，有针对性地对他们进行培养。

达林－哈蒙德等人（Darling-Hammond et al.，1995）强调，教师领导者应该对新的工作方式持开放态度，并且具有改善学生学习体验的想法，能够成为下属学习的榜样。贝里和金斯伯格（Berry and Ginsburg，1990）在界定教师领导者这一角色时，认为教师领导由以下3个要素构成：（1）培养和指导其他教师；（2）促进教师专业发展并对学校事务予以审查；（3）进行校本决策。利伯曼（Lieberman，1988）及其合作者在描述教师领导者的特征时，指出教师领导者具有18项技能。他们将这些技能分成如下几类：

- 建立信任及默契；
- 进行组织诊断；
- 处理程序问题；
- 运用资源；
- 对工作进行管理；
- 帮助他人获得技能并建立信心。

最近，阿尔玛·哈里斯（Alma Harris）及其合作者在界定教师领导的第三次浪潮时认为，“如果不考虑职位或名称，教师领导是教师对领导权的实践”（Frost and Harris，2003：482），此类型的领导源自于“专业合作、专业发展和专业成长”的实践，“专注于改善学生的学习能力”（Harris and Muijs，2003：40）。哈里斯和缪金斯认为，教师领导包括如下内容：

> ——领导者通过指导、教育和领导工作团队来领导其他教师；
> ——领导者未来的任务以改善学习和教学为核心；
> ——领导者通过形成有效的教学方式并加以示范来进行教学领导。（Harris and Muijs，2003：40）

除了对教师领导的特征予以界定之外，很少有研究试图在当前的领导理论框架下解释教师领导的概念。克劳瑟（Crowther，1997）在社会不利环境下对教师领导的研究是一个特例。克劳瑟把教师领导者看成是那些“不仅仅凭借在教育事务上的杰出表现，还因为在学校里及其工作于其中的社会—经济不利群体之中能够发挥影响力，促进变革和创造改善机会，进而赢得公众赞誉的人”（Crowther，1997：6）。在挑选调查研究的被试者时，克劳瑟将教师领导的概念定位于社会—经济的不利环境之中进行了特别的界定，他挑选调查被试者的标准如下：

- 有具体证据证明，教师领导者在学校或学校群体之中对促进社会公正作出了重要的贡献；
- 在学校群体之中，尤其是在社会—经济处于不利地位的个人和团体之中，教师领导者受到了高度的尊重；
- 在学校决策过程中，教师领导者被同事认为非常具有影响力；
- 同事和学校管理层赋予其较高的校本职责。

克劳瑟的研究表明，就本质而言，作为被试的教师领导者所展现的明显领导特征是变革性的（Bass，1985）。在下一部分，本文将对变革型领导予以描述。

变革型领导

巴斯认为，变革型领导具有以下一些特征：

(1) 理想化的影响力或感召力：领导者能够感知组织使命并能够为下属提供发展的愿景，增进群体的自豪感，赢得下属的尊重和信任，使群体保持乐观态度。这样的领导者可以激励和鼓舞下属。衡量这一指标的依据是下属对领导者的钦佩和尊重程度。

(2) 动机激励：作为下属的行动榜样，领导者通过向下属交流传递愿景和使用象征物来凝聚群体力量。衡量这一指标的依据是领导者凭借其展现的愿景和价值观来提升下属自信心的能力。

(3) 关心组织成员：领导者通过持续的反馈机制，对下属进行指导和教育，并将组织成员的需求与组织使命联系起来。领导者对每个组织成员的关心及发展需求的关注程度是衡量这一指标的依据。

(4) 理智激励下属：领导者会激励下属反思他们以往的工作方法和重新评价他们的陈旧价值观和信念。衡量这一指标的依据在于，领导者是否向下属提供他们感兴趣且富有挑战性的任务，并鼓励他们以自己的方式解决问题。(Den Hartog et al.，1997；Hinkin and Tracey，1999)

将变革型领导与交易型领导结合起来，就构成了广义领导概念的两个方面（Bass and Avolio，1994）。交易型领导的表现形式如下：

(1) 有条件的援助或奖励：领导者对下属的奖励是有条件的，只有在他们达到特定的业绩水平时，奖励才会产生。

(2) 对异常状况予以积极管理：如果预期的工作进展发生了偏离，领导者会积极寻找发生偏离的原因，以督促下属采取正确的行为。

(3) 对异常状况进行被动管理：领导者并不会主动寻找预期工作发生偏离的原因，只有当问题呈现在他们面前时，才采取行动。

(4) 放任主义的领导：在概念上，放任主义的领导明显区别于对异常状况所进行的被动管理，因为后者只在发生异常状况时才会对工作现状有所警惕，而放任主义的领导则意图放弃领导职责(Bass，1985；Bass and Avolio，1989；Den Hartog et al.，1997；Hater and Bass，1988)。

通常的看法是，有效领导者是那些更多地采取积极领导行为、较少采取消极领导行为的人（Sosik et al.，2002)。这种看法是有证据加以支撑的，因为与具有充分激励特色的变革型领导相比，放任主义的领导等同于放弃领导权。

威斯特·克劳瑟（Whilst Crowther，1997）指出，教师领导者可能并不会敏感地意识到他们自身所具有的变革性特质，但是他们的行为却与以上所描述的领导概念存在大量的共同点。举例来说，他们可能严格遵循一系列的核心价值观，并且准备与他人公开交流这种价值观，但这种做法却与变革型领导所具有的理想化的影响力和动机激励两个特征不谋而合。与此相似，克劳瑟还认为，教师领导者所展现的工作热情具有“传染性”，他们具有激励他人且提高他人期望的能力，因此同样能够反映变革型领导所具有的理想化的影响力和动机激励两个特征。另一篇评论文章在解释教师领导这一概念时，也暗示教师领导与变革型领导存在密切的关系。因此，席尔瓦（Silva，2000）及其合作者将教师领导者描述成为人际关系的培育者和专业成长的榜样，这与变革型领导所具有的关心组织成员的特征是一样的。同样，席尔瓦等人将教师领导者视为是鼓励变革的人和挑战现状的人，也反映了变革型领导理智激励下属的精神。与此类似，达林－哈蒙德等人（Darling-Hammond et al.，1995）也强调教师领导者的特征，诸如对新的工作方式持开放态度、成为群体的学习典范等，反映了变革型领导理智激励下属和关心组织成员的特征。此外，贝里和金斯伯格（Berry and Ginsburg，1990）也认为，教师领导者具有培养和指导其他教师、促进教师发展的特征，这与变革型领导的特征是完全一致的。

在美国，毕茨姆和丹提斯（Beachum and Dentith，2004）在有关教师领导的一项近期研究中，将教师领导的概念与领导理论联系起来，对教师领导在鼓舞和帮助他人方面所起的作用予以强调。他们认为，教师领导关注组织成员的愿景、价值观和信念的具体变化，关注具有共同目标的团队，并且能够指导组织成员自我发展，这些表现与变革型领导所具有的四个特征是一致的。最后，在对近20年来有关教师领导的学术成果深入回顾的基础之上，约克－巴尔和杜克（York-Barr and Duke，2004）对教师领导者的特征和能力进行了描述。在已确认的教师领导者特征之中，他们的研究特别强调，教师领导者具有以下能力：能够与同事建立信任感、形成默契，能够促进他们的成长，并且能够成为一个优秀的交流者和倾听者。所有这些特征都包含在变革型领导所具有的特征之中，特别是理想化的影响力、动机激励和关心组织成员这三个方面。

总的来说，第三次浪潮之中的教师领导者并不是通过正式的领导职位，而是凭借自身所具有的特质、性格和措施来影响同事的，这很容易让我们回想起变革型领导的结构（Bass，1985）。谢里尔（Sherrill，1999）的观点是，对教师领导者的一个主要期望在于，他们应该能够进行课堂教学示范。克劳瑟（Crowther，1997）的研究则提到了教师领导者在教育事务上的杰出表现，将教师领导者描述为“群体的学习典范”（Darling-Hammond et al.，1995）、发展和示范有效教学形式的人（Harris and Muijs，2003）。这证明，教师领导研究是富有成果的，在课堂里对教师领导者的特征予以检验会成为教师领导研究的有效延伸。为什么会将教师领导者的课堂示范行为与以上所描述的教师领导者的特征联系起来呢？一个可能的解释在于，教师领导者会在课堂里展现他们所具有的变革型领导的特征，出色的课堂表现也由此而产生。

在教师领导的概念中，教学和领导是密不可分的，对这一点学术界并无疑义。约克－巴尔和杜克（York-Barr and Duke，2004）在对近20年来有关教师领导的学术成果所作的文献综述中指出，教师领导者身份的获得是牢固建立在他们作为课堂教学能手的基础之上的，这也是教师领导者受到尊重的原因。有证据表明，正是公众对教师领导者的尊重营造出了一种有利于教师领导者实践变革型领导才能的环境。本文将变革型领导作为一个参照框架来检验教师领导者在课堂中的行为，这在某种程度上能够解释下列问题：为什么优秀的教师容易成为教师领导者（Snell and Swanson，2000），相应地，为什么教师领导者通常都是优秀的教师？一个可能的答案是，一旦个体拥有了变革型领导的特征，就能够让他们在教学和领导两个领域都表现出色。如果能够验证这种假设，那么检验过程很可能会成为形成教师领导第四次浪潮的一种途径。针对领导风格或行为在课堂里的影响以及变革型领导在教学环境中的成效所展开的文献研究表明，可以用教师领导者的变革型课堂领导特征来解释为什么教师领导者在“教学上表现优异”（Crowther，1997：6）。

课堂领导风格的影响

程（Cheng，1994）在香港所作的一项研究致力于探讨任务取向（激励结构）和保健取向（关心下属）的课堂领导概念，该项研究涉及190所小学的678个课堂样本。程的研究假设以路切尔和舒尔曼（Luechauer and Shulman，2002）的研究成果为支撑，将课堂看成是一个小型的社会组织，教师是组织的领导者，学生是组织里的下属。根据学生对领导行为描述问卷（Leader Behaviour Description Questionnaire，LDBQ）（Halpin，1966；Ho，1989）（修订版）的调查反映，程将教师分为以下几种类型：高任务—低保健型、低任务—高保健型、高任务—高保健型以及低任务—低保健型。程还依据莫斯和提科特（Moos and Tricket，1974）对课堂社会氛围的研究，将课堂领导与课堂社会氛围联系在一起，认为课堂社会氛围包括以下一些因素：投入程度、关系友好程度、教师支持、任务导向、竞争、命令与组织、规则清晰、教师控制与革新。此外，他还就课堂领导会对学生情感产生何种影响进行了检验，被检验的情感指标包括：学生的自我概念，学生对同伴、学校及老师的态度，学生对自主学习的态度。程的整个详尽研究中与本研究非常相关的是，领导风格会对课堂社会氛围和学生情绪产生强烈的、积极的影响。

与此相似，里卡兹和费希尔（Rickards and Fisher，1996）也以教师影响问卷（Questionnaire on Teacher Interaction，QTI）（Wubbels and Levy，1993；Wubbels et al.，1991）对澳大利亚中小学的科学教育作了一项调查，除其他调查主题之外，此次调查还对以下命题进行了检验：在人际关系之中，学生对教师行为的感知是否会对学生的成绩及其对班级的态度产生影响。这份教师影响问卷包括7个调查指标，其中一个调查指标是领导者是否有能力传达自身对所教学科的兴趣，涉及的事项包括教师是如何展现自信心、吸引学生注意力的，是否知道课堂里正在发生的事情等。里卡兹和费舍尔（Rickards and Fisher，1996）研究发现，正如教师影响问卷所界定的一样，学生的成绩及其对班级的态度与教师的课堂领导行为之间存在显著的正相关。与学生态度和学生成绩肯定相关的其他问卷指标则是教师的帮助行为/友好行为以及理解行为。在收集了超过5万名学生的数据之后，伍贝尔斯（Wubbels，1997）及其同事也指出，对学生而言，最好的老师是热心的课堂领导者，他们对学生友好、富有同情心。与此类似，在英国，针对学校教学效率的《赫·麦克白报告》（Hay McBer Report，2000）也认定，以下三个因素会对学生的学业进步产生显著影响：教学技巧、职业特点和课堂氛围。与教师领导行为非常相关的职业特点包括：吸引学生和支持学生，向学生展现自信心，言行一致和公平对待学生，尊重学生，为学生设定可调整的行为目标并且要求学生对自己的行为负责。《赫·麦克白报告》证明，忠实履行以上三个因素的教师会对课堂氛围产生积极的影响，反过来，积极的课堂氛围又与学生的学业进步存在显著相关。总之，《赫·麦克白报告》的研究结论表明，在该报告中被描述成为教师职业特征的课堂领导行为是影响学生学业表现的重要因素。因此，目前有关课堂领导影响力的有限研究一致表明，有效的课堂领导会积极影响学生对班级的态度和学生的成绩。

专门针对变革型课堂领导所展开的研究大多是在大学里进行的。就大学课堂里变革—交易型领导会产生何种影响，欧杰德及其同事（Ojode et al.，1999）、瓦兰姆瓦和欧杰德（Walumbwa and Ojode，2000）分别进行了论证。前者的研究采用了多因素领导调查问卷（the Multifactor Leadship Questionnaire，MLQ）（Bass and Avolio，1995），对课堂环境进行了细微的调整。例如，领导一词就被调整为指导者，而团体一词则就被调整为班级。以美国一所大学里的57名研究生作为被试，该项小样本的调查研究表明，一般来说，变革型领导指标和一项称之为“有条件的奖励”交易型领导指标，与多因素领导调查问卷中的产出变量存在显著的正相关。这些产出变量是：学生是否愿意付出更多的努力，课堂领导的效率如何以及学生对课堂领导的满意程度。

瓦兰姆瓦和欧杰德（Walumbwa and Ojode，2000）在随后的调查中采用了429人的大样本，调查被试包括本科生和研究生。此次调查主要集中在探讨学生的性别是否会影响他们对变革—交易型领导的看法。在调查过程中，研究对1999年所获得的调查结论予以确认。而近期在香港所作的一项研究也指出，变革型领导会对大学课堂产生有益影响（Pounder，2005）。香港的此项研究采用了经修订的、适用于课堂环境的多因素领导调查问卷（Bass and Avolio，2000），并在8所知名香港大学的商学院里进行调查，研究涉及5所大学的教师和400多名学生。该项研究表明，在课堂里，教师的变革型领导风格与领导行为的产出之间存在显著的正相关。而衡量领导行为产出的依据则是，教师促使学生付出更多精力努力学习的能力，学生如何看待他们的教师的课堂领导效率，以及学生是否对他们的教师满意。总的来说，这3项研究都表明，在大学课堂里，教师的变革型领导行为与“示范性课堂表现”之间肯定存在着联系。此处使用的术语——“示范性课堂表现”——是由谢里尔（Sherrill，1999）在有关教师领导的一篇文章中提出的。

变革型领导的产出

在以上部分，本文讨论了课堂里变革型领导的积极影响，这与变革型领导产出的一般研究结论是一致的。至此，大多数领导研究文献都对这一研究结论予以确认，认为变革型领导会对下属的努力程度和满意程度产生积极的影响（Bass and Avolio，1990；Bycio et al.，1995；Howell and Frost，1989；Kirkpatrick and Locke，1996；Parry，2000）。大量文献都提到了这种积极影响（举例来说，可参阅 Gellis，2001；Hoover，1991；Podsakoff et al.，1990；Yammarino and Bass，1990）。除了对以上课堂研究的结论予以证实之外，大多数领导研究通常还认为，变革型领导还会产生许多与教育相关的利益。因此，斯莱特和纳瓦尔（Slater and Narver，1995）、法瑞尔（Farrel，2000）、科德和贝里（Coad and Berry，1999）指出，正是因为教师的变革型领导，学生的学习才得以改善；同时，豪威尔和希金斯（Howell and Higgins，1990）、苏西克（Sosik，1997）、埃尔贝拉迪和里卡兹（Al-Beraidi and Rickards，2003）以实践经验为依据，也认为变革型领导在促进学生创造力方面存在有利影响。最后，奥特瓦尔等人（Atwater et al.，1991）以及帕里和普罗克特·汤姆森（Parry and Proctor-Thomson，2002）所作的研究似乎证实了卡尔森和佩瑞尔（Carlson and Perrewe，1995）的研究结论，认为“变革型领导是在组织中灌输道德行为的最好方法”（Carlson and Perrewe，1995：5）。的确，教师领导概念所隐含的意思是不可尽数的，正如大多数领导研究文献所揭示的一样，除了以上课堂研究结论之外，变革型课堂领导者还能促进学生的学习、提高学生的创造力并且改善学生的道德行为。

结论

本文所采用的文献支持下述实验性的假设：教师领导者之所以被视为模范教师，是因为他们在课堂里展现了变革型领导的特征。源于大学课堂的变革型领导研究大多对此予以肯定，认为这种变革型领导风格能够被教师所领导的人（比如，在课堂里表现为学生）广泛接受并且形成高满意度。除了学生在课堂上对变革型领导风格的积极反应之外，似乎变革型领导风格还能带来特别的教育利益。举例来说，香港最近的一项研究（Pounder，2005）表明，这种明显的教育利益在于，变革型领导会促使学生付出更多的努力，而更多的研究则显示学生的努力程度和他们的学业表现之间存在联系（Carbonaro，2005；Eskew and Faley，1989；Johnson et al.，2002；Michaels and Miethe，1989；Naser and Peel，1998；Williams and Clark，2002）。大多数领导学方面的文献也显示，变革型课堂领导具有提高学生学习能力、创造能力和改善学生道德行为的可能性。这些领导学研究所获得的结论大多是推测性的，还需要更多经验性的研究予以确认，但在本文作者看来，已经有足够的证据可以对这些研究结论进行确认。

在进一步的研究中，以下两个假设具有特别的研究价值。在程（Cheng，1994）、路切尔和舒尔曼（Luechauer and Shulman，2002）等人的研究中，课堂被视为一个小型的社会组织。因此，第一个假设在于，课堂与小型社会组织之间的相似程度究竟有多大，这将决定变革型领导概念是否具有可移植性。许多已经取得的关于课堂环境的研究成果都是以这一假设为前提的。欧杰德（Ojode，1999）及其同事瓦兰姆瓦和欧杰德（Walumbwa and Ojode，2000）以及庞德（Pounder，2005）

等人研究支持了这种假设，他们似乎是将有关变革型领导的研究结论复制到课堂环境，却没有注意以往研究中所观察到的变革型领导结论多是源于传统组织环境的。因此，在没有获得充分的证据以证明这一假设的有效性之前，我们还需要对变革型领导在课堂里所产生的影响进行更多的研究。

第二个假设，我们还需要进一步研究加以确认，在教师领导和变革型课堂领导两个概念之间是否建立了稳固的联系。在中小学中，教师领导的概念得到了明确的体现，但是在高校里，似乎并没有确立与之对等的、明确的概念。可是，有关变革型课堂领导的研究成果又多是来自大学。在本文作者看来，大学之所以缺乏教师领导的概念纯粹是一种疏忽，像我们这样一些将大部分工作时间奉献给高等教育事业的人，我们已经碰到过许多符合教师领导者要求的同事。除其他个性化特征之外，他们通常都是优秀的教师，乐于与他人分享成功的教学经验，致力于改善学生的学习并且勇于承担义务以提高课程水平。他们通常被认为是项目或课程的领导者。但是，就发挥的作用而言，大学里的教师领导者比不上他们在中小学中的同行们，这是因为大学教师具有生产科研成果的压力，而中小学教师却没有类似的烦恼。

总而言之，受大学里科研活动的影响，公众的注意力会从教师领导者身上转移至研究领域，这是教师领导的概念在高等教育领域被忽略的原因。因此，对教师领导的概念是否可以移植至高等教育领域这一命题进行检验，看起来会成为进一步研究的潜在热点。明确地讲，本文认为应该对教师领导和变革型课堂领导之间的联系予以进一步研究，不论这种研究是在中小学还是大学，当然最为理想的情况是可以兼顾两种环境的研究。如果进一步的研究能够证实，不论在中小学还是在大学里，教师领导者大多在课堂上都表现出了变革型领导的特征，则表明教师领导的概念已演进至第四次浪潮。与之前的概念相比，第四次浪潮在两个方面将有所拓展：第一，它将包括教师领导者所具有的变革型课堂领导特征；第二，它有希望囊括中小学和大学课堂环境。

参考文献

Al-Beraidi, A. and Rickards, T. (2003) *Creative Team Climate in an International Accounting Office: An Exploratory Study in Saudi Arabia*. Managerial Auditing Journal 18

(1): 7 - 18.

Atwater, L., Penn, R. and Rucker, L. (1991) '*Personal Qualities of Charismatic Leaderships*'. Leadership and Organizational Development Journal 12 (2): 7 - 10.

Bass, B. M. (1985) *Leadership and Performance beyond Expectations*. New York: Free Press.

Bass, B. M. and Avolio, B. J. (1989) *Manual for the Multifactor Leadership Questionnaire*. Palo Alto, CA: Consulting Psychologists Press.

Bass, B. M. and Avolio, B. J. (1994) *Improving Orgnizational Effectiveness through Transformational Leadership*. Thousand Oaks, CA: SAGE.

Bass, B. M. and Avolio, B. J. (1995) *Multifactor Leadership Questionnaire: Manual Leader Form, Rater and Scoring Key for MLQ (From 5x-short)*. Redwood City, CA: Mind Garden.

Bass, B. M. and Avolio, B. J. (2000) MLQ: *Multifactor Leadership Questionnaire: Technical Report, Leader Form, Rater and Scoring Key for MLQ (From 5x-short)*. Redwood City, CA: Mind Garden.

Beachum, F. and Dentuth, A. M. (2004) '*Teacher Leaders Creating Cultures of School Renewal and Transformation*'. The Education Forum 68 (3): 276 - 286.

Berry, B. , and Ginsburg, R. (1990) '*Creating Lead Teachers: From Policy to Implementaion*'. Phi Delta Kappan 71: 616 - 621.

Bycio, P. , Hackett, R. D. and Allen, J. S. (1995) '*Further Assessments of Bass's (1985) Conceptualization of Transactional and Transformational Leadership*'. Journal of Applied Psychology 80: 468 - 478.

Carbonaro, W. (2005) '*Tracking Students' Efforts, and Academic Achievement*'. Sociology of Education 78 (1): 27 - 49.

Carlson, D. S. and Perrewe, P. L. (1995) '*Institutionalization of Orgnizational Ethics through Transformational Leadership* '. Journal of Business Ethics 14 (10): 829 - 838.

Coad, A. F. and Perrewe, A J. (1998) '*Transformational Leadership and Learning Orientation*'. Leadership & Organization Development Journal 19 (3): 164 - 172.

Cheng, Y. C. (1994) '*Teacher Leadership Style: A Classroom-level Study*'. Journal of Educational Administration 32 (3): 54 - 71.

Chui, H. S., Sharpe, F. G. and McCormick, J. (1996) '*Vision and Leadership of Principals in Hong Kong*'. Journal of Educational Administration 34 (3): 30 - 48.

Crowther, F. (1997) '*Teachers as Leaders—An Exploratory Framework*'. International Journal of Educational Management 11 (1): 6 - 13.

Darling-Hammond, L. (1998) '*Teachers and Teaching: Testing Policy Hypotheses from a*

National Commission Report'. Educational Researcher 27 (1): 5–15.

Darling-Hammond, L. and Mclaughlin, M. (1995) '*Policies that Support Professional Development in an Era of Reform*'. Phi Delta Kappan 76: 597–604.

Den Hartog, D. N., Van Muijen, J. J. and Koopman, P. L. (1997) '*Transactional versus Transformational Leadership: An Analysis of the MLQ* '. Journal of Occupational and Organizational Psychology 70 (1): 19–29.

Eskew, R. K. and Faley, R. H. (1989) '*Some Determinants of Student Performance in the First College-level Financial Accounting Course*'. The Accounting Review 63 (1): 137–147.

Farrel, M. A. (2000) '*Developing a Market-oriented Learning Organization*'. Australian Journal of Management 25 (2): 201–222.

Frost, D. and Harris, A. (2003) '*Teacher Leadership: Towards a Research Agenda*'. Cambridge Journal of Education 33 (3): 497–498.

Frymier, J. (1987) '*Bureaucracy and the Neutering of Teachers*'. Phi Delta Kappan 69: 9–16.

Gellis, Z. D. (2001) '*Social Work Perceptions of Transformational and Transactional Leadership in Health Care*'. Social Work Research 25 (1): 17–25.

Halpin, A. W. (1966) *Theory and Research in Administration*. New York: Macmillan.

Harris, A. (2003) '*Teacher Leadship as Distributed Leadership: Heresy, Fantasy or Possibility?*'. School Leadership & Management 23 (3): 313–324.

Harris, A. and Muijs, D. (2003) *Teacher Leadership: A Review of Research*. London: General Teaching Council.

Hater, J. and Bass, B. M. (1988) '*Superior's Evaluation and Subordinate's Perceptions of Transformational and Transactional Leadership*'. Journal of Applied Psychology 73: 695–702.

Hay Mcber (2000) *Research into Teacher Effectiveness: A Model of Teacher Effectiveness*. London: DfEE, DfEE Research Report 216.

Hinkin, T. R. and Tracey, J. B. (1999) '*The Relevance of Charisma for Transformational Leadership in Stable Organizations*'. Journal of Organizational Change Management 12 (2): 105–119.

Ho, M. S. (1998) '*The Effect of Leadership Behavior and Use of Power of Hong Kong Secondary School Teachers on Classroom Climate*'. Education Research Journal 4: 57–66.

Hoover, N. R. (1991) *Transformational and Transactional Leadership: An Empirical Test of a Theory*. Chicago, IL: Annual Meeting of the American Educational Research Association, ED 331 117.

Howell, J. M. and Frost, P. J. (1989) '*A Laboratory Study of Charismatic Leadership*'. Organizational Behavior and Human Decision Processes 43: 243 – 269.

Johnson, D. L., Joyce, P. and Sen, S. (2002) '*An Analysis of Student Effort and Performance in the Finance Principales Course*'. Journal of Applied Finance 12 (2): 67 – 72.

Kirkpatrick, S. A. and Locke, E. A. (1996) '*Direct and Indirect Effects of Three Core Charismatic Leadership Components on Performance and Attitudes*'. Journal of Applied Psychology 81: 36 – 51.

Lieberman, A., Saxl, E. and Miles, M., eds (1988) *Building a Professional Culture in New Schools*. New York: Teachers' College Press.

Little, J. W. (2003) '*Construction of Teacher Leadership in Three Periods of Policy and Reform Activism*'. School Leadership & Management 23 (2): 401 – 419.

Luechauer, D. and Shulman, G. (2002) '*Creating Empowered Learners: A Decade Trying to Practice What We Teach*'. Organization Development Journal 20 (3): 42 – 51.

Michaels, J. W. and Miethe, T. D. (1989) '*Academic Effort and College Grades*'. Social Forces 68 (1): 309 – 319.

Moos, R. H. and Trickett, E. J. (1974) *Classroom Environment Scale Manual*. Palo Alto, CA: Consulting Psychologist Press.

Muijs, D. and Harris, A. (2003) '*Teacher Leadership-improvement through Empowerment? An Overview of the Literature*'. Educational Management & Administration 31 (4): 437 – 448.

Naser, K. and Peel, M. J. (1988) '*An Exploratory Study of the Impact of Intervening Variables on Student Performance in a Principles of Accounting Course*'. Accounting Education 7 (3): 209 – 223.

Ojode, L. A., Walumbwa, O. and Kuchinke, P. (1999) '*Developing Human Capital for the Evolving Work Environment: Transactional and Transformational Leadership within Instructional Setting*'. Midwest Academy of Management Annual Meeting.

Parry, K. W. and Proctor-Thomson, S. B. (2002) '*Perceived Integrity of Transformational Leaders in Organizational Settings*'. Journal of Business Ethics 35 (2): 75 – 96.

Podsakoff, P. M., Mackenzie, S. B., Moorman, R. H and Feller, R. (1990) '*Transformational Leader Behaviors and their Effects on Followers' Trust in Leader, Satisfaction, and Organizational Citizenship Behavior*'. Leadership Quarterly 1 (2): 107 – 142.

Pounder, J. S. (2004) '*The Classroom Leadership Styles of Hong Kong University Teachers: A Case Study of Teachers in a Business School*'. PhD Dissertation, University of Leicester.

Rickards, T. and Fisher, D. (1996) *Association Between Teacher-student Interpersonal*

Behaviour, Gender, Cultural Background and Achievement. Curtin University of Technology: Western Australian Institute for Educational Research Forum .

Sherrill, J. A. (1999) '*Preparing Teachers for Leadership Roles in the 21st Century*'. Theory Into Practice 38 (1): 56.

Shulman, L. (1987) '*Knowledge and Teaching: Foundations of the New Reform*'. Harvard Educational Review 57 (1): 1 –22.

Silva, D. Y., Gimbert, B. and Nolan, J. (2000) '*Sliding the Doors: Locking and Unlocking Possibilities for Teacher Leadership*'. Teachers College Record 102 (4): 779 –804.

Slater, S. and Narver, J. (1995) '*Market Orientation and the Learning Organization*'. Journal of Maketing 59 (3): 63 –74.

Snell, J. and Swanson, J. (2000) '*The Essential Knowledge and Skills of Teacher Leaders: A Search for a Conceptual Framework* '. Annual Meeting of the American Education Research Association.

Sosik, J. T. (1997) '*Effects of Transformational Leadership and Anonymity on Idea Generation in Computer-mediated Groups*'. Group and Organization Management 22 (4) : 460 –487.

Sosik, J. J., Potosky, D. and Jung, D. I. (2002) '*Adaptive Self-regulation: Meeting Others' Expectations of Leadership and Performance*'. Journal of Social Psychology 142 (2): 211 –232.

Walumbwa, F. O. and Ojode, L. A. (2000) '*Gender Stereotype and Instructors' Leadership Behavior: Transformational and Transactional Leadership* '. Midwest Academy of Management Annual Conference.

Wasley, P. (1991) *Teachers Who Lead*. New York: Teachers College Press.

Williams, R. L. and Clark, L. (2002) *Academic Causal Attribution and Course Outcomes for College Students*. ED 469337.

Wubbels, T. and Levy, J., eds (1993) *Do You Know What You Look Like: Interpersonal Relationships in Education*. London: Falmer Press.

Wubbels, T., Brekelman, M. and Hooymayers, H. P. (1991) '*Interpersonal Teacher Behavior in the Classroom*'. *In B. Fraser and H. Walberg (eds) Educational Environments: Evaluation, Antecedents and Consequences*. Oxford: Pergamon Press.

Yammarino, F. J. and Bass, B. M. (1990) '*Transformational Leadership at Multiple Levels of Analysis*'. Human Relations 43: 975 –995.

York-Barr, J. and Duke, K. (2004) '*What Do We Know about Teacher Leadership? Findings from Two Decades of Scholarship*'. Review of Educational Research 74 (3): 255 –316.

［作者简介］

詹姆斯·S. 庞德，阿拉伯联合酋长国高等技术大学（Higher Colleges of Technology in the United Arab Emirates）商业系主任，管理学博士、教育学博士。在管理学和教育学领域皆有著述。主要研究兴趣是领导学和高等教育的组织效率。

［联系方式］

JAMES S. POUNDER, Dean of Business Programmes, Higher Colleges of Technology, Abu Dhabi, United Arab Emirates. [email: james. pounder@ hct. ac. ae]

中学教师的工作满意度研究

阿尔夫·克罗斯曼（Alf Crossman），佩内洛普·哈里斯（Penelope Harris）
江雪梅 译

摘要

在英国，人们普遍认为，较低的工作满意度可能是造成目前教学危机的一个因素。本文介绍了一项对不同类型中学里教师的工作满意度状况的调查。研究结果显示，在工作满意度各指标的总体得分上，不同类型学校的教师之间存在着显著的差异：独立学校和私立学校教师的满意度最高，而基础学校教师的满意度最低。考察年龄、性别和工作年限等指标的时候，可以发现，不同学校的教师之间满意度水平没有显著的差异。

关键词： 年龄　性别　工作满意度　工作年限　学校教师

导言

曾经有一段时间，人们普遍认为，较低的工作满意度可能是造成目前英国教师雇用率低、保有率低的一个因素（Evans，1998）。加德纳和奥斯瓦尔德（Gardner and Oswald，1999）的一项关于工作满意度的调查显示，教师的工作满意度低于其他专业团体。与此类似，另一项关于教师离职意愿（Carvel，2000）的调查表明，大约有两万教师认为如果有机会获得其他工作职位的话，他们都会离职。最近，覆盖全英格兰7万教师的一项民意测验的结果显示，35%的人在下一个5年内将离开教师这个领域（*Personnel Today*，2003）。有趣的是，较低的教师工作满意度并不是英国特有的现象，相似的结论在其他国家与地区也曾出现。

近年来，在英国，教学岗位空置的数量呈明显增长的趋势（Evans，1998）；同时，现有的教师们持续不断地离开教师岗位，或者准备离开这个领域（Personnel Today，2003；Voluntary Services Organisation，2000）。因为越来越多的教师提前退休（Evans，1998）或者离开教学领域转到其他地方工作（Voluntary Services Organisation，2000），导致教师的工作岗位空置数量也在快速地增加。这种趋势在英格兰东南部尤其显著。在英格兰东南部，教师岗位空置量从占教师岗位总数的0.3%稳步上升到2000年的1%（Department for Education and Employment，2000）。

从近些年报纸和电视新闻报道的数量中可以看出，媒体对教学"危机"的问题很感兴趣（Dean and Kelly，2001）；尤其是英国政府接受私营公司管理一些中学的提议之后，媒体对此更是兴趣大增（Kelly，2001）。

尽管存在着教师保有率低的现象，但在英国却很少有人研究"教师工作满意度比较低"这个问题（Evans，1998）。现有的大多数研究都是由诸如全国教师工会（National Union of Teachers）、学术团体中的少数人等教师组织机构牵头组织的（Evans，1998），研究的主要内容是关于较低的工作满意度与职业压力之间的关系（Kinman，2001；Kinunnen and Leskinen，1989）。相对来说，较少见到依据学校类型来研究教师的工作满意度（Kries and Bockopp，1986；Scott et al.，1999）。

在研究过程中，我们既对影响教师工作满意度的人口统计学变量进行了调查，也将教师所在学校的类型纳入到研究里，为的是测试学校类型对教师工作满意度水平是否会产生影响。本研究有两个“限定”：一是限定了中学类型的数量（宗教性中学、社区中学、独立中学）；二是将样本学校的地理位置限定为英国萨里（Surrey）郡。因此，我们应当注意研究结果的普适性问题。

工作满意度的理论及背景

影响工作满意度的因素大致可以分为**环境因素**（工作本身或工作环境）、**心理因素**（个性特征、行为、态度）和**人口统计学变量**（年龄、性别）三类。数年以前，在英国和其他地区进行的研究就已经关注过这些因素（Halpin，2001；Ma and MacMillan，1999；Oshagbemi，1998；Rhodes，1983；Scott and Dinham，2003；Spector，1997）。

环境因素对工作满意度的影响问题，已经引起很多人的注意。容易造成身体不适的因素，包括工作场所灯光照明不足等，可能与教师职业无关。体制上的弊病包括无法获取充足的、来自同事和上司的信息或建议，复杂的或不恰当的公司管理规程（Nicholson and Miljus，1972），不完整或无法理解的工作说明书（Good et al.，1988），以及源自不同管理者的、多变的、甚至可能是相互矛盾的工作指令（Spector，1997）。这一系列的环境因素、心理因素和人口统计学变量都会对教师的工作满意度产生影响。在环境因素中，最能促进教师工作满意度提高的是那些与工作环境及工作性质相关的因素（Corwin，2001；Scott and Dinham，2003）。比如说，认知因素、来自同事与上司的支持与尊重，也都可以提高教师对工作的满意度（Evans，1998；Dinham and Scott，1998；van der Doef and Maes，2002；Voluntary Services Organisation，2000）；同样的，一个教师对自己与学生交流的情况（Shann，1998）以及对自己所具有的实现预定目标的能力的理解（Schonfeld，1990），也可以激发教师对工作的满意感。教师拥有一种潜在的自治能力、可以自主地备课和上课，这对教师的工作满意度的提高，也可能具有积极的影响（National Centre for Educational Statistics，1997；Kendall and Kington，

2001），尽管早期来自美国的证据显示，教师自治仅限于教室的范围内（Kries and Brockopp，1986）。从文化的角度来说，在研究环境因素对工作满意度的影响的过程中，人们似乎没有考虑过诸如学校类型、雇主的性质、是基金资助的学校还是附属于宗教机构的学校等因素。

不论是在英国，还是在其他国家和地区，导致教师较低的工作满意度及相应的低保有率的原因，可以归结为一组环境因素，主要包括：组织变革的性质和步调（Dinham and Scott，2000），担忧工作负担、日益风行的官僚作风和涣散的纪律（Moriarty et al.，2001；*Personnel Today*，2003；Sillitoe，2003），领导和管理的风格（Schultz and Teddlie，1999），工作压力或职业病（Evans，1998），对于教学所具有的专业性质的不认同（Evans，1997；Halpin，2001；van der Doef and Maes，2002），不断增大的班容量（Maclean，1992），工作与家庭之间可能存在的冲突（Spear et al.，2000），一些学生身上表现出的行为障碍（van der Doef and Maes，2002），新闻媒体对所谓薄弱学校的教师提出的过多批评（National Union of Teachers，2001；Scott and Dinham，2003），还有薪酬问题（Chung et al.，2004）。埃文斯（Evans，1997）提出了两个交互影响的满意因素，一个是**工作舒适度**（job comfort），或者说个体对工作条件的满意程度；一个是**工作成就感**（job fulfilment），即对个人工作绩效的感知。

围绕着“工作满意度与个体的个性特征、行为及工作态度之间的关系”问题，人们已经作了大量的研究。研究结果表明，这些变量中的任何一个发生变化，都会引起工作满意度的显著变化（Spector，1997）。我们将这些变量的变化称为“控制轨迹”（locus of control）（Lawler，1972；O'Brien，1983；Spector，1982）。“控制轨迹”体现了个体对控制自己生活的能力的自信程度（Spector，1997）；外控论者认为自己的生活是由外部力量来控制的（Kyriacou and Sutcliff，1979），而内控论者则认为自己的生活由自己的行为来控制（McKenna，1999）。关于“控制轨迹”与工作满意度之间关系的研究，已经搜集到的证据足以证明：与外控论者相比，内控论者可以得到更高的工作满意度（O'Brien，1983；Spector and O'Connell，1994）；研究者对此作出了不同的解释，比如，内控论者的绩效高于外控论者，进而得到更多的奖励和工作满意感（Spector，1982），等等。研究者还搜集到证据证明“控制轨迹”与组织氛围相关（Furnham and Drakeley，1993）；这个结论在教师群体中可能更适用，因为政府对教育系统的干预程度在不断提高，国家课程（the National Curriculum）的规定性特征也在不断增强。

研究者针对“工作满意度与人口统计学变量（如，年龄、性别及工作年限）之间的关系”（Oshagbemi，1997）作了大量的研究，并对年龄与工作年限之间交互作用的结果进行了分析，其中，较长的工作年限与较小的年龄这一对应组是不存在的（Sarker et al.，2004）。在这些研究中，大多数都是关于年龄及其对工作满意度的影响的，二者的关系到底怎样，依然没有定论（Spector，1997）。早期的研究认为，二者是“U”型或曲线关系（Handyside，1967；Herzberg et al.，1957）；这种关系表明，雇员刚参加工作时，工作满意度水平较高，随着工作年限的增加，满意度水平下降，在即将退休的时候，满意度水平又有所提高。格利瓦和乔克斯（Griva and Joekes，2003）的研究发现，老教师的工作满意度水平较高。研究者对这种现象的解释不一。有些人（Herzberg et al.，1957）认为是因为年轻雇员工作热情高、喜欢工作上的挑战，而老雇员大都接受了他们在组织中的地位，对职业发展没有太多期盼了；其他人（Clark et al.，1996）则在“雇员的期望值随着年龄的增加而改变”或“老雇员拥有或能够确定较好的策略来处理工作上的疑难”等问题上争论不休（Oshagbemi，1999）。研究者还发现了相反的证据，表明年龄与工作满意度之间存在着反向线性关系（negative linear relationship）（Hickson and Oshagbemi，1999）。对这种现象作出的解释也很多，如，老雇员无法适应新的工作环境（Hickson and Oshagbemi，1999），与年轻的同事相比，老雇员的期望值较低、工作热情也较低（Luthans and Thomas，1989）。关于“教师的年龄与工作满意度之间关系”的研究，查普林与全国教师工会得出了相矛盾的结论：查普林（Chaplain，1995）的研究表明，年龄在 35—45 岁之间的教师，工作满意度最低；全国教师工会（the National Union of Teachers，2001）的调查结论是，25—29 岁之间的教师，工作满意度更低。有趣的是，在澳大利亚进行的关于工作压力的研究（Kinman，2001）发现，处于职业发展中期的专业人员大都感觉压力非常大，而刚参加工作的人感受到的压力最小；由此可以看出，工作压力与工作满意度之间可能存在着某种关系。

类似的相互矛盾的结论也出现在性别与工作满意度之间关系的研究中。一些研究认为，男性与女性的满意度水平接近（Brush et al.，1987；Clark et al.，1996）；而在英国及其他国家和地区所作的研究则表明虽然女性的社会地位较低但是她们的工作满意度水平却相对较高（Hickson and Oshagbemi，1999）（Greenhaus et al.，1990）。这也许表明了女性的期望值较低，更容易从工作中得到满足（Witt and Nye，1992）。许多研究结论表明，女教师的工作满意度水平高于男教师（Chaplain，1995；Klecker and Loadman，1999；Poppleton and Riseborough，1991）。克雷默-海顿和戈尔茨坦对此解释到，在英国，与女性相比，男性占据着更为重要的工作岗位（Kremer-Hayton and Goldstein，1990），他们对教学工作较低的社会地位感到失望。这个结论与全国教师工会的研究结论（National Union of Teachers，2001）有些矛盾，全国教师工会的研究表明，在准备离职的教师中，71%是女性；但是，有人把这个结论归因为“家庭因素对职业生涯的干扰”（Chung et al.，2004：8）。

关于工作年限与工作满意度之间关系的研究比较少。欧沙格伯弥的研究结论（Oshagbemi，1997）是，工作年限对工作满意度的影响是积极的；进一步研究（Oshagbemi，2000）的结论是工作年限为10年左右的人，工作满意度水平较高，而且，工作年限每增加10年，满意度水平就会有所提高。对此，研究者的解释是：随着工作年限的增加，工作的安全感不断增长，雇员对此感到满意（Abraham and Medoff，1984）；还有人认为因为晋升与工作年限是紧密相关、满意感可能是由晋升引起的（Hickson and Oshagbemi，1999）。在教师的工作满意度研究中，有结果表明，工作年限不足5年的教师，满意度水平最高；而工作了15—20年的教师，满意度水平最低（Poppleton and Risborough，1991）。研究者认为新教师高涨的工作热情带来了较高的工作满意度，这个解释与赫茨伯格（Herzberg）等人的观点（1957）是一致的；而其他研究者则认为这是随着经验的增加，教师的期望值发生了变化的原因（Luthans and Thomas，1989）。

方法论

本研究的目的在于调查教师的工作满意度水平，探究学校所有制、资助方式或者宗教附属关系是否会对教师的工作满意度产生影响。假定现存文化中缺少这个因素，继而形成了本研究的主要零假设（null hypothesis）：

假设1：学校的“类型”对教师的工作满意度没有影响。

因为本研究包含了一项关于工作满意度和人口统计学变量（年龄、性别和工作年限）之间关系的检验，所以，我们进一步提出了三项与之相关的零假设：

假设2：教师的年龄对教师的工作满意度没有影响；

假设3：教师的性别对教师的工作满意度没有影响；

假设4：教师的工作年限对教师的工作满意度没有影响。

本研究使用的研究工具是“工作满意度调查问卷”（Job Satisfaction Survey，JSS）（Spector，1997）。因为“工作满意度调查问卷”是在美国开发出来的，所以，我们作了一些修订，并对某些词句进行了本土化处理（参见附录）。为了获得人口统计学数据，我们还在调查问卷中增加了一个部分。我们选取10个人进行试测，计算问卷修订以后的信度系数。试测的α系数（the Cronbach alpha）为0.86，表明本问卷的信度很高。

根据1998年颁布实施的《1998年学校标准和结构法案》（the School Standards and Framework Act 1998）的规定，我们将学校类型划分为5类：社区学校、基础学校、独立学校、罗马天主教学校和英格兰教会学校，法案通过之时并不存在的私立学校也被纳入研究范围。2001年6月，我们随机选取了萨里郡的11所学校进行调查。在样本学校的选取过程中，我们既考虑了地理位置上的便利因素，也考虑了该地区的私立学校是否签订了正式合同这个因素。东南部地区教师严重缺乏这个问题也在我们的考虑范围之内。该地区因其富裕、房价及消费水平高而著称，在分析研究结果的时候必须考虑环境因素的影响。在我们选取的11个样本学校中，有7所学校同意参加调查，其中两所社区学校对我们的调查作出了积极的反应，其他4种类型的学校各有1所。我们通过亲自送交或邮寄的方式将“工作满意度调查问卷”分发到每一所学校，并通过同样的方式回收问卷。

调查结果

本研究共发放了395份问卷，回收了233份有效问卷，回收率58%。5种类型学校的问卷回收率分别为：社区学校85%（$n=102$），私立学校60%（$n=18$），英格兰教会学校53%（$n=42$），罗马天主教学校46%（$n=30$），独立学校45%（$n=18$），基础学校38%（$n=23$）。233份问卷的克伦巴赫α系数为0.88，与试测结果（0.86）及“工作满意度调查问卷”的初始α系数（0.91）相近，表明测量工具是可信的。

描述性统计结果

在233名被试教师中，22—30岁的占31%，50岁以上的占26%（见表1）。女教师占总数的64%，与斯科特和迪纳姆（Scott and Dinham，2003）制订的性别比率标准相近。这似乎再次强调了“教学岗位由女性统治”（Chung et al.，2004）的论断，而男性呢，按照克雷默－海顿和戈尔茨坦的观点，在职业岗位上的作用比女性重要得多，所以，他们都因为教学工作的社会地位不高而不愿意从事教学工作（Kremer-Hayton，1990）。还有一个原因是，样本学校里的男性教师可能不愿意参加调查。

在全部被试中，有72名教师（30.9%）是新教师，他们的工作年限不足5年。这表明，在本次研究的参与者中，很大一部分都是新近加入教师行列的，加上刚毕业的大学生，这就可以解释为什么年轻教师的比例较高、刚跳槽的人（late career-changers）比较多了。在教学领域工作超过30年的教师相当少，是因为法律规定的教师退休年龄比较小，教师早早地就退休了。

表1　被试的基本特征

指　　标		数量（人）	百分比
年龄（岁）	22—30	73	31.3
	31—40	47	20.2
	41—50	52	22.3
	50以上	61	26.2
性别	男	84	36.5
	女	148	63.5
教学年限（年）	0—5	72	30.9
	5—10	43	18.5
	11—20	48	20.6
	21—30	50	21.5
	30以上	20	8.6
学校类型	基础学校	18	7.7
	英格兰教会学校	42	18.0
	罗马天主教学校	23	9.9
	社区学校	18	7.7
	私立学校	30	12.9
	独立学校	102	43.8

注：样本总量 $N=233$。

统计检验

本研究的目的在于调查教师的工作满意度水平，继而判断学校类型对教师工作满意度是否会产生影响。不同类型学校教师的工作满意度平均得分分别为：独立学校 $M=149.9$，私立学校 $M=147.4$，社区学校 $M=130.9$，罗马天主教学校 $M=128.0$，英格兰教会学校 $M=123.0$，基础学校 $M=110.5$。从数据统计结果可以看出，在不同学校工作的教师，工作满意度得分是不相同的，所以，拒绝第一个零假设。但是，这些差异是否具有统计学意义，还需要进一步的分析。随后，我们进行了单因素方差分析（one-way ANOVA）。计算结果为，显著性水平低于0.05（0.000），说明不同类型学校教师工作满意度的平均分之间存在着显著差异（见表2）。

我们通过图基最实在性显著差异检验（Tukey HSD）来确定具体是哪些变量关系存在着差异（表3）。图基最实在性显著差异检验中特征值（significance values）的范围是0.999（表明平均分之间无差异）至0.000（表明平均分之间存在显著差异）之间。独立/私立学校与基础学校、英格兰教会学校以及独立学校的教师之间平均分差异最显著。独立学校与私立学校教师工作满意度的平均分之间没有显著差异。

表2　不同类型学校教师工作满意度得分的单因素方差分析结果

	平方和	自由度	平方数的平均值	F 值	显著性水平
组间	23524.399	5	4704.880	10.013	0.000
组内	106664.0	227	469.886		
总和	130188.4				

我们以显著性水平和平均分作为依据，将学校类型归纳为同质性子集（homogenous subsets）。表3显示，归纳后的同质性子集有4个。4个子集的特征值都大于0.05，这表明，按照同质性程度从高到低的顺序排列，首先是独立学校和私立学校（特征值0.998），其次是英格兰教会学校、罗马天主教学校和社区学校（特征值0.765）。其余两个（基础学校和英格兰教会学校、社区学校和私立学校），我们也认为它们属于同质性子集（特征值分别为0.273、0.058），只不过同质程度较低。

表3　根据工作满意度平均值而划分的同质性子集的图基最实在性显著差异检验结果［Tukey HSD（a，b）］

学校类型	n	子集 $\alpha=0.05$			
		1	2	3	4
基础学校	23	110.5217			
英格兰教会学校	42	123.0476	123.0476		
罗马天主教学校	30		127.9667		

续表

学校类型	n	子集 α = 0.05			
		1	2	3	4
社区学校	102		130.9216	130.9216	
私立学校	18			147.3889	147.3889
独立学校	18				149.8889
显著性水平		0.273	0.765	0.058	0.998

注：表中显示了同质性子集的平均得分。

a. 调和平均数（harmonic mean）样本数 = 27.084。

b. 各组的样本数是不同的。此处用的是各组样本数的调和平均数。第一类错误没有达到显著水平。

为了实现第二个研究目的，我们使用了单因素方差分析来检验教师的工作满意度与年龄、性别及工作年限等变量之间的关系。检验结果（$\rho < 0.05$）为：针对“年龄”变量，特征值为0.389；针对“性别”变量，特征值为0.402；针对“工作年限”变量，特征值（$\rho < 0.05$）为0.546。因为三个检验的特征值都大于0.05，可以得出的结论是：按照年龄、性别和工作年限进行分组的时候，教师工作满意度的平均分之间不存在明显的差异。然而，在接受3个零假设、确定变量关系的性质之前，还必须围绕这3个人口统计学变量对各组的平均分作进一步的检验分析。

考察“年龄”变量时发现，不同年龄的教师工作满意度得分之间存在着差异；因此，拒绝第二个零假设。年龄与工作满意度之间的关系既不是直线型也不是曲线型的。相反，教师的工作满意度水平呈波浪型变化（见图1），22—30岁年龄组的满意度水平很高（$M = 133.6$），31—40岁年龄组的满意度水平明显下降（$M = 126.4$），41—50岁年龄组的满意度水平又有所上升（$M = 129.4$），50岁以上组，其满意度水平又有轻度下降（$M = 128.4$）。还没有人对这种现象作出精确的解释，但是，这个结果可能意味着某些与工作相关的生活事件——这些事件往往发生在人生的31—40岁之间，50岁以后会再次发生——对教师的工作满意度有着消极的影响。

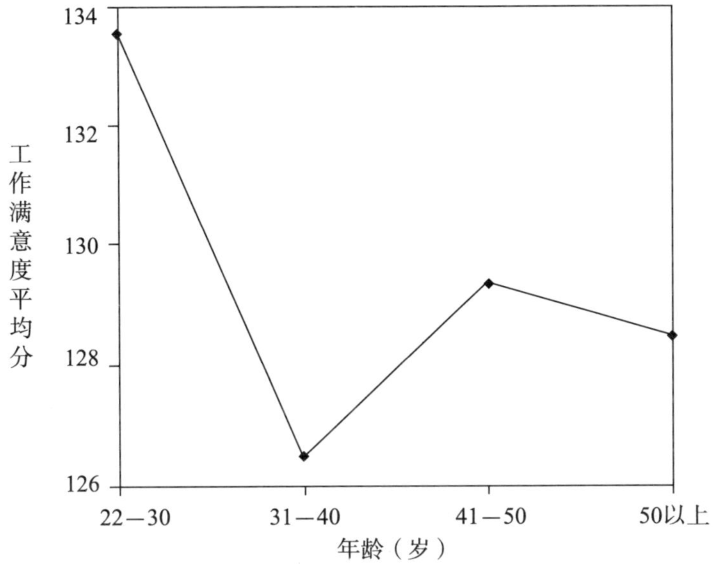

图 1　根据年龄分组的各组工作满意度的平均值

考察工作满意度与性别之间的关系时得出的结论是：男教师（M = 131.5）比女教师（M = 128.8）的满意度水平略高，由此可以拒绝第三个零假设。单因素方差分析结果（显著性程度 = 0.402）显示，在 0.05 显著性水平上，两组教师的满意度得分之间存在的差异没有统计学意义。两组得分之所以有差异，可能是因为男性被试的数量（n = 85）比女性被试的数量（n = 148）少。

工作满意度与工作年限之间呈现的是一种曲线关系（图 2）；而且，教师的工作年限不同，工作满意度的得分也是不相同的。刚参加工作的教师，工作满意度水平较高，在职业生涯发展的中期，满意度水平下降，然后又有所回升。工作满意度水平最高值出现在工作 30 多年的教师身上（M = 136），最低值是工作 11—20 年的教师（M = 126.5）。工作年限在 0—5 年的教师（M = 131.9），得分相对较高，工作年限为6—10 年的教师（M = 129）与工作年限为 21—30 年的教师（M = 128.4）的得分大致接近。虽然这个结果表明，应当拒绝第四个零假设，但是，在 0.05 的显著性水平上，平均数之间的差异（0.546）是不显著的。

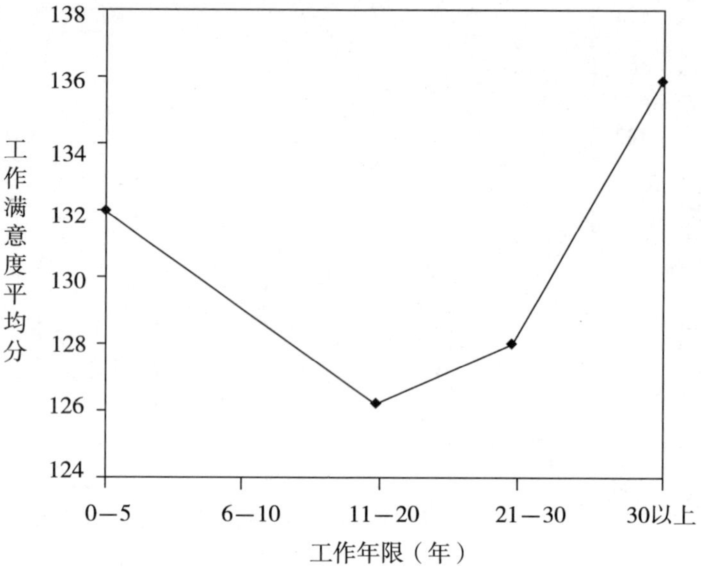

图2　根据工作年限分组的各组工作满意度的平均值

虽然单因素方差分析的结果再次说明，在这6类不同学校工作的教师，其满意度得分平均值之间不存在显著的差异，按照年龄、性别和工作年限分组，教师的满意度得分之间的差异也不显著。我们使用双因素方差分析（two-way ANOVA）来处理这些数据，进一步分析学校类型和人口统计学变量之间的相互作用是否会对教师的工作满意度产生影响（表4）。

表4　双因素方差分析的显著性水平

变　量	显著性程度
学校类型/年龄	0.955
学校类型/性别	0.856
学校类型/工作年限	0.884
年龄/性别	0.614
年龄/工作年限	0.846
性别/工作年限	0.673

数据显示，尽管4个独立变量中任意两个变量之间都存在着相互作用，但是这种相互作用对教师工作满意度平均分的影响在0.05显著性水平上并不显著。需要注意的是，与0.05最接近的特征值反映了年龄

与性别的相互作用对教师工作满意度的影响（0.614）；还要进一步进行统计学分析，以确定3个或3个以上的变量之间的相互作用对教师工作满意度的影响是否是明显不同。所以，我们使用标准多元回归分析（standard multiple regression test）对这些数据进行处理，以确定预测工作满意度的最佳指标。由此计算出来的 R^2 的最低值（0.016）表明，本研究中没有讨论过的变量（除学校类型、年龄、性别和工作年限以外的变量）可能能够更好地预测工作满意度水平。

计算本研究各独立变量的标准化系数 β 值（standardized coefficient beta values）（β 最大值显示的是哪一个变量对工作满意度的影响程度最大）的结果也十分有趣：年龄（-0.202）和工作年限（0.154）的影响最强，而学校类型（0.035）和工作年限（0.005）的影响最弱。然而，年龄的特征值（0.89）和工作年限的特征值（0.189）却表明，在0.05显著性水平上，这两个变量对工作满意度的影响是不显著的。

讨论

研究结果表明，年龄不同、工作年限不同，甚至性别不同，教师的工作满意度水平都是不相同的，但是，这些差异都达不到统计学上的显著性要求。另外，在这3个人口统计学变量、学校类型与教师工作满意度水平之间，不存在交互影响。

研究结果显示，分属于4个年龄组的教师，其工作满意度平均分之间存在着差异，而且工作满意度水平随着年龄的增长而呈现出一种波浪型的变化，这与文献中表明的年龄与教师工作满意度之间应当是线性的（Hickson and Oshagbemi，1999）或曲线型的（Herzberg et al.，1957）关系相悖。从某种程度上说，本研究的结论支持了卢森斯和托马斯（Luthans and Thomas，1989）提出的“年长的雇员工作满意度会下降”的观点，本研究的结论还支持了查普林（Chaplain，1995）提出的“可能是因为工作条件发生了变化，35—45岁之间的雇员工作满意度水平最低”的观点（Hickson and Oshagbemi，1999）。同时，本研究得出的“满意度水平最高的是年龄在22—30岁之间的教师”的结果，与全国教师工会（National Union of Teachers，2001）的研究结论“25—29岁之间教师的工作满意度水平最低”是不太一致的，这可以解释为，本研究的样本学校中不满意本职工作的年轻教师没有参与本研究，而参与调查的年轻教师的工作满意度水平均较高。

按性别分组后教师满意度平均分表明，男教师比女教师的满意度水平稍微高一些，但是这种差异不具有统计学意义。这个结果与克拉克等人（Clark et al.，1996）及布拉什等人（Brush et al.，1987）的研究结论是一致的，但是与查普林（Chaplain，1995）、珀普勒顿与瑞斯伯诺（Poppleton and Riseborough，1991）的研究结论是相反的，查普林、珀普勒顿等人认为，女教师比男教师的工作满意度水平要高一些。不过，因为满意度得分非常接近，没有必要对之进行深入的研究。

先前的一些研究认为，工作满意度与工作年限之间存在着一种正向线性关系（positive linear relationship）（Hickson and Oshagbemi，1999；Oshagbemi，1997，2000）。与此相反的是，本研究的结果表明，二者之间呈现出的是一种曲线关系，工作满意度水平最低的是工作年限为11—20年的教师。本研究的结论与珀普勒顿和瑞斯伯诺（Poppleton and Riseborough，1991）的研究结果是一致的，他们认为，属于15—20年工作年限组的教师，其工作满意度水平最低。这种结果的出现可能是因为随着工作年限的增长，职业有了一定的发展，满意度也会随着增长；而工作了15—20年的教师都感觉到了职业中期存在的压力（Kinman，2001）。我们可以结合年龄与工作年限的相互作用来进一步解释这种结果：工作年限较长的教师，其年龄也较大，可能更有能力应对变革的要求——正如欧沙格伯弥（Oshagbemi，1999）所说的那样。

本研究结果还表明，教师工作满意度水平随着学校类型的变化而存在着差异：私立学校和独立学校的教师，与基础学校及英格兰学校的教师相比，工作满意度水平要高一些。这可以归因为一系列的环境因素（Corvin，2001；Scott and Dinham，2003），诸如，资金或物资匮乏、州的管理不到位、课程设置的自由度太大（Kendall and Kington，2001）。在独立学校中，教师的满意度来自于社会赋予这类机构较高的社会地位，较高的社会地位同时也会带来社会对教师完成工作任务的较高期望（Evans，1997）。学校获得资助的方式也是一个鉴定指标：独立学校的资金来源于学生缴纳的费用，基础学校的资金直接由政府划拨，基础学校也是由政府实体直接管理的。从表面上看，这可能意味着独立学校和私立学校有更多机会获得资金及物资资助，不存在财政资金匮乏的问题，学校可以根据需要分配资源而不受组织及管理的限制；而在其他类型的学校中，这样的限制是广泛存在的，这被认为是影响教师工作满意度的因素（Sillitoe，2004）。但是，资源问题同时也可以归入其他变量中，诸如组织氛围（Furnham and Drakeley，1993），而这就是不可控的了，且需要进行严格的审查。

中学教师招募、选拔和保有的程序可能也需要修改。尽管本研究找到了中学教师中工作满意度相对较高的年龄组和性别组，但是，基于这些变量进行招募和选拔无疑是与关于平等就业机会法规及相应的学校政策相违背的。因此，不考虑年龄、工作年限或者性别状况，而是通过采取关注工作舒适度或者工作成就感（Evans，1997）来提高并维持所有教师的工作满意度水平等方面的措施，具有非常重要的意义。众多新教师（工作年限0—5年）中，一部分是年轻教师（年龄在22—30岁之间），还有一部分是刚跳槽的、年龄较大的教师。这两组教师的工作满意度水平与一系列不同因素相关：年轻教师刚参加工作，工作热情较高、进取心较强、比较关注职业发展（Herzberg et al.，1957）；岁数大的教师更有能力解决工作中出现的问题（Oshagbemi，1999）。然而，为了解决工作年限在6—10年的教师工作满意度水平较低的问题，制订辅助机制或认定程序也许是有益的（Dinham and Scott，1998），可以减少埃文斯（Evans，1998）提出来的过早退休问题。

结论

本研究结果表明，学校类型对教师工作满意度水平有显著影响。虽然研究结果显示，在独立学校和私立学校中工作的教师工作满意度水平最高，而在基础学校和英格兰教会学校工作的教师，工作满意度水平最低，但对这些结论应当持相对审慎的态度。本研究没有对与学校类型相关的其他变量的影响进行调查，诸如学校风气、组织风格、学生数量以及学术水平等，这些环境因素对工作满意度可能会产生相当大的影响。

研究带给我们的启示有助于改善英国中学的管理和领导状况。既然不同学校资金投入的方式是不相同的，那么学校资金来源的变化，诸如基础学校改制为私立学校，都可能会提高教师的工作满意度水平。然而，这种转型将是一个复杂而有争议的过程，所以，对这种选择必须加以认真的考虑。另外，变革过程本身就是一个不稳定因素（Dinham and Scott，2000），同样也会产生消极影响。从本质上说，教师们的需要、欲求及动机也是不相同的，这些因素也应当受到重视并被提到管理议程上来，通过创建更好的环境来提高教师的工作满意度水平。当官僚风气上涨、学生的不良行为增多的时候，学校管理者/领导者和教师之间有效的双向沟通是至关重要的：首先，确立教师满意度的一般水平；其次，找到影响教师工作满意度的因素并实施补救行为。

与其他人的研究一样，本研究也存在着一定的局限。首先，在研究方法论领域，本研究的样本量较小，取样范围也不大；我们建议，在全国范围内抽取大量的样本进行深入的研究。更重要的是，本研究忽视了很多重要的环境/组织因素，诸如领导和管理风格（Schultz and Teddlie，1999）、学校风气与自我归因相关的学生数量及学生学业水平（Schonfeld，1990）。在进一步调查本研究限定的学校类型与依照管理风格和组织气候而定义的学校种类（kind）之间是否存在关联，以确定这些因素是否对教师的工作满意度产生显著决定作用的时候，研究者应当考虑这些因素。本研究总的结论是，那些没有考虑到的因素也许可以更好地预测教师的工作满意度，因此应当对其进行更加深入的研究。

附录一：工作满意度调查问卷（修订版）

第一部分　人口统计学变量

请在合适的选项上画“√”。

1. 年龄

22—30□　31—40□　41—50□　50以上□

2. 性别

男□　女□

3. 从事教学工作的年限

0—5□　6—10□　11—20□　21—30□　30以上□

4. 学校类型

私立学校□　英格兰教会学校□　基础学校□

独立学校□　罗马天主教学校□　社区学校□

第二部分　工作满意度

请在每一道题中最符合你的想法的选项上画“○”。其中，1 = 非常不同意，2 = 一般不同意，3 = 不同意，4 = 有点同意，5 = 一般同意，6 = 非常同意。

1	我认为我工作的付出与所得是公平的。	1　2　3　4　5　6
2	工作晋升的机会几乎没有。	1　2　3　4　5　6
3	我的顶头上司能够胜任他/她的工作。	1　2　3　4　5　6
4	对于我的收益，我是不满意的。	1　2　3　4　5　6
5	每当我做好了，我就能得到应有的认可。	1　2　3　4　5　6
6	许多规章和规则使我们很难做好工作。	1　2　3　4　5　6
7	我喜欢我的同事。	1　2　3　4　5　6
8	有时候我感觉我的工作毫无意义。	1　2　3　4　5　6
9	组织内的交流似乎很畅通。	1　2　3　4　5　6
10	很少涨工资，而且涨工资的时间间隔很长。	1　2　3　4　5　6
11	工作优秀的人可以得到公正的晋升机会。	1　2　3　4　5　6
12	我的顶头上司对我不公平。	1　2　3　4　5　6
13	我们得到的收益与大部分其他组织成员的收益是相当的。	1　2　3　4　5　6
14	我不认为有人会赏识我的工作。	1　2　3　4　5　6
15	组织里的官僚作风很少妨碍我努力工作。	1　2　3　4　5　6
16	我发现，因为同事的能力差，我必须加倍努力工作。	1　2　3　4　5　6
17	我喜欢我现在的工作。	1　2　3　4　5　6
18	我不清楚组织的目标。	1　2　3　4　5　6
19	每当我看到工资收入的时候，我就觉得组织并不欣赏我。	1　2　3　4　5　6
20	如果在其他地方工作的话，人们一样会发展很快。	1　2　3　4　5　6
21	我的顶头上司毫不在意下属的感受。	1　2　3　4　5　6

续表

22	我们拥有的福利待遇是公平的。	1　2　3　4　5　6
23	在这儿工作的人得不到什么回报。	1　2　3　4　5　6
24	我有太多的工作要做。	1　2　3　4　5　6
25	我所在的学科组是友好的、爱交际的。	1　2　3　4　5　6
26	我常常感到我不知道组织里发生了什么事情。	1　2　3　4　5　6
27	我为我的工作感到骄傲。	1　2　3　4　5　6
28	我很满意我的工资增长状况。	1　2　3　4　5　6
29	有一些我们应该得到的利益实际上没有得到。	1　2　3　4　5　6
30	我喜欢我的顶头上司。	1　2　3　4　5　6
31	我有很多文案工作。	1　2　3　4　5　6
32	我不认为我的付出都有所得。	1　2　3　4　5　6
33	我很满意我的晋升状况。	1　2　3　4　5　6
34	工作过程中充满了争吵与斗争。	1　2　3　4　5　6
35	我的工作令我愉快。	1　2　3　4　5　6
36	工作安排没有得到充分的解释。	1　2　3　4　5　6

致谢

衷心感谢托尼·布什（Tony Bush）教授和两位不知名的编辑，感谢他们对本文初稿细致的、极具建设性的、礼貌的评论。

参考文献

Abraham, K. G and Medoff, J. L. (1984) 'Length of Service and Layoffs in Union and Non-union Work Groups', *Industrial and Labour Relations Review* 38 (1): 87-97.

Brush, D. H., Moch, M. K. and Pooyan, A. (1987) 'Individual Demographic Differences and Job Satisfaction', *Journal of Occupational Behaviour* 8 (1): 139-155.

Carvel, J. (2000) 'Thumbs down', *Guardian Education* 7 March: 4.

Chaplain, R. P. (1995) 'Stress and Job Satisfaction: A Study of English Primary School Teachers', *Educational Psychology* 15 (4): 473-489.

Chung, T. -P., Dolton, P. and Tremayne, A. (2004) 'The Determinants of Teacher

Supply: Time Series Evidence for the UK, 1962 – 2001'. Available at: www. wasn. ac. uk/economics/res2004/programme/papers/ChungDoltonTremayne. pdf.

Clark, A., Oswald, A. and Warr, P. (1996) 'Is Job Satisfaction U-shaped in age?', *Journal of Occupational and Organisational Psychology* 69: 57 – 81.

Corwin, J. (2001) 'The Importance of Teacher Morale in Combating Teacher Shortage', *Baylor Business Review Spring/Summer*: 18.

Dean, C. and Kelly, A. (2001) 'You Can Name Your Price', *Times Educational Supplement* (23 March): 4.

Department for Education and Employment (2000) *Statistics of Education: Teachers-England and Wale*. London: DfEE.

Dinham, S. and Scott, C. (1998) 'A Three Domain Model of Teacher and School Executive Satisfaction', *Journal of Educational Administration* 36 (4): 362 – 378.

Dinham, S. and Scott, C. (2000) 'Moving into the Third, Outer Domain of Teacher Satisfaction', *Journal of Educational Administration* 36 (4): 379 – 396.

Evans, L. (1997) 'Addressing Problems of Conceptualization and Construct Validity in Researching Teachers' Job Satisfaction', *Educational Research* 39 (3): 319 – 331.

Evan, L. (1998) *Teacher Morale, Job Satisfaction and Motivation*. London: Paul Chapman.

Furnham, A. and Drakeley, R. J. (1993) 'Work Locus of Control and Perceived Organizational Climate', *European Work and Organizational Psychologist* 3 (1): 1 – 9.

Gardner, J. and Oswald, A. (1999) 'The Determinants of Job Satisfaction in Britain', working paper, Department of Economics, University of Warwick.

Good, L., Sisler, G. and Gentry, J. (1988) 'Antecedents of Turnover Intentions among Retail Management Personnel', *Journal of Retailing* 64: 295 – 314.

Greenhaus, J. H., Parasuraman, S. and Wormley, W. M. (1990) 'Effects of Race on Organizational Experiences, Job Performance Evaluations and Career Outcomes', *Academy of Management Journal* 33 (1): 64 – 86.

Griva, K. and Joekes, K. (2003) 'UK Teachers under Stress: Can We Predict Wellness on the Basis of Characteristics of the Teaching Job?, *Psychology and Health* 18 (4): 457 – 471.

Halpin, D. (2001) 'Hope, Utopianism and Educational Management, *Cambridge Journal of Education* 31 (1): 103 – 118.

Handyside, J. D. (1961) 'Satisfaction and Aspirations', *Occupational Psychology* 35: 213 – 243.

Herzberg, F. I., Mausner, B., Peterson, R. O. and Capwell, D. R. (1957) *Job Atti-*

tudes: *Review of Research and Opinion*. Pittsburgh, PA: Psychological Service of Pittsburgh.

Hickson, C. and Oshagbemi, T. (1999) 'The Effect of Age on the Satisfaction of Academics with Teaching and Research', *International Journal of Social Economics* 26 (4): 537 – 544.

Kelly, A. (2001) 'Businesses to Run Failing Schools', *Times Educational Supplement* (18 May): 3.

Kendall, L. and Kington, A. (2001) 'Teacher Recruitment and Retention', *Annual Survey of Trends in Education*. Slough: National Foundation for Educational Research.

Kinman, G. (2001) 'Pressure Points: a Review of Research on Stressors and Strains in UK Academics', *Educational Psychology* 32 (4): 473 – 492.

Kinunnen, U. and Leskinen, E. (1989) 'Teacher Stress during a School Year: Covariance and Mean Structure Analyses', *Journal of Occupational Psychology* 62: 111 – 122.

Klecker, B. M. and Loadman, W. E. (1999) 'Male Elementary School Teachers' Rating of Job Satisfaction by Years of Teaching Experience', *Educaiton* 119 (3): 504 – 513.

Kremer-Hayton, L. and Goldstein, Z. (1990) 'The Inner World of Israeli Secondary School Teachers: Work Centrality, Job Satisfaction And Stress', *Comparative Education* 20 (2/3): 285 – 298.

Kreis, K. and Brockopp, D. Y. (1986) 'Autonomy: a Component of Teacher Job Satisfaction', *Education* 107 (1): 110 – 115.

Kyriacou, C. and Sutcliffe, J. (1979) 'A Note on Teacher Stress and Locus of Control', *Journal of Occupational Psychology* (52): 227 – 228.

Lawler, E. (1971) *Pay and Organizational Effectiveness*. New York: McGraw-Hill.

Luthans, F. and Thomas, L. T. (1989) 'The Relationship between Age and Job Satisfaction: Curvilinear Results from an Empirical Study—a Research Note', *Personnel Review* 18 (1): 23 – 26.

Ma, X. and MacMillan, R. (1999) 'Influences of Workplace Conditions on Teachers' Job Satisfaction', *Journal of Educational Research* 93 (1): 39 – 47.

McKenna, E. (1999) *Business Psychology and Organisational Behaviour*. Hove: Psychology Press.

Maclean, R. (1992) *Teachers' Career and Promotion Patterns: A Sociological Analysis*. London: Falmer Press.

Moriarty, V., Edmonds, S., Blatchford, P. and Martin, C. (2001) 'Teaching Young Children: Perceived Satisfaction and Stress', *Educational Research* 43 (1): 33 – 46.

National Center for Education Statistics (1997) 'Job satisfaction among America's Teachers: Effects of Workplace Conditions, Background Characteristics and Teacher Compensation'. Available at: http: //nces. ed. gov/pubs97/97471. html (accessed 27 July 2001).

National Union of Teachers (2001) *Who's Leaving? And Why? Teacher's Reason for Leaving the Profession.* London: National Union of Teachers.

Nicholson, E. A. and Miljus, R. C. (1972) 'Job Satisfaction of Workers and Turnover among Liberal Arts College Professors', *Personnel Journal November*: 840 – 845.

O'Brien, G. E. (1983) 'Locus of Control and Retirement', in H. M. Lefcourt (ed.) *Research in Locus of Control*: Volume 3. New York: Academic Press.

Oshagbemi, T. (1997) 'Academics and their Managers: A Comparative Study in Job Satisfaction', *Personnel Review* 28 (1/2): 108 – 123.

Oshagbemi, T. (1998) 'The Impact of Age on the Job Satisfaction of University Teachers', *Research in Education* 59 (1): 95 – 108.

Oshagbemi, T. (1999) 'Satisfaction with Co-workers Behaviour', *Employee Relations* 22 (1): 88 – 106.

Oshagbemi, T. (2000) 'Is Length of Service Related to the Level of Job Satisfaction?', *International Journal of Social Economics* 27 (3): 213 – 226.

Personnel Today (2003). 'Teaching Could Face Exodus by Unhappy Staff', *Personnel Today* (14 January): 7.

Poppleton, P. and Riseborough, G. (1991) 'A Profession in Transition: Educational Policy and Secondary School Teaching in England in the 1980s', *Comparative Education* 26 (2/3): 211 – 226.

Rhodes, S. R. (1983) 'Age-related Differences in Work Attitudes and Behaviour: A Review and Conceptual Analysis', *Psychological Bulletin* 93 (2): 328 – 367.

Sarker, S. J., Crossman, A. and Chinmeteepituck, P. (2003) 'The Relationships of Age and Length of Service with the Job Satisfaction: an Examination of Hotel Employees in Thailand', *Journal of Managerial Psychology* 18 (7): 745 – 758.

Schonfeld, I. S. (1990) 'Coping with Job-related Stress: The Case of Teachers', *Journal of Occupational Psychology* 63: 141 – 149.

Schultz, I. L. and Teddlie, C. (1999) 'The Relationship between Teachers', Job Satisfaction and their Perceptions of Principals' Use of Power and School Effectiveness', *Education* 19 (4): 461 – 468.

Scott, C. and Dinham, S. (2003) 'The Development of Scales to Measure Teacher and School Occupational Satisfaction', *Journal of Educational Administration* 41 (1): 74 – 86.

Scott, C., Cox, S. and Dinham, S. (1999) 'The Occupational Motivation, Satisfaction and Health of English School Teachers', *Educational Psychology* 19 (3): 287 –308.

Sillitoe, W. (2003) 'The Five-year Hitch', *Times Educational Supplement* October 31. Available at: www. tes. co. uk/your_ career/career_ moves_ dev_ and_ training. asp (accessed 22 July 2004).

Shann, M. H. (1998) 'Professional Commitment and Satisfaction among Teachers in Urban Middle Schools', *Journal of Educational Research* 92 (2): 67 –73.

Spear, M., Gould, K. and Lee, B. (2000) *Who Would Be a Teacher? A Review of Factors Motivating and Demotivating Prospective and Practicing Teachers.* Slough: National Foundation for Educational Research.

Spector, P. E. (1982) 'Behaviour in Organizations as a Function of Employees' Locus of Control', *Psychological Bulletin* 91 (1): 482 –492.

Spector, P. E. (1997) *Job Satisfaction: Application, Assessment, Causes and Consequences.* London: SAGE.

Spector, P. E. and O'Connell, B. J. (1994) 'The Contribution of Personality Traits, Negative Affectivity, Locus of Control and Type A to the Subsequent Reports of Job Stressors and Job Strains', *Journal of Occupational and Organizational Psychology* 67: 1 –11.

Voluntary Service Organisation (2000) *The Meaning of Work.* Available at: http: //www. vso. org. uk/media/report. htm (accessed 23 July 2001).

Witt, L. A. and Nye, L. G. (1992) 'Gender and the Relationship between Perceived Fairness of Pay or Promotion and Job Satisfaction' *Journal of Applied Psychology* 77 (6): 910 –917.

[作者简介]

阿尔夫·克罗斯曼：萨里大学（University of Surrey）管理学院高级讲师，主要研究方向为工业关系与人力资源管理。

佩内洛普·哈里斯：萨里大学（University of Surrey）政治、国际及政策研究学院项目官员。

[联系方式]

ALF CROSSMAN: School of Management, University of Surrey, Guildford, Surrey GU 2 7XH, UK. [email: a. crossman@ surrey. ac. uk]

职前及在职教师对于小学组织的满意度研究

——来自希腊的调查报告

玛丽亚·埃利弗欧特尤·梅纳恩（Maria Eliophotou Menon），
克里斯特斯·塞提斯（Christos Saitis）
江雪梅 译

摘要

本文围绕职前与在职小学教师对于学校组织及其管理的满意度水平进行了调查研究，并对职前教师与在职教师的满意度进行了比较。在希腊，我们选取了315名职前教师、439名在职教师，通过问卷收集基本数据。问卷涉及构成学校组织的6个基本因素：学校氛围、校长角色、学校组织、教师动机、上级角色和教师角色。调查结果显示，在上述6个因素上，职前教师与在职教师的满意度之间存在着显著性差异。具体表现为，在“教师激励”这个因素上，职前教师的满意度明显高于在职教师；而在其他5个因素上，职前教师的满意度明显低于在职教师。本文考察了关于职前与在职教师工作满意度的研究结论带给我们的启示，并提出了提高教学人员工作动机的方法。

关键词：差异理论　工作满意度　小学　学校组织　教师

导言

一些人试图对“工作满意度”进行定义，并针对“工作满意度对工人的动机及生产率的影响”进行了调查。关于工作满意度的一个普适模型，就是根据“雇员的期望与组织实际提供的激励之间存在着差异”的理念而提出的（Smith et al.，1969）。在这个模型中，为了让工作者（jobholder）满意，组织的激励应当与其工作需要相等或者高于其工作需要。因此，当一个人的所得少于他的期望值的时候，他就会产生不满意的感觉（Berry，1997）。一些研究人员（Ronan and Marks，1973；Rice et al.，1989；Teas，1981）认为，只有借鉴“差异理论”的相关原则，才能提出工作满意度的相关理论。在马奇和西蒙（March and Simon，1958）提出的“动机—归因理论”（the inducements-contribution theory）及菲斯廷格（Festinger，1957）提出的“认知不和谐理论”（the cognitive dissonance theory）中可以看到“差异模型”（the discrepancy model）的两种变化。

“认知不和谐理论”关注的是组织激励与雇员需求之间的差异对个体的影响。其中，“不和谐”是由个体的基本信念（或期望）与其被要求的实际行为之间的差异造成的。值得注意的是，菲斯廷格（Festinger，1957）的研究主要围绕着“当个体被迫以某种与其信念相悖的方式去行为的时候，个体所经历的冲突感和焦虑”而展开。假定这些感觉都是令人不愉快的，个体总是在试图降低或消除这些感觉。尽管人们已经广泛接受了“差异理论”，但是“差异理论”在教育领域内还没有得到广泛的验证。在本文中，我们试图通过研究希腊的职前和在职小学教师对于学校组织及其管理的满意度水平，来验证工作满意度的差异理论能否适用于教育领域。

研究背景

希腊的教育系统包括九年制义务教育体系，其中，前6年是初等教育，后3年是初级中等教育。接受了九年义务教育之后，学生可以继续接受3年高级中等教育；在希腊高级中等教育实施分流制度，分为一般的（或学术性的）高中和技术的（或职业的）高中两类。私立教育只占据教育市场的一小部分：1993年和1994年，在初等教育和中等教育中，就读于私立学校的学生仅占到总数的7.3%和6.2%（Antoninis and Tsakloglou，2001）。公立高等教育包括大学和技术教育学院，对所有的中等教育毕业生开放。

希腊教育系统的一个显著特点就是它的等级制结构（见附录：希腊教育系统结构图）。在教育等级结构的顶部，是教育大臣，中间管理层包括地方教育主管和主要行政官员。主要行政官员指的是教育理事会理事长或教育办公室主任。教育理事会坐落于希腊每一个州的首府，教育办公室则比教育理事会低一级，各州首府所在地或者各州的较大城市都设有教育办公室。教育理事长负责监督教育办公室的工作，在学校组织与管理方面为学校校长提供指导及其他方面的工作。教育办公室主任直接监管所在州各学校教育职能的实现，尤其是监管教学人员的相关事宜。除了教育理事会和办公室以外，各州还设有一个顾问委员会，目的是为州政府提供教育咨询。顾问委员会成员包括一名州政府官员、一名小学顾问、一名中学顾问、一名首府所在市的政府工作人员代表以及所在州的社会组织、教育组织和农业组织的代表。

虽然在改革和政策变革方面作了很多尝试，希腊教育系统仍然保持着最初确立的高度集权化和等级化的体制。伴随着希腊新政府成立而实施的改革措施在教育上并没有体现为长期的国家政策，教育改革措施仅仅是为了给人以一种进行重要变革的印象而实施的一种管理性或立法性的修订制度。事实上，教育系统的基本结构仍然保持着传统的、官僚化的特征（Iordanides，2002）。人们普遍认为，希腊教育系统之所以会成为集权体制，是由于19世纪早期希腊共和国（Greek Republic）成立之初就受到了欧洲国家（主要是法国和德国）政府的影响（Lainas，2000）。现在，希腊教育系统的集权化，则与高度中央控制和官僚化的管理实践联系在一起，体现为教育部负责高等教育规划和决策。教育部决定着财政资源在学校的分配，决定着人力资源相关事务，诸如人员的任命和调动等。按照一系列规章制度的规定，教育供给是统一管理的，即使不甚重要的物品也是由政府统一划拨；这些规章制度同时还限定了教育行政管理人员的权力范围。因此，下级教育行政管理人员的角色任务主要集中在解释并贯彻实施相关的法律法规方面。在这种体制下，学校里的行政人员（校长和副校长们）的主要职责就是遵照政府及行政管理人员指出的方向、确保这些法律法规得到切实的执行。希腊的教育行政管理体制不允许校长们根据自己学校的实际需要对规划进行自由变动，这种做法实际上挫伤了校长们为促进学校发展而采取措施的积极性（Papanaoum，1995；Saitis，1997，2002）。在这种情境下，教师聘用的条件是由政府统一规定的，没有给学校留下任何空间，例如，学校无权为优秀教师提供额外的报酬。从总体上看，虽然学校自治在西方国家是很普遍的现象，但是，希腊的学校组织却不拥有同样的自治权。

近年来，希腊教育系统集权化、官僚化的特点受到了严厉的批评。有专家指出，在现有状态下，希腊教育系统不具有灵活性，容易发生功能紊乱（Kargakos，1995）。大量的批评直接指向学校教师的培训工作：根据卡扎弥斯和卡梭塔克斯（Kazamias and Kassotakis，1995）的观点，教师基础教育的内容一直不能令人满意，因为在实践中教师的培训工作做得不到位，无法填补理论与实践之间的差距。塞提（Saiti，2000）认为，在希腊，政府从来没有从规划的角度对教师培训进行系统的研究。教师培训的局限性以及教育系统的其他缺陷，都导致了人们对希腊教育系统的消极评价，人们常常将希腊教育系统描述为“处于危机中的教育”（Kazamias and Kassotakis，1995）。危机的一种体现就是学生的高辍学率，比如，初级中等义务教育阶段，学生的辍学率在20%左右（Katsikas and Kavvadias，1994）。

与此相关的问题就是教师的工作满意度：虽然希腊的小学需要很多高学历的教学人员，但是很多证据表明，在职教师至少对工作的某些方面不满意。科斯特里奥斯（Koustelios，2001）对希腊初等教育及中等教育中教师的工作满意度水平进行了研究，结论是：教师对工作本身及工作管理是满意的，对薪酬及晋升机会是不满意的。根据个人特征（例如，性别、年龄）进行解释的差异比率非常低，这说明，如果将来还要对希腊教师的工作满意度进行调查研究的话，研究者应当考虑其他变量，尤其是组织因素。本研究的结果与科斯特里奥斯及科斯特里欧（Kousteliou，1999）早先的研究结论一致。

在一项关于希腊学校管理效能的研究中，81%的教师报告说，他们并不认为学校管理符合时代的要求和需求（Saitis，1997）。安特尼尼斯和查克洛哥楼（Antoninis and Tsakloglou，2001）指出，希腊教师的收入接近于公共管理部门薪资标准的最低点。然而，由于大学毕业生普遍缺乏就业机会保障，使得希腊教师的流动率很低（Saitis，1997）。因此，希腊教师保有率高的主要决定因素是，教师们无法保证在离开教师岗位以后找到更加满意的职业。

研究目的

近期，如上文所提及的那些关于希腊教育制度的研究，提倡对教育制度的弱点进行系统的检视，为的是在不久的将来制定并实施有效的改革政策和措施。本文中，我们选择教师的工作满意度作为研究内容，主要基于如下考虑：首先，正如各类文献所显示的，工作满意度是与教师的高保有率和学生的高成就相关的一个非常重要的结果变量。在希腊，一部分研究（Papanaoum，1995；Koustelios，2001；Koustelios and Kousteliou，1999；Saitis，1997，2002）显示出小学教师对学校组织具有潜在的不满，这些研究认为有必要对这个问题进行深入的调查研究。其次，在希腊，人们尚未使用系统的方法对教师的工作满意度问题进行研究。由于缺乏关于这个问题的原始数据，人们很难有针对性地提出提高教师动机和生产率的方法及改革措施。因此，我们认为讨论有关教师的工作满意度的问题是有意义的，我们希望通过这个课题的研究，为进一步的考察和改革提供方向。

我们在工作满意度“差异理论”的框架下研究工作满意度的问题。尤为重要的是，现有的研究强调工作满意度的“差异理论”，为的是调查在职及职前小学教师对学校管理的看法。本研究的主要目的是：首先，我们尝试着确定职前及在职教师理解学校管理的主要相关因素；其次，我们调查了职前及在职教师针对每个因素的满意度水平的差异程度。一方面，对职前教师来说，本研究的目的在于，测量他们基于已有的关于未来工作场所的知识和信念而产生的、对学校管理的期望满意度；另一方面，对在职教师来说，本研究的目的在于，测量他们基于工作经验而具有的对学校管理因素的实际满意度水平。

我们比较职前教师和在职教师的满意度水平，为的是预测职前教师对工作条件的真实期望程度。因此，在职教师的满意度水平为我们的研究提供了一个参照点，有了这个参照点，我们就可以判断职前教师的预期的现实性。因此，我们假设，职前教师关于学校管理的预期会对未来的工作满意度产生影响，至少会有一定的影响作用。如果他们的预期是现实的，而且与相对照的在职教师的观点相一致的话，这些未来的教师们在进入教学工作岗位后就不会极度失望。结果表明，他们实现了从大学到工作的相对平稳的过渡。另一方面，如果我们发现两组教师的观点之间存在着很大的差异，那么，新任教师的工作满意度就会受到消极影响。职业生涯伊始就感觉不满意，会导致一系列的问题，这些问题均与长期履行职责及是否留职相关。

方法论

本研究基于2000年在塞浦路斯开展的类似研究（Menon and Christou，2002）。[1]考虑到希腊与塞浦路斯两个国家的教育系统之间存在着极小的差异，我们对塞浦路斯调查中使用过的测量工具进行了微小的修订。2001年秋至2002年春，我们使用修订的调查问卷在希腊选取了一部分职前及在职教师进行了调查。

调查问卷包括两个部分，一部分是人口统计学/个人背景，诸如性别、工作年限/学习年限等；另一部分是由36个题项组成的自我诊断工具，用以测量被试教师针对具体的组织及管理变量的满意度水平。举例来说，调查问卷中的题项包括一般性学校管理、校长的领导能力、在学校组织中引入革新理念、教师间的交流与合作以及工作条件等。这些题项涵盖了文献中提及并讨论过的学校管理的主要维度。为了利于职前教师作答，我们将题项设计得比较简短。有些题项与职前教师的学习、工作无关，我们的问卷没有将它们纳入其中（例如，校长对学校组织的愿景设计、校长和外部机构的交流、社区的角色等）。

对每一个题项来说，我们要求被试在1、2、3、4、5五个等级中选择与他们相符合的实际满意度水平或期望满意度水平，满意度水平分为五等，其中：5代表“满意度水平极高”，4代表“满意度水平高”，3代表“满意度水平一般”，2代表“满意度水平低”，1代表“不满意”。这样的等级量表是在梳理了关于工作满意度测量工具的相关文献之后确定的。[2]在考察了这些测量工具的优势和缺陷之后，我们确定了一个简单的等级量表，可以同时适用于职前教师和在职教师。之后，我们选取了少量被试（包括职前教师和在职教师），并用调查问卷进行了试测，目的在于确定问卷是否适合、是否有效。

关于问卷的样本数量，两组被试的最低目标都是300人。对于职前教师来说，这个目标是很容易达到的，因为我们请教师在上课期间将问卷发放给师范生们。另外，负责发放问卷的教师们都是研究者认识的，这从某种程度上可以保证他们对研究的配合。正是因为这个原因，我们在职前教师中发放了350份调查问卷，回收了315份有效问卷，职前教师组的问卷回收率达到90%。至于在职教师，因为预期回收率比较低，我们决定发放500份问卷，为的是达到调查所需的最低数量要求。我们之所以作出这样的预期，是因为研究者不认识负责发放问卷的校长而无法控制问卷发放的过程；另一个原因是，在职教师会找出各种借口拒绝合作，如工作压力大、对研究主题不感兴趣等。事实上，这种消极假定并没有得到事实验证，我们在在职教师中发放了500份问卷，回收了439份；在职教师的问卷回收率（87.8%），与职前教师的问卷回收率相比，稍微低了一点点。最终选取的样本中，两组被试在绝对数量上存在着一定的差异（职前教师315人，在职教师439人），这也不是什么大问题，因为在职教师的总数比职前教师多，这就允许我们在其中多选取一些样本进行调查。值得注意的是，对于两个样本组来说，都是在全国范围内抽取的，覆盖了全国主要的地理区域。职前教师来自8所学校的教育系，这些学校包括：爱琴海大学（罗得岛）［University of the Aegean（Rhodes）］、雅典大学（University of Athens）、克里特大学（University of Crete）、约阿尼纳大学（University of Ioánnina）、佩特雷大学（University of Patra）、塞萨洛尼基大学（University of Thessaloniki）及其弗罗里纳分校（Flórina）、帖撒罗尼迦大学（University of Thessalia）及斯拉克大学（University of Thraki）。在职教师来自全国各地17个不同的地区。

数据分析包括两个主要步骤。第一步，对问卷中原始的满意度题项进行主要构成因素分析，据此形成一个新的简化数据表。简化数据表展现了原始变量所包含的每一个维度。接着，通过因素分析，根据被试的回答，将问卷中的原始题项按照组织变量的主要类别进行分组。第二步，进行多元方差分析（multiple analysis of variance，MANOVA），考察职前教师与在职教师在每一个因素上的平均得分是否存在差异。通过因素分析抽取的因素是因变量（dependent variable），而教师的状况（职前或在职）是自变量（independent variable）。如果这个步骤所得的结果表明两组被试得分之间的差异具有统计学意义的话，就使用T检验（t-tests）来确定两组产生差异的具体题项。

结果分析

人口统计学特征

职前教师中，13.6%是一年级学生，48.9%是二年级学生，22.1%是三年级学生，还有15.4%是四年级学生；男性15.6%，女性84.4%。

在职教师中，男性（50.3%）与女性（49.7%）在数量上基本相等。工作年限的情况如下：4年以下的占18.7%，4—10年的占19.1%，11—20年的占31.2%，21—30年的占25.1%，还有一部分（5.9%）在职教师的工作年限超过了30年。

学校组织的主要要素

进行因素分析之后，提取了六个因素，与塞浦路斯研究的结论相似，但不完全一致。这6个因素是：学校氛围、校长角色、学校组织、教师激励、上级角色和教师角色（见表1）。这6个因素可以解释的总变异量是62%。每个因素的克伦巴赫α信度系数（the Cronbach's alpha reliability coefficients）为：因素（F1）：0.91、因素（F2）：0.92、因素（F3）：0.87、因素（F4）：0.75、因素（F5）：0.80、因素（F6）：0.80。

第一个因素包括那些与学校相关的组织文化题项，因此被命名为"学校氛围"。这些题项涉及教师之间的合作与交流、学校氛围的总体状况、人际关系、尊重同事的能力、同事间的协作、教师的工作热情、教师与学生家长的沟通。

表1　每个因素所包含的变量及其权重

因素	变　量	权重
F1： 学校氛围	• 教师间的合作	0.76
	• 教师间的交流	0.75
	• 学校氛围的总体状况	0.74
	• 人际关系	0.74
	• 赞赏同事的能力	0.71
	• 同事间的相互协助	0.70
	• 教师的工作热情	0.53
	• 与学生家长的沟通	0.45

续表

因素	变　　量	权重
F2： 校长角色	• 校长的控制和监督能力 • 校长改进学校的主动性 • 校长对教师的支持 • 校长对学校的管理 • 校长能否平等地对待教师 • 校长与教师的合作 • 校长评价教师的能力 • 校长与教师的沟通 • 校长的领导能力	0.76 0.73 0.72 0.72 0.68 0.67 0.66 0.57 0.57
F3： 学校组织	• 学校规划 • 学校组织的总体状况 • 学校活动的协调 • 学校效率 • 学校工作的评价 • 革新的引进 • 学校自治	0.76 0.75 0.72 0.69 0.66 0.61 0.58
F4： 教师激励	• 在职培训的可能性 • 薪酬 • 晋升的可能性 • 工作环境（除报酬外） • 上级对教师工作的认可 • 工作内容	0.73 0.70 0.69 0.60 0.54 0.47
F5： 上级角色	• 与学校顾问的沟通 • 学校顾问评价教师的能力 • 与教育理事会理事长或教育办公室主任的沟通	0.75 0.68 0.65
F6： 教师角色	• 教师参与决策 • 教师参与学校管理 • 教师的主动性	0.69 0.67 0.66

第二个因素被命名为“校长角色”，包括8个与校长的能力和经验相关的题项，这些题项是：校长的控制和监督能力、校长改进学校的主动性、校长对教师的支持、校长对学校的管理、校长能否平等地对待教师、校长与教师的合作、校长评价教师的能力、校长与教师的沟通及校

长的领导能力。

第三个因素（学校组织）指的是教育组织和学校管理的主要方面。在这个因素下，有下列题项：学校规划、学校组织的总体状况、学校活动的协调、学校效率、学校工作的评价、革新的引进和学校自治。

第四个因素（教师激励）关注的是教师的激励问题和工作条件，题项包括：在职培训的可能性、薪酬、晋升的可能性、工作环境（除报酬外）、上级对教师工作的认可以及工作内容。

第五个因素（上级角色）涉及学校顾问和教育理事会的理事长或教育办公室主任的角色任务，它包括3个题项：教师与学校顾问的沟通、学校顾问评价教师的能力、教师与教育理事会理事长或教育办公室主任的沟通。

第六个因素（教师角色）中的题项聚焦于教师在教育系统中的现状，它们是：教师参与决策、教师参与学校管理和教师的主动性。

因素分析方法对学校组织的主要方面进行了有意义的分类，这为随后进行的、比较职前教师和在职教师的各项数据提供了基础。我们将在文化背景下讨论上述这六个涉及学校组织方方面面的因素中所包含的题项（参见：Hoy and Miskel，1996）。研究结果表明上述六个因素成功地反映了本研究所得数据的潜在维度。

职前教师及在职教师的满意度水平

我们运用多元方差分析，比较了两组教师在每一个共同因素上的满意度等级（见表2）。正如前文所述，上述六个因素都是因变量，而教师（职前或在职）的状况则是自变量。我们将每组教师在每一个因素上得分的平均值进行比较。

结果表明，职前教师和在职教师在全部6个因素上的平均得分之间存在着非常显著的差异，在显著性水平 $\alpha = 0.05$ 上，所有的差异都是显著的。除了“教师激励”这个因素，职前教师在其他所有因素上的满意度得分均低于在职教师的得分。值得重点关注的是，前两年进行的塞浦路斯研究的结论与此结论完全一致。

为了进一步分析两组教师在每一个因素得分上的显著性差异，我们进行了独立样本T-检验，试着找出职前与在职教师在哪个具体题项上的满意度水平存在着差异。表3列出了6个因素所包含的每一个题项的平均得分、T值和显著性水平。如表3所示，在6个因素的几乎所有题项上，两组教师之间的差异都是显著的。在全部36个题项上，只有两个题项，两组教师的满意度之间没有明显差异（一个题项是第一个因素中的“教师的工作热情”，再一个是第四个因素中的“上级对教师工作的认可”）。

表2　职前教师与在职教师在每一个因素上得分的平均数与标准差及多重变量分析结果

因素	群体	平均数	标准差	F	ρ
学校氛围	IT* PT*	4.07 3.68	0.68 0.65	63.0	0.00
校长角色	IT PT	4.23 3.47	0.68 0.67	228.08	0.00
学校组织	IT PT	3.60 3.10	0.70 0.63	103.00	0.00
教师激励	IT PT	3.17 3.39	0.64 0.65	20.68	0.00
上级角色	IT PT	3.63 3.07	0.92 0.81	76.22	0.00
教师角色	IT PT	3.63 3.34	0.85 0.80	23.04	0.00

注意： * IT = 在职教师；PT = 职前教师。

$F_{(6\ 752)} = 72.8$，$\rho < 0.00$。

最终，我们得出了希腊职前小学教师与在职小学教师的满意度研究的主要结论：第一，我们确定了反映教育管理所有维度的因素，两组教师在这些因素上的满意度得分之间存在着显著性差异；第二，在这些因素上，职前教师的满意度得分明显低于在职教师，只有一个例外：在“教师激励”这个因素上，职前教师的满意度得分显著高于在职教师。职前教师的满意度水平低，表明职前教师对即将工作于其中的组织及其管理持谨慎的态度；工作以后，他们对于学校管理大多数指标的满意度水平都会发生巨大的变化。然而，在工作条件和激励，特别是薪酬、在职培训、晋升的可能性以及其他工作条件等指标上，与在职教师相比，职前教师期望得到更高的满意度；一旦踏入职场，在学校管理的这个组织维度上，他们的满意度水平将会急剧降低。因为本研究确定的差异模型与先前塞浦路斯研究中确定的差异模型是一致的，所以，现有的研究发现为评价在职教师的工作满意度水平及职前教师未来的工作满意度水平提供了可靠的依据。

表3 在职教师与职前教师在F1、F2、F3、F4、F5及F6指标上的平均得分、T-检验值和显著性水平

变量		平均数		t	ρ
		IT[b]	PT[b]		
F1[a]	教师间的合作	4.19	3.68	7.89	0.000
	教师间的交流	4.23	3.79	7.58	0.000
	学校氛围的总体状况	4.17	3.75	6.62	0.000
	人际关系	4.14	3.92	3.70	0.000
	尊重同事的能力	4.08	3.66	6.86	0.000
	同事间的相互协助	4.08	3.45	9.57	0.000
	教师的工作热情	3.90	3.48	0.96	0.335
	与学生家长的沟通	3.76	3.70	5.56	0.000
F2[a]	校长的控制和监督能力	4.29	3.43	13.02	0.000
	校长改进学校的主动性	4.31	3.63	10.51	0.000
	校长对教师的支持	4.39	3.62	12.11	0.000
	校长对学校的管理	4.27	3.39	14.20	0.000
	校长能否平等地对待教师	4.35	3.52	10.66	0.000
	校长与教师的合作	4.40	3.85	8.83	0.000
	校长评价教师的能力	3.83	3.11	10.08	0.000
	校长与教师的沟通	4.30	3.49	12.99	0.000
	校长的领导能力	3.90	3.21	9.15	0.000

续表

变量		平均数		t	ρ
		IT[b]	PT[b]		
F3[a]	学校规划	3.80	3.17	10.47	0.000
	学校组织的总体状况	3.75	3.27	8.42	0.000
	学校活动的协调	3.83	3.12	11.18	0.000
	学校效率	3.75	3.26	7.79	0.000
	学校工作的评价	3.49	3.19	4.61	0.000
	革新的引进	3.06	2.67	4.84	0.000
	学校自治	3.53	3.03	6.89	0.000
F4[a]	在职培训的可能性	2.80	3.45	-8.93	0.000
	薪酬	2.76	3.20	-5.96	0.000
	晋升的可能性	2.86	3.11	-3.56	0.000
	工作环境（除报酬外）	3.30	3.50	-2.76	0.006
	上级对教师工作的认可	3.28	3.19	-1.22	0.222
	工作内容	4.02	3.89	-2.24	0.026
F5[a]	与学校顾问的沟通	3.65	3.13	6.60	0.000
	学校顾问评价教师的能力	3.59	3.14	6.03	0.000
	与教育理事会理事长或教育办公室主任的沟通	3.67	2.95	9.10	0.000
F6[a]	教师参与决策过程	3.72	3.49	3.12	0.002
	教师改进学校管理	3.43	3.14	3.81	0.000
	教师的主动性	3.74	3.38	5.31	0.000

注意：[a] F1 = 学校氛围；F2 = 校长角色；F3 = 学校组织；F4 = 教师激励/工作条件；F5 = 上级角色；F6 = 教师角色。

[b] IT = 在职教师；PT = 职前教师。

上述研究结果回答了本研究中提出来的两个问题，即确定了小学管理的主要因素，确定了职前教师和在职教师在这些因素上的满意度水平之间的差异大小。下文中，我们将进一步分析这一研究成果对于提高职前教师和在职教师工作满意度的启示。

结论及建议

主要结论

本研究的第一个目的是确定职前教师和在职教师对学校管理的主要方面有什么样的认识。我们对与学校管理相关的37个命题进行了因素分析，结果得出了下列6个共同因素：学校氛围、校长角色、学校组织、教师激励、上级角色和教师角色。这6个因素反映了学校管理的主要维度，我们可以将它们确定为研究维度来系统地比较在职小学教师和职前小学教师的工作满意度水平。另外，这6个因素所包含的变量与相关文献中记载的组织维度是基本一致的。例如，“学校氛围”因素，包括了诸如同事间的合作与交流、工作场所的人际关系等必要的变量。

本研究的第二个目的在于，比较研究未来教师与现任教师在学校管理因素上的满意度水平。本研究的主要发现是，两组教师在6个因素上的满意度水平之间存在着显著的差异。这个结果表明，职前教师的满意度预期值与在职教师感受到的真实生活条件之间存在着明显的差异。这种差异会对教师产生什么样的影响，我们还不确定。其中，在学校氛围、校长角色、学校组织、上级角色和教师角色5个因素上，职前教师可能最终会发现工作条件比他们预期的要好。然而，关于“教师激励/工作条件”这个因素，一旦职前教师认识到工作的某些方面（诸如薪酬和工作条件）比他们预期的要差得多，而这些方面偏偏是满意度的来源，他们必然会感觉到挫折与失望（换句话说，就是“认知不和谐”）。挫折感的强烈程度取决于“教师激励”因素对职前教师的重要性。如果他们认为薪酬和工作条件是他们从事教学职业的主要原因，他们入职以后的失望感和挫折感就会非常强烈。泽姆巴莱斯和帕帕纳斯塔斯欧（Zembylas and Papanastasiou，2003）在塞浦路斯所作的关于学校教师工作满意度的研究，发现塞浦路斯的教师在选择职业的时候，主要受外部奖赏的激励（如薪酬、工作时间和休假）。一方面，因为塞浦路斯与希腊的体制非常相似；另一方面，由于本研究得出的两组教师的工作满意度的结论与先前研究（Menon and Christou，2002）的结果也是基本一样的，我们可以推出这样的推论：希腊的小学教师在选择教学工作作为职业的时候，考虑的也是一些外在的利益因素。如果这个推论成立的话，新教师踏入职场之后就会产生“认知不和谐”的现象，因为他们会发现早先过高地估计了他们的未来收益及工作条件。

考察学校管理的其他因素，职前教师似乎是带着“潜在的预期”(reserved outlook) 进入教学领域的。如前所述，在34个组织维度上(共有36个维度)，职前教师的满意度水平显著低于在职教师。只要职前教师发现学校管理的某些方面比他们先前设想的要健康，这种悲观状态就会改变。但是，即使是短时的悲观，在艰难的调整及适应期也可能引起教师不必要的焦虑。因此，尽管事实上等待职前教师的是令人愉快的惊喜，但是我们也必须注意到，职前教师在接受惊喜之前必须经历短暂的焦虑期。总体来说，研究表明，职前教师入职后必须经历艰难的调整期，这个调整期可能会对他们的工作满意感产生消极影响。个体在职业生涯发展早期所产生的不满意感很可能会影响到他/她今后的工作责任感和工作热情。

关于在职教师的工作满意度问题，研究结果也有类似的发现。在职教师满意度得分较低的是“教师激励/工作条件”这个因素。在这个因素所包含的3个组织维度上，即薪酬、在职培训的可能性和晋升的可能性，在职教师工作满意度水平低于平均分。人们认为教师对薪酬的不满意感与教师收入在公务员薪资表上的位置较低有关。对于小学教师来说，在职培训和晋升机制是新产生的两个问题，这说明我们需要制定并贯彻实施相关措施及改革方案。

在职教师对于“学校组织”这个因素也不甚满意，在这个因素的所有题项上，在职教师的得分均低于4.00。与此相关的是，在职教师似乎特别关注“革新的引进”这一条，他们在这一题项上的得分是3.06，远低于得分次低的“学校工作的评价”(3.49)。“革新的引进”也是职前教师关注的一个问题，职前教师在这一题项上得分也是最低的(2.67)。

值得注意的是，与学校顾问和教育理事会理事长或教育办公室主任相比，在职教师对校长更为满意。在“校长角色”这一因素上，得分低于4.00的题项只有两个，一个是“领导能力”(3.90)，一个是“评价教师的能力”(3.83)。“校长角色”是在职教师满意度水平最高的因素(4.23)。在其他5个因素中，满意度水平高于4.00的只有一个——“学校氛围”(4.07)。

建议

对于决策者来说，他们应当了解未来教师及现有教师对学校管理的某些维度的感知及可能会产生的失望感。为了弥补教师的期望值与工作环境的现实性之间的差距，教育规划者和决策者应当对教师培养计划进行修订以有效地帮助学生为将来的工作作准备。正如威斯（Weiss，1999）所说的，关于新教师的研究大都聚焦于他们所面对的教与学的问题，而忽视了管理变量对他们的工作满意度的影响。教师培养计划也存在着这样的问题。很多时候，向在校师范生提供实习项目可以帮助他们为未来社会角色中的教学角色作准备，但是在即将面对的组织现实性方面，一点帮助也没有。

因此，弥补期望与现实之间差距的第一个方法就是，重新设计实习项目，帮助职前教师形成关于学校管理的真实评价。具体方法是，让职前教师更多地参与学校组织方面的工作，加强职前教师与校长及在职教师的联系。这样，职前教师可以与校长及在职教师进行交流、学习他们的工作经验。另外，职前教师可以抽出一些培训时间到学校中去、观摩学校管理过程。例如，参加小型教师会议，可以帮助职前教师理解组织工作的任务、程序和具体行为。职前教师与在职教师之间的非正式交流也是有益的，这为职前教师提供了向未来的同事学习取经、了解即将参与其中的组织的机会。采用这种方法可以消除职前教师的期望与在职教师的现实感受之间的差异。

帮助职前教师为将来的工作作准备的第二个方法是，在教师教育学位（teacher education degree）培养计划中增添“教育行政管理”（Educational Administration）的课程。目前，在希腊的一些大学中，“教育行政管理”课程是作为教育系学生的选修课开设的。这样做的结果是，有些学生没有选修这门课，直到毕业了，他们还不了解未来职业中的组织管理问题。将“教育行政管理”课程纳入教师教育学位的必修课程中，可以帮助学生了解与良好的教育管理相关的概念及原则。除了增加这一领域的理论学习以外，教育行政管理课程还应当强调学校管理的现实性及存在的实际困难；通过聘请校长、顾问及主要管理者来给学生作讲座可以达到这个目的。

除了提供帮助职前教师做好进入职场准备的方法之外，研究结果还提出应当关注在职教师的感受。首先，关于“激励和工作条件”，与其他因素相比，在职教师的满意度水平并不高。此时，显而易见的政策性方法是，改善现有的雇用条件。控制国家公共支出的需要将使得未来的工资水平发生重大变化。然而，使用公共部门薪资标准、对高工作绩效不进行奖励的做法，无法激励教师取得更好的工作业绩；相反，这样做只会降低他们的工作热情和士气。因此，有必要修订现行薪资体系，认可并奖励优质教学。

在这种情境下，对重新设计作为职业的教学的不同方式进行审核是有益的，有助于小学教师对其职业产生更大的满意感。我们赞同斯特（Staw）、福克斯（Fox）和费尔德曼（Feldman）等人提出的工作特征模型（the job characteristics model）（Staw，1984；Fox and Feldman，1988）。在这个模型中，非常重要的一点是，工作的特征（各种必须的技能、承担任务的重要性等）促进了受雇人员的3个重要的心理学状况的发展，即对意义的感知、对责任的感知（工作产出）及关于结果的知识（个体很清楚地知道自己的工作效率）。

在教育系统内部重新设计工作的方法之一是使用“职业阶梯项目”（career ladder programmes），职业阶梯项目可以丰富有经验的教师的工作内容。例如，在教师获得了充足的实践经验以后，扩展他们的工作，将一些特定项目纳入其工作内容之中，这样，他们可以获得额外的收益。在更高一个层面上，他们可以成为骨干教师（master teachers），承担更多的职责、负责的面更广，而教学工作量却减少了一些。增加了的职责可以包括参与大型研究项目、指导新教师并提供支持以及负责课程变革等。

其次，在职教师关于督导/检查和学校组织要素上的满意度水平相对来说是很低的，那么，结合其他因素，进一步对此进行研究也是非常重要的。在希腊，学校教师的评价系统在相当长的一段时间内，引起了人们的关注。现在，该系统已经不适宜了、无法用来衡量上述的平均绩效。必须改革这个评价系统，以确立一个更加客观公正的教师绩效评价体系。

再次，在职教师在学校组织的很多维度上，特别是校长角色和学校氛围因素上，满意度水平是很高的，这个问题也值得思考。在职教师对学校校长很满意这个事实表明，可以将希腊的校长看做是变革教育体制的积极力量。根据菲德勒（Fiedler，1967）的观点，当领导者得到下属的尊重和接纳时，他们的工作最有效。希腊的小学校长似乎就属于这种情况，这种情境给了校长们很大的空间，他们可以采取措施改进学校组织。开始的时候，这些改进措施的规模和性质会受到希腊集权式教育体制的束缚；但是，一旦这些改进取得成功，将促进教育体制向灵活和分权方向发展。因此，小学校长们，与他们的下属一起，可以使低层管理者参与教育规划和决策成为可能。为了做到这一点，校长们必须参加培训、获取支持，这种培训和支持可以帮助他们取得合法的权力，帮助他们继续得到下属的认可与接纳。

除了提供上面所说的提高职前教师及在职教师的工作满意度水平的方法以外，还有一个重要的问题，就是应当对进一步研究工作满意度问题的新方向进行考察。为了保证未来的研究有发展前途，需要注意的一个问题是在相关研究中使用质性研究和纵向研究的方法。通过调查教师为什么满意或者不满意某些组织变量或维度，质性研究可以帮助我们更加深入地探讨工作满意度问题。在这种研究框架的指导下，考察教师在本研究使用的调查问卷中某些题项上的得分相对较低的原因，将是一件很有意义的事。纵向研究也是有益的，可以应用于跟踪研究同一个体在不同时期的期望值及工作满意度的变化状况。就目前情况来看，绝大多数具有参考价值的研究使用的都是横断调查（cross-sectional research）的方法，这种方法的局限性表现为受到时间的限制，即这种调查必须在同一时间段中完成。使用典型调查的方法是本研究的局限所在，主要表现为，研究发现是基于对两组不同的教师（职前教师和在职教师）的调查而作出的。对同一个体入职前后的工作满意度进行比较，可能会有更多可信的研究发现。然而，在职教师非常低的流动率表明，职前教师在进入工作岗位以后发生的变化并不明显，因此，将师范生与有经验的教师进行比较，其结果也是可信的。

最后，本研究发现指出，有必要将工作满意度作为教育情境中的有效产出进行深入研究。正如先前提到的，教育研究中并没有对工作满意度问题进行深入的研究。我们需要进一步研究组织实践与工作满意度之间的关系及工作满意度与工作绩效之间的关系。更为重要的是，将来的研究应当采用不同的形式和不同的方法，以便更深入地理解教育领域内工作满意度的重要性。

附录：希腊教育系统（初等教育）组织结构图

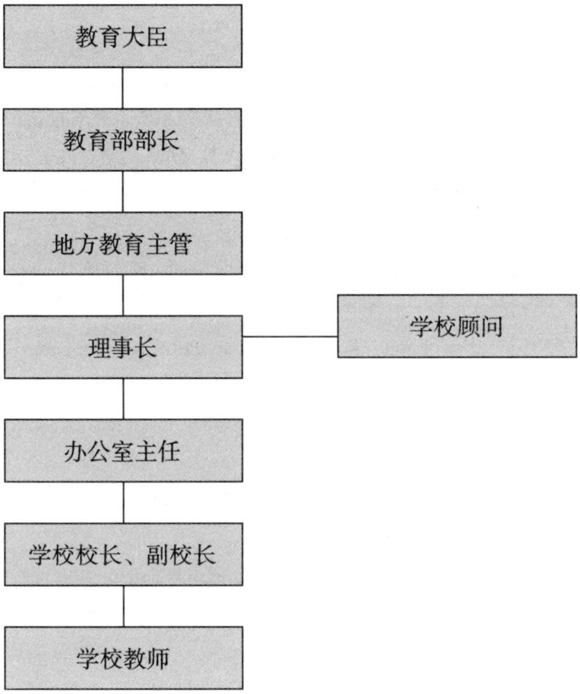

注释

❶ 塞浦路斯（Cyprus），2004 年5 月加入欧盟（European Union）、成为欧盟国家。该国大部分国民均为希腊裔。塞浦路斯共和国的教育系统深受希腊模式的影响。

❷ 测量工作满意度的一般方法包括“工作说明指标”（the Job Descriptive Index）（Smith et al. ，1989）、“明尼苏达满意度调查问卷”（the Minnesota Satisfaction Questionnaire）（Lofquist and Dawis，1969）以及“组织反应指标”（the Index for Organizational Reactions）（Dunhman et al. ，1977）。

参考文献

Antoninis, M. and Tsakloglou, P. (2001) ‘Who Benefits from Public Education in Greece? Evidence and Policy Implications’, *Education Economics* 9: 200 – 222.

Berry, L. M. (1997) *Psychology at Work*. San-Francisco, CA: McGraw-Hill.

Dunhman, R. B., Smith, F. J. and Blackburn, R. S. (1977) 'Validation of the Index of Organisational Reactions with the JDI, MSQ, and Faces Scales', *Academy of Management Journal* 20: 420 – 432.

Festinger, L. (1957) *A Theory of Cognitive Dissonance*. Evanston, IL: Row, Peterson.

Fiedler, F. E. (1967) *A Theory of Leadership Effectiveness*. New York: McGraw-Hill.

Fox, S. and Feldman, G. (1988) 'Attention State and Critical Psychological States as Mediators Between Job Dimensions and Job outcomes', *Human Relations* 41: 229 – 245.

Hoy, W. K. and Miskel, C. G. (1996) *Educational Administration: Theory, Research, and Practice*, 5th edn. New York: McGraw-Hill.

Iordanides, G. (2002) *The Role of the Head of the Educational Directorate and Bureau*. Thessaloniki: Kyriakides.

Kargakos, S. (1995) 'Education: From Nation to Political Party and Finally to Anarchy', *Oikonomikos Tahidromos* 22 (6): 192 – 201.

Katsikas, C. and Kavvadias, G. K. (1994) Inequality in Greek Education. Athens: Gutenberg.

Kazamias, A. and Kassotakis, M. (1995) *Greek Education: Prospects of Reconstruction and Modernisation*. Athens: Seirios.

Koustelios, A. (2001) 'Personal Characteristics and Job Satisfaction of Greek Teachers', *International Journal of Educational Management* 15: 354 – 358.

Koustelios, A. and Kousteliou, I. (1999) 'Relations among Measures of Job Satisfaction, Role Conflict, and Role Ambiguity for a Sample of Greek Teachers', *Psychological Reports* 82: 131 – 136.

Lainas, A. (2000) 'Management and Planning of School Units: Scientific Approaches and Greek Reality', in Z. Papanaoum (ed.) *The Planning of Educaiton at the School Unit*, pp. 23 – 39. Thessaloniki: Action.

Lofquist, L. H. and Dawis, R. V. (1969) *Adjustment to Work: A Psychological View of Man's Problems in a Work-Oriented Society*. New York: Appleton-Century-Crofts.

March, J. G. and Simon, H. (1958) *Organisations*, 2nd edn. Cambridge, MA: Blackwell.

Menon, M. E. and Christou, C. (2002) 'Perceptions of Future and Current Teachers on the Organization of Elementary Schools: A Dissonance Approach to the Investigation of Job Satisfaction', *Educational Research* 44: 97 – 110.

Papanaoum, Z. (1995) *The Management of the School*. Thessaloniki: Kyriakides.

Rice, R. W., McFarlin, D. B. and Bennett, D. E. (1989) 'Standards of Comparison and Job Satisfaction', *Journal of Vocational Behavior* 3: 279 – 289.

Ronan, W. W. and Marks, E. (1973) 'Continuing Problems in Exploring the Structure of Job Satisfaction', *Journal of Vocational Behavior* 3: 279 – 289.

Saiti, A. (2000) *Education and Economic Development*. Athen: Tipothito, Giorgos Dardanos.

Saitis, C. (1997) 'Reflections on the Development of Leaders in Education', *Thimossios Tomeas* [Public Sector] 127: 33 – 38.

Saitis, C. (2002) *The Principal of the Contemporary School: From Theory to Practice*. Athens.

Smith, P. C., Kendall, L. M. and Hulin, C. L. (1969) *The Measurement of Satisfaction in Work and Retirement*. Chicago, IL: Rand McNally.

Smith, P. C., Balzer, W. Josephson, H. I., Lovell, S. E., Paul, K. B., Reilly, B. A., Reilly, C. E. and Whalen, W. A. (1989) *Users' Manual for the Job Descriptive Index (JDI) and the Job in General (JIG) Scales*. Bowling Green, OH: Bowling Green State University.

Staw, B. M. (1984) 'Organisational Behavior: A Review and Reformulation of the Field's Outcome Variables', *Annual Review of Psychology* 35: 627 – 666.

Teas, R. K. (1981) 'A Within-Subject Analysis of Valence Models of Job Preference and Anticipated Satisfaction', *Journal of Occupational Psychology* 54: 109 – 124.

Weiss, E. M. (1999) 'Perceived Workplace Conditions and First-Year Teachers' Morale, Career Choice Commitment, and Planned Retention: A Secondary Analysis', *Teaching and Teacher Education* 15: 861 – 879.

Zembylas, M. and Papanastasiou, E. (2003) 'Job Satisfaction among School Teachers in Cyprus', *Journal of Educational Administration* 42: 357 – 374.

[作者简介]

玛丽亚·埃利弗欧特尤·梅纳恩：博士，塞浦路斯大学教育系教育管理与政策专业助理教授；研究兴趣包括：教育中的工作满意度、学生选择高等学校的决策过程及职业选择、经济因素对于高等教育需求的影响。

克里斯特斯·塞提斯：雅典大学教育系教育管理专业教授，著有关于教育行政的书籍。研究兴趣包括：有效学校领导的因素、教师工作满意度和小规模学校的管理。

[联系方式]

MARIA ELIOPHOTOU MENON: University of Cyprus, Department of Education, PO Box 20537, 1678 Nicosia, Cyprus. [email: melmen@ ucy. ac. cy]

国际学校中公关人员如何应对工作压力

特里斯坦·邦内尔（Tristan Bunnell）

吴长宏，李曜明　译

摘要

本文主要探讨日益庞大的国际学校中公关人员所扮演的多重角色及其承担的多重事务。从工作超负荷、工作模糊、工作冲突和工作准备等方面探讨了“工作压力”的种种表现，并具体论证了引发这些表现的三个方面：国际学校公共关系管理人员的工作容易随学校的急速发展而变化，国际学校中存在着非正式的、独立的、高度特色化的组织文化，国际学校公关人员的个性特征。本文还讨论了应对工作压力的一些策略和方法：缩减工作任务，个别事务委托别人完成，具有同一计划和要求的、细节性的事务可以让多人同时实施。创造这样一个新的工作流程可以大大简化公关工作的多元化。这些策略还可以为刚刚成立的国际教育联盟提供一个研究与合作的平台。

关键词： 联盟　毁约　身份转换　机构重组　工作超负荷

国际学校透视

国际学校产生、发展的背景

直到前不久，国际学校还是“徘徊于主流学校边缘的个别零星现象，然而今天它已经成为人们关注的焦点”（Peel，1998：12）。国际教育一直是个模糊的概念，最近甚至有人提出用“世界主义”的概念来替代“国际教育”（Gunesch，2004a）。国际教育是比较教育学领域讨论中经常使用的一个概念（Philips and Ochs，2004），但是在形形色色的国际学校理论和实践的背景下，这个术语又产生了不同的用法（Cambridge and Thompson，2004）。

在过去的40年中，国际教育在数量上取得了长足发展：1964年全世界范围内像这样的学校只有50所（Jonietz，1991），30年后已接近1000所（Hayden and Thompson，1995a）。今天，在全球150个国家已达到1800所（Peridot Press，2004）。这些学校中有近1/3是国际学校欧洲委员会（the European Council of International Schools，ECIS）的成员，该组织成立于1965年，是世界上最大的地区协会。根据坎特福德（Canterford，2003）的研究，可以推算出目前全球大约有99000名教师为近100万名“国际流动学生”服务（Useem，1976），这个数字在规模上与瑞典教育系统中的学生总数相当。毋庸置疑，这些数字还是粗略统计出来的，因为“国际学校多半是由若干个独立的、具有或不具有相同教育理念的教育机构组合而成的结合体”（Hayden and Thompson，1995b）。

国际教育的发展近来已普遍为人们所理解和认同（Sylvester，2002，2003，2005）。“国际学校”这个术语从19世纪60年代以来一直被沿用（Sylvester，2002），当时是作为第一代全球化的副产品而出现的（Friedman，2000）。有人认为，从时间上看，国际学校有充足的理由成为研究的课题（Ellwood，2004），因为早在7年前就有分析和评论指出国际教育是“时代的产物”（Peel，1998）。最近，更有人提出，国际教育正进入一个“有影响力的阶段”（Walker，2003）。1924年通常被认为是现代国际教育的开端（Walker，2000a；Phillips，2002），20

世纪30年代，被称为具有“国际意识”（Wilkinson，2002）的国际学校初具规模，到了20世纪50年代便雨后春笋般地涌现（Heyward，2002）。华盛顿国际学校（the Washington International School）的创办人（Goodman，1986：7）曾说过，该校1966年的目标就是成为“全世界国际学校的实验性学校”。

欧盟的扩张势必导致国际学校在不久的将来得到进一步发展。一种拥有公民权的国际学校已崭露头角，而另一所以英国私立达利奇学院（British private school Dulwich College）为模型的国际学校于2005年在中国上海开办，还有另外三所正在规划之中（Ellwood，2004）。另一类兼容并包中西价值观的国际学校，在耀中教育基金会（Yew Chung Education Foundation）的大力支持下，已开始在中国出现（Chan Po King，2004）。这种概念似乎与“国际主义”（Gunesch，2004b）不谋而合。而国际中学毕业会考制度（the International Baccalaureate，IB）也是一个主要因素，1967年只有7所学校对该制度进行了尝试（Hill，2004），而目前全球122个国家中已有1771所学校为20万名学生提供这种服务（数据截止到2005年11月）。

很多国家，比如新加坡，正在建立针对国际学生的课程（Vivodich，2004），而在英国（De Vita and Case，2003）以及澳大利亚（Bodycott and Walker，2000）这样的国家，高等教育国际化程度的不断加深也是国际学校发展的动力。丹麦政府的一份文件呼吁要加强丹麦教育的国际化（Danish Ministry of Education，2004），日本显然也正在加快其国际化进程（Tsuneyoshi，2004，2005），尽管它已意识到教育的“新帝国主义”（new imperialism）（Tikly，2004）以及西方国家和伊斯兰世界的对立关系（Rizvi，2004）可能会对今后教育的国际化发展形成威胁。

有人消极地影射澳大利亚学校中的国际教育带来了全球性主观思想上的新自由主义的变种（Matthews and Sidhu，2005）。他们指出许多国际学校的利益与跨国资本阶层的利益是一致的（Sklair，2001），例如，香港的贵族国际学校只为殖民统治阶层提供服务（Chan Po King，2004）。然而也有人对此持积极态度，认为国际主义是一个新的教育视野，它能够适应日益发展的全球化的需要（Gacel-Avila，2005）。

国际学校的迅猛发展是人们始料未及的（Hayden，2001）。目前在泰国至少有 80 所国际学校，而 1991 年该国仅有 5 所（Hanchanlash，2004）。法兰克福国际学校（Frankfurt International School）在 1961 年创办时只有 6 户移民，发展到今天已有 1700 名学生和 300 名员工。莱盖特和汤普森（Leggate and Thompson，1997）认为这种快速的扩张会影响国际学校的发展规划以及市场规划（Bunnel，2005a）。

正如雅马图（Yamato，2003）在其关于香港国际学校（the Hong Kong international school）的市场研究报告中所说，国际学校的迅猛扩张似乎已经导致了日益紧张的竞争，而这一切反过来更加说明了公共关系活动是国际学校管理必不可少的。尽管国际学校在迅猛发展，尽管这种迅猛发展正在全球范围内形成一股强大的影响力，然而，一个不争的事实是，国际学校在许多方面还鲜为人知（Hayden and Thompson，1997）。

研究背景

可以十分肯定地说迄今为止对国际学校还没有多少正式的研究，部分原因在于国际学校还处于保密状态，人们对它鲜有耳闻；还有一个更突出的原因是缺乏可获得的文字材料（Hayden and Thompson，1991：xii）。现有的文献无论是在内容上还是在范围上都极其有限，甚至使人们普遍认为国际学校天生就有许多管理上的毛病。直到最近才偶尔看到一些文献开始关注国际学校的教师（Holderness，2001），而以往类似的文献都关注于学生（Fail et al.，2004）和课程（Carber and Reis，2004）。这些文献反复提及并论述家长和学生由于学校变更而带来的压力感（Foreman，1981），近期一些文章开始研究儿童由于转到不同国家的学校所产生的文化休克（Pyvis，2005），以及跨国转学对侨居到父母工作所在地学校的儿童的影响（Zilber，2005）。这些文献还认为，国际学校教师的文化价值观往往都具有“国际意识”（Jackson，2005）。

在各类文献中鲜见关于国际学校产业社会学以及服务其中的员工们普遍的主观感受和体验的文章。而关于国际学校员工工作压力的研究和评论则更少，即使有，大多也是过时、陈旧的（Droppert and Bale，1985）。斯夸尔（Squire，2001）和哈德曼（Hardman，2001）探讨了国际学校中教师的聘用与留任问题，而莫罗（Morrow，1994）则探讨了国际学校教师的工作压力问题，并指出有限的时间与超负荷的工作是主要原因。在有关国际学校的文献中通常惯用“工作超负荷”一词，然而，皮特格鲁和沃尔夫（Pettegrew and Wolfe，1981）则提出了包含5方面具体内容的“工作超负荷”，亦即工作模糊（对自己的工作职责缺少足够清晰的认识）、工作超负荷（缺乏足够的精力履行工作职责）、工作冲突（需要同时处理两项或更多互不相同的工作）及工作准备（对工作感到力不从心而产生压力）等。

福斯克特等研究者（Foskett et al.，2002）以及莫罗（Morrow，1994）指出，教育背景下的“压力”是个复杂的、难以明确的概念。莫罗（Morrow，1994）写过关于国际学校教职工工作压力的研究论文，文章指出了压力本可以成为激发员工工作热情的动力，然而，物极必反，过多的压力却往往会成为工作阻力。斯迈利（Smylie，1999）指出致使国际学校教职工产生工作压力的原因主要表现为7个方面，包括工作冲突、工作模糊、工作超负荷等。继续教育学院的教师由于工作超负荷，压力更大（Male and May，1998；Pithers and Soden，1998）。金伦和莱斯金伦（Kinnunen and Leskinen，1989）的研究指出，由于工作超负荷引起的工作压力在各学年都会随实际情况呈现周期性的循环往复。还有研究表明幼儿园园长也会遭遇到很大的工作压力（Sai Wong and Hing Cheuk，2005）。

国际学校中教师、学生、管理人员、受托办学人员的人事变动频率非常高，而在各种文献中关于国际学校工作压力的研究和讨论却寥若晨星，这种现象出人意料（Cambridge，2002；Richards，2002）。沃克尔（Walker，2000b）在他的文章中谈到其他类型的国际学校，这些学校并没有遇到不利于学校发展的人员频繁变动的情况，这是不常见的，可以称为特殊情况（Blandford and Shaw，2001）。对国际学校员工的职业发展问题近来也有所研究，但还有待进一步深入。各种研究表明（Hendrix et al.，1985；Kemery et al.，1985）工作压力无论是对员工的工作满意度还是对其身体状况都有着直接影响，这种影响反过来又会使员工产生跳槽的念头，从而导致学校人员的频繁流动。

海登和汤普森（Hayden and Thompson，1998）的研究表明，40%左右的国际学校教师曾经在5所或者更多的学校工作过。据国际教育促进协会（the Association for the Advancement of International Education，

AAIE）网站透露，国际学校教师平均每三年半就要变动一次。关于国际学校校长的研究也表明，国际学校的校长呆在一所学校的平均时间也只有2.8个年头（Hawley，1995）。相比之下英国公立学校校长持续任职的时间通常是9—10年（Halpin and Owen，2004）。显然，校长工作超负荷以及微观政治关系的紧张是导致这一现象的重要因素。紧随霍利（Hawley）之后的一份研究报告（Littleford，1999）显示，有80%的校长是被解雇的。国际学校内部的政治问题也应该引起足够的关注，因为许多研究成果（Young and Brooks，2004）已经特别强调，国际学校的校长在处理行政事务的同时还要承担一定的教学任务。然而，并不是所有国际学校都会出现教职工频繁变动的情况，一些大型国际学校更趋于拥有一支稳定的教职工队伍（Cambridge，2000）。

国际学校的研究现状总体上与教育领导和教育管理领域的研究有相似之处，亦即，对一些应该得到阐述、澄清的重点问题鲜有一致的观点（Heek and Hallinger，2005），并且缺少严密的实证研究。这种情况显然是由于没有得到足够的重视以及缺少比较认可的研究方法——特别是质性研究（Foskett et al.，2005）造成的。至于量化研究做得够不够，目前似乎还存在分歧（Gorard et al.，2004），但是有一点可以肯定，那就是在国际学校研究领域，缺少具体的个案研究，特别是在“公共领域”，同时还缺少大规模的、持续时间较长的实证性研究。

教师的人事变动问题在国际学校连创新高，目前一个普遍的现象是毁约率不断攀升。许多教师签订的往往是为期两年的合同（Cambridge，2002），然而绝大多数教师都不能履约。这种情况当然与“肆无忌惮的校长”有关（Frembgen，2003）。这些问题在有关国际学校管理的文献中几乎没有提及，抑或这是一个相对新鲜的现象。这些问题是否与工作压力有关还没有人进行实证研究，绝大多数教育文献只关注工作压力影响职工工作满意度的研究，而忽视了对教师工作的专注程度和留任时间的研究（Conley and Woosley，2000）。

公共领域研究资料的匮乏已经成为新近成立的国际教育联盟（Alliance for International Education，AIE）潜在的关键性工作目标。要求成立这个机构的呼声已有15个年头（Blaney，1991），第一次尝试建立这种机构也已有10年的时间，但当时是以“国际教育体制试验工程”（the International Education System Pilot Project）的名义出现的（Thomas，1998）。目前的这个组织是根据海登和汤普森（Hayden and Thompson，2000）的一篇论文演变而来，这篇文章促成了2002年日内瓦会议和2004年10月杜塞尔多夫第二次会议的召开，这两次会议被认为是十分成功的（Roberts，2005）。有人指出，人们对国际教育的兴趣从来没有像目前这么高（Hayden et al.，2002），现在正是成立国际教育联盟机构的最佳时机（Haywood，2005）。2005年3月英语学校北欧地区联络会议（conference of the Nordic Network of English Speaking Schools）创纪录地吸引了来自23所国际学校的代表，而这个组织1997年成立之初只有5所会员学校。

由隶属于耀中教育基金会的一所国际学校主办的、2006年上海年会公布的该组织确切的工作日程（Haywood，2005），到本文撰写时还不得而知，但是很有可能涉及国际学校产业化的研究，还会突出与国际学校工作主观体验有关的问题研究，比如工作压力的性质、程度等。这场活动似乎与近来运用相关组织理论进行教育研究以及为理解学校组织的现状提供背景知识的呼声遥相呼应（Johnson and Fauske，2005）。最近有人指出，旨在“理解学校含义”的教育研究与揭示“学校运行机制”的研究同等重要（SimKins，2005）。

国际教育机构之间的非正式联系由来已久（Hayden and Haywood，2003），而且在微观层面上也不乏国际学校间合作的先例（Coles and Kaur，2004）。建立国际教育机构联盟的提议既具有代表性，也是意料之中的。近来一直有建立全球教学合作的诉求（Stephenson，2004），目前，建立国际教育领导网络中心（an international network of leadership centers）的说法也被提了出来，还有不少呼声要求在英国建立国家学校领导学院（National College for School Leadership，NCSL），以便与国外同行建立相互学习的关系（Walker and Dimmock，2004）。一份关于学校转制、具有积极意义的文件指出，国际学校间应该开展前所未有的合作（Caldwell，2004）。

虽然国际学校间存在着毋庸置疑的、日益激烈的竞争，但是关于国际学校公共关系以及市场营销的性质和内涵的研究却少得可怜。总体而言，如果考虑到文献的缺乏，这也就不奇怪了。然而，巴罗（Barlow，1996）认为，几乎没有几所国际学校有专人负责市场营销或者制定市场营销策略。有一个研究项目已经开始调查这一说法的正确性，并且在很大程度上证明了其真实性（Bunnell，2004）。我们在全球22个国家对34%的公共关系从业人员就公共关系活动的特点和内容进行了调查，调查结果同样揭示了国际学校工作压力的特点和程度，调查的对象大多数也是国际学校的校长。这些调查结果被认为对于此类学校的有效管理具有重要影响，同时也向正处于起步阶段的国际教育联盟提出了挑战。

公关人员研究的特点

研究设计

讨论中的这项研究开始于1997—1999年度（Bunnell，2003）。34所被研究学校几乎都是国际学校欧洲委员会的成员，其中只有6所学校来自其他区域性教育协会。研究初始阶段，我们对7所学校进行了随机调查。考虑到国际学校公共关系从业人员工作的复杂性，我们通过电话或者书信的方式与校长们取得联系以便弄清他们在日常公关活动中的交往细节。开始有53所学校给了回复，但后来这一数字减少到34所，因为我们可以从包含会员学校详细信息的国际学校欧洲委员会年鉴中获取所需的资料，例如，学校规模、员工信息、学生国籍、学校所在地以及课程设置等。甚至，根据学校的差异性，我们还可以通过年鉴选出有代表性的学校。马修斯（Matthews，1989）指出，国际学校要么是受到市场的驱使，要么是受到意识形态的驱使，因此，我们的调查对象不仅包括美国的国际学校、英国的国际学校还包括普通的国际学校。按照意识形态对国际学校进行取样是比较困难的，本研究是根据国际学校的办学历史以及创办国际学校的道德意识进行取样的。

被调查的学校中有17所学校的公共关系从业人员接受了采访和访谈，另一半主要是美国和东南亚国际学校的公共关系从业人员，我们通过邮件对他们进行调查。被试学校中有9所学校的公共关系从业者就是校长本人。从公共关系活动的性质和内容上来说，无论是当面访谈还是邮件调查，它们的结果都是相似的，唯一的差别主要体现在学校规模上。对国际学校公关活动过程的详细分析正在进行之中。由德夫林和奈特（Devlin and Knight，1989）提出的8阶段“公共关系审查模式”（PR Audit Model）被科特勒和福克斯（Kotler and Fox，1985）提出的5

阶段“公共关系流程模式”（PR Process Model）所补充，所有收集来的信息都运用利维特（Leavett）的“钻石组织模式”（Diamond Organizational Model）（Handy，1985）的格式，分别从从业人员、工作职责、支持系统、组织结构4个维度进行分析处理。

研究的局限性

在国际学校欧洲委员会会员学校中，本研究样本学校的比例约占全部会员学校的5%，然而很难说这些学校就具有代表性。拥有436所会员学校的国际学校欧洲委员会理所当然可以作为某一类型学校的代表，它体现了西方资本主义的价值观（Pearce，2003），为世界和平制订了开放的、自由的行动计划（Thomas，1998）。然而，具有共同价值观的国际学校的理念也备受争议。坎布里奇（Cambridge，2000：181）认为传播唯一的、特定的西方自由主义价值观的极端世界主义的想法在现实中是行不通的，它简直就是“神话”，而汉普顿-特纳和特普纳尔（Hampden-Turner and Trompenaars，1997）论述的资本主义文化至少有7种。

在国际学校开展研究工作存在不少明显的局限性。首先，部分原因在于，尽管人口生态学的性质和范围需要进一步确定，但国际学校中同类学校却不是很多（Hayden and Thompson，2000）。其次，虽然有不少人尝试着对国际学校进行分类，但迄今为止，关于“国际学校”的定义仍没有一致的说法（Murphy，2000），因此很难确定国际学校的数目（Leach，1969；Terwilliger，1972）。再次，对国际学校公共关系从业人员的专项研究也没有预料到东南亚、中国以及中东地区国际学校数目的增加，比如，目前在中国大陆有35所国际学校欧洲委员会的会员学校。鉴于“国际”一词可能更倾向于说明学生的来源而非说明学校的办学思想（Richards，2002），这使得对学校的筛选更加具有调和性与灵活性。在研究过程中，我们增加了7所规模比较小的学校。正如哈丁（Harding，1999）所言，无论是从研究的角度来看还是从文献的角度来看，这些学校的主观要求和自身存在的问题都被忽视了。最后一点，这次调查研究始于“9·11”事件以后，这一重大事件对国际学校公关活动产生的影响是不言而喻的。

公关人员工作压力概述

公关活动的从业人员

国际学校中90%的公共关系从业人员都是美国人，还有8%是英国人，这个比例显然比预料的高，因为国际学校教师队伍中英美人只占一半（Canterford，2003），而这一半中女性约占80%。所有国际学校的校长都是男性，这不足为奇，因为国际学校中虽然2/3的教师是女性，但她们当中只有44%的人从事学校行政工作，而其中又只有20%的人从事高级管理工作（Thearle，1999）。许多公共关系从业人员有过非正式任命的经历，有些人并没有把处理公共关系作为自己的正式职业，还有一些人是白手起家、自立成功的，这就为今后因工作模糊、工作准备不足而引起的工作压力埋下了隐患。在本研究所调查的公共关系从业人员中，有3位是毛遂自荐、主动与学校联系并建议学校设立公关工作岗位的。在所有公共关系岗位中，有40%没有通过广告宣传或者通过竞聘上岗。

很多公共关系从业人员并没有沿循所谓的正式职业道路或者说他们是半路出家。无须大惊小怪，舍尔勒（Thearle，1999）对女性管理人员的调查发现只有1/3的人承认她们的职业是经过慎重考虑的，25%的人坦言她们是偶然碰上的。1/4的公关人员是学校学生的家长，还有10%的人的孩子在其他国际学校读过书，有6%的公关人员有过不同程度的学校文秘工作经历，有3/4的公关人员以前曾在学校工作过，其中有2/3的人是受过培训的、有经验的教师。然而受访学校的17位公关人员中只有5人有过从教经历。半数公关人员从事这种职业已有3年多的时间，有两位甚至在这一行干了15年以上，还有两位从事公关活动不满一年，这与舍尔勒（Thearle，1999）“大多数女性学校管理人员从业时间超过10年”的研究结果有很大的差异。

40%的公共关系从业人员没有正规的公关或市场营销经验和经历，50%的人没有公关或市场营销资格，这无疑会妨碍他们对工作内容作出准确的评价，或许这也是他们产生工作压力的一个原因。在接受调查的所有对象中，只有两人以前有过市场营销的经历，并且是在商业背景中为国际大公司工作，这也是意料之中的事。因为在任何一个组织机构中处理公共关系事务的人往往都没有受过培训或者获得相应的资格。在英国，只有寥寥数人拥有被认可的公共关系课程学位；对于学生来说要获得公共关系课程的学位也是一件非常困难的事（Elrick，1996）。

公共关系培训在该行业是很受欢迎的。有人说，公关业是一个接受培训最少的行业，其从业人员往往都是一边工作一边学习（Jefkins，1989），而且那些“未经培训的业余人员”通常都在国际学校从事公关活动（French，1992）。公共关系从业人员常常对什么是公共关系、公共关系是干什么的一无所知（Watts，1997）。有人指出学校公共关系课程缺乏专业知识（Foskett，1992），而且很少有校长认为公共关系活动是一个经过培训和事先准备的管理领域（Weindling and Earley，1987）。卡斯尔（Castle，1991）在其研究报告中说校长们不断要求进行公共关系培训，怀特（White，1998）则呼吁英国政府建立校长监督体系，并且把监督对象扩展到所有公共关系从业人员。

公关人员的工作职责

公共关系是一个难以定义的复杂概念。巴罗（Barlow，1996）在他关于经营国际学校的文章中指出，几乎每个人都听说过国际学校，但是很少有人了解什么是国际学校。在教育文献（Davies，1988；Devlin and Knight，1989）关于公共关系的所有定义中，最常用的一个是1948年英国公共关系研究所（British Institute of PR）描述的：“公关活动就是为了在组织和公众之间建立并保持相互理解而付出的细致的、有计划的、持续的努力。”这个被广为接受的、模棱两可且不具体的定义容易导致公共关系从业人员工作压力的增加。

公共关系从业人员工作量大，称谓也不少，这是情理之中的事。凯恩和格林纳尔（Keen and Greenall，1987）提出这样的观点：教育机构的公关人员在从事公关活动时会有过多的身份（他们提到5种），这些身份随着文化背景和组织机构的不同而变化。然而每个人都要处理方方面面的公共关系，因此“公共关系”这个术语目前仍然适用。在国际学校的研究中，对公共关系从业人员有7种不同的称谓，例如，校外关系主管、市场营销主管等。

一般说来，可以把公关人员分为三种类型。第一类是兼职处理公共关系、市场营销、招生录取等工作的校长，这种情况在一些规模比较小的国际学校中十分常见；第二类是不担任校长职务的公关人员，他们要负责处理招生录取、校友联谊、新闻媒体、资金筹措、市场营销等大量工作；还有40%的公关人员与另一位身份相当的同事承担小部分此类的工作：招生录取、校友联谊、学校发展（通常是筹款）。一些大型国际学校往往都会这样做。筹集资金对于公关人员来说是一项特别紧张和需要谨慎的事，而忙于招生工作的公关人员又会担心兼顾不到其他方面的工作。

就国际学校自身而言，它们也没有聘用公关人员的经历。半数公关人员是其学校中第一个担任这个职位的人，因此他们在处理公共关系以及开展市场营销活动时似乎有很大的自主权。有2/3的公关人员可以在规定的预算范围内自由地展开各项活动，还有1/3的人说他们全权负责公关活动，60%的人认为他们可以不经协商开展各种公关活动，70%的公关人员要对学校董事会负责，50%的人对校长负责，只有23%的人每月或每周要定期汇报。当然，兼任公关事务的校长拥有更大的自主权，而且也不需要定期汇报，这也是意料之中的事，不足为奇。

支持系统

70%的公关人员表示他们经常述职，但也是勉为其难，在调查对象中只有两人会写述职报告，4人会作一些档案记录，即便如此，这些档案记录所包含的翔实细节也极为有限。许多人认为，他们被聘用从事这些工作是因为其他人无法胜任，并坚信详尽的述职报告或许能帮助他们减少部分过于繁重的工作。

2/3的人表示他们要接受正规的工作考核，然而有一半人认为考核没有定期进行，对于学校其他人员来说这是不正常的。这也难怪，因为“大多数国际学校虽然都有评价考核制度，但是很少有学校能抽得出足够的时间制定高效的实施细则（Matthews，2003：14），因此，公关人员工作超负荷就不太有可能引起高级管理层的关注。同时，最近也有研究显示（Brown and Benson，2005），对工作表现的评价考核可能会导致更大程度的工作超负荷。

调查发现仅有1/3的人员曾经接受过正式的就职培训，这也不奇怪，因为与国际大公司从国外委派人员不同，国际学校都是等待新教师主动应聘就职，新教师们往往一边工作一边学习，鲜有机会接受跨文化培训以及就职培训（Pearce，1998）。尽管如此，聘用学校却仍然希望他们对“国际学校”的性质有深刻的了解。鉴于各学校千差万别，要做到这一点谈何容易（Hayden and Thompson，1998）。再者，在关于国际学校的文献中，“就职培训”一词通常只是被解读为“工作定位”——旨在帮助新教师迅速度过具有积极影响的调适期的一种管理活动（Smalley，1995）。

几乎所有公关人员都整天在学校里忙碌，但像拜访大使馆和国际大公司这样的活动却很少见诸行动。更令人意想不到的是，他们与当地社区的联系也很少（Bunnell，2005c）。这可能也是与工作超负荷、工作冲突相关的机会成本。当被问及如何改变现状以提高工作效率时，公关人员表示他们很想得到更多的放松、休息时间。一直都听到这样的呼声，希望给予学校公关人员更多的帮助和支持，以减轻他们的工作压力。杰克逊（Jackson，1994）提出在英国为国际学校公共关系从业人员建立一个国家级的核心机构，这一呼吁还没有得到回应，而德夫林（Devlin，1990）则建议各国际学校建立一个由学生及其家长和教师组成的公共关系委员会。研究发现，被调查的国际学校中只有一所建立了这样的委员会。

公共关系活动的组织结构

国际学校组织结构的复杂状况是让人难以置信的，尤其是一些大型或小型的国际学校更是如此，这也是国际学校发展迅速的一个直观的特征。大多数国际学校都有两位甚至三位公关人员负责那些小型的公关活动，然而他们的办公地点却不在一处，他们也很少在一起办公。有60%的公关人员可以全权处理学校公共关系的各项活动，但是在一些学生数不足300人的国际学校中，这个比例上升到了80%。2/3的公关人员配有兼职秘书，而在比较小的国际学校仅有20%的公关人员有秘书协助处理文秘工作，这可能是他们感到工作有压力的一个主要原因。

70%的大型国际学校都有专业的学校发展规划人员，负责筹措资金以及校友联络事宜，有时也处理一些学校外部关系。他们往往有专职秘书以及一间设在独立校区的单独办公室，他们往往也拥有自己独立的数据库，里面的信息是别人看不到的，这些也容易使他们产生紧张感。

仅60%的国际学校有单独负责招生的人员，也就意味着不少公关人员还要经常承担连续不断的、耗时的工作任务——陪同家长参观学校，这一点似乎已成了公关人员产生工作压力的一个重要原因。在所有这些国际学校中有1/3设立了校友办公室，负责与以前的师生员工保持联系。在规模较大的国际学校这个比例还要大一些，因为这些学校资金筹措活动更频繁。大多数公关人员抱怨与校友办公室联系太少，他们相互之间不能共享数据以及其他信息资源，这类情况往往也会导致公关人员产生紧张、急躁的情绪。总体来说，约有40%的公关人员还必须抽出大量时间与校友保持联系。由于公关活动与新闻界的联系必不可少，95%的公关人员还负责与新闻媒体打交道，而在这方面他们常常会感到才疏学浅。

许多工作超负荷的公关人员都表示，他们平时与其他同事的接触不多，10%的人觉得他们与校内其他同事隔绝了，50%的人希望与其他教职工有更多的联系和交往，甚至一些兼任公关工作的校长也有同感。与其他学校隔绝是一个更为严重的问题，有1/3的公关人员表达了这样的观点。与外界隔绝是一个很值得重视的问题，因为有研究发现一个更为宽松的工作氛围和环境文化能够增加员工的工作满意度、提高员工的身心健康水平（Mor Barak and Levin，2002）。甚至一些经验丰富的公关人员都说他们只与3名左右的同事有固定联系，而绝大多数人只是在学校开全体教职工大会时才见面。组织文化中的这种“隔离”感被认为是国际学校中普遍存在的问题。减少“职业隔离”是国际学校欧洲委员会的五个评价考核程序之一（Matthews，2003）。40%的公关人员坦言他们很想与其他学校和机构的同行有更多的接触机会。

本研究的管理应用

由于国际学校的规模往往会出现突然的、毫无预计的增长，所以国际学校公关人员的角色和职责有扩大和变化的趋势。当然，在我们进行调查时，大多数学校都是满额的，但是也存在这样的可能性，即学生人数的萎缩也会导致岗位的撤销或变动，并最终导致工作任务的调整。不管出现哪种情况，都会使公关人员职责更多、更复杂、更耗时。尽管如此，他们所得到的帮助和支持却不会有任何增加。

公关人员工作压力过重的原因到目前为止还不是很清楚，它不仅仅是由组织发展所致，或许与从业人员的性格特点也有关系。最近有研究指出，部门主管的角色一般是一个逐步变迁的过程，而专制型的部门领导也大有人在，他们整天盘算着如何扩大自己的权力范围（Kerry，2005）。还有研究者提出（Porter，2004），具有积极意义的强烈的职业道德——特别是英美公民身上——会变成有缺陷的、极端的工作狂热，这种极端的工作狂热源自高度的工作投入和过分的桀骜不驯的个性（Mudrack，2004）。有人在研究报告中指出（Oplatka，2004a），升迁到校长的职位往往要经历几个职业阶段，处于每一个阶段的校长都有自己独特的工作风格和工作组织能力。同样，个性特征也能部分地解释为什么有些教师会缺勤（Rosenblatt and Shirom，2005）。总之，国际学校公关人员的工作习惯和个性特征还需要进一步探讨和研究。

公关人员的工作被公认为是重中之重，是整个管理工作中最重要的（Barlow，1996）。然而许多公关人员却感到他们没有获得相应的地位，并不受重视，相对于不断增长的学生数而言，他们的工作并没有获得广泛地认同。他们还普遍地感觉到自己在学校的地位不及筹措资金人员。1/3 的人认为，高级管理人员并不理解他们的作用以及公关工作对学校的重要性。超过半数的公关人员持有这样的看法：公关活动没能得到应有的重视或者像以前那样得到重视。鉴于上述现象，可能会出现如下情况：公关人员为了使自己被认可，而付出的大量劳动导致了工作在某种程度上超负荷。3/4 的人感到他们没有足够的时间把工作做好，并坦言在公关活动中存在疏漏。更值得一提的是，35% 的人感到劳累过度。

这项研究似乎要揭示国际学校组织文化的各种因素，特别是关于非正式的、高度特色化的工作和活动的本质。人们都希望公关人员在任职时有充分的职业准备和培训，而事实上他们对于要从事的工作常常十分陌生。许多学校似乎有一种不切实际甚至不公平的期望值，他们期望新任用的公关人员清楚自己的工作是什么以及自己能做些什么。具有讽刺意味的是，所有行业的公关工作通常都是由一些未经培训的业余人员来完成的。

因为公关人员基本上都是单独开展工作，就此而言，公关活动存在着高度的个人主义。这也不奇怪，因为国际学校本身就是“英美式”

组织（Bartlett，1994），一种高度个人至上的组织。国际学校似乎都拥有一种基于民主和个人主义原则的“西方开放的、人文主义的文化”（Walker，2002）和价值体系。正如公关人员特别是校长所述，自主和自由的程度似乎与发展中国家校长职位的性质和现实不一致（Oplatka，2004b）。研究发现，教师们常常会因为试图用类似的方法解决相似的问题（Timperley and Robinson，2000）而无意中增加了自己的工作压力，这一点或许可以部分解释为什么公关人员工作超负荷、压力增大。

跨文化也能在某种程度上解释工作负荷问题。坎布里奇（Cambridge，2000）的解释是，国际学校大多数员工都来自汉普顿－特纳和特普纳尔（Hampden-Turner and Trompenaars，1997）所指称的“资本主义7种文化”。然而，卡特福德（Canterford，2003）指出，超过一半的教师要么是美国人要么是英国人，公关人员也是如此。特拉弗斯和库珀（Travers and Cooper，1996）指出，工作压力和紧张感是导致英国22%的人请病假的根源，在法国只有1%，而英国教师反映的与劳累过度有关的问题也多于法国。

减轻从事工作的校长的工作负担、清晰界定其工作职责，有助于减少校长的频繁变动。人们普遍认为国际学校的管理工作是有压力的，大量不争的事实（Hawley，1994，1995）表明这种压力削弱了学校的管理。调查中涉及的9位具有校长身份的公关人员承担了大量耗时的、程度不等的公关活动，他们所做的与公关活动相关的事务远远多于教育营销类文献所披露的（Foskett et al.，2002），而詹姆斯和菲利普斯（James and Phillips，1995）对校长的专项研究似乎对校长们在国际学校中所承担的公关任务的实际情况估计不足。

索思沃思（Southworth，1995）认为市场化过程中校长的职责发生了巨大变化。小学校长的职责已经不仅仅是“学校管理者”（Jones，1999）而成了“首席执行官”（McEwan and Salters，1997）。现实生活中对管理活动的操心劳碌导致校长们工作超负荷以及压力倍增（Jones，1999）。许多校长认为这也容易使他们“精力分散”（Blackmore，2004）。有人专门论述了新校长在工作中将面临的一些“意想不到”的事情可能带来的消极影响（Draper and McMichael，1998），而且这种现象不是英国所特有，而是普遍存在。对澳大利亚和新西兰中学校长的研究结果显示，工作压力是工作不断变动的一个显著特征（Cranston et al.，2003），但不是对校长产生影响的唯一因素。来自澳大利亚的研究报告显示，中学副校长的工作职责和工作压力更加繁重（Cranston et al.，2004）。

在国际学校从事公共关系活动的校长们所承受的工作压力似乎特别需要加以考虑和研究。可以想见，它会对校长的自我效能感产生消极影响（Tschannen-Moran and Gareis，2004），这种消极影响反过来又会影响校长的领导效力。就整体而言，关于校长工作超负荷的档案记录是比较完整的（Cooper and Kelly，1993）。查普林（Chaplain，2001）对英国国际学校校长的研究表明，半数校长承认，他们面临着高强度的工作压力，而学校组织和结构被认为是引发压力的一个重要因素。缅因州84%的校长因为工作超负荷而产生紧张感（Harvey，2002），爱尔兰75%的小学校长也是如此（Irish Primary Principals Network，2005）。大多数述及教师工作压力的文献都指出，教师产生工作压力的主要原因是工作负担重、工资报酬低以及社会对教师的评价（Spear，et al.，2000）。

理论上关于公共关系活动与校长身心健康之间的关系福斯克特等人（Foskett et al.，2002：421）阐述得比较透彻。他们提出了4种假设，认为“市场化的特征可能使校长们在工作中倍感精疲力竭”，而且“由于受到来自工作上的、组织上的各种重大事件的刺激，校长职务所带来的职业紧张程度不断增加”。他们提出的另外两个假设具有积极意义：市场化“可以促进校长的职业发展”，并且“可以唤起校长的自我提升意识”。“校长职业提升”这个概念主要是指提高技能、提高与工作相关的知识以及树立并提高自身形象（Ruohotie，1996）。这对于国际学校的校长同样适用，因为他们有着更大的自主权和自由空间。

在研究过程中，接受访谈的校长们表示，他们在从事公共关系的活动中也得到了快乐，尤其是带领家长参观校园更是如此。他们觉得，与学校普通员工和校董们相比，公关人员被赋予了更多的职权。他们乐于接受在招生和提高学校形象等公关活动中所遇到的各种挑战。这种敢于接受挑战和自我发展的意识正是“自我提升”这一概念的核心（Hudson，1991），这与伍兹（Woods，1993）的研究结果不谋而合。因此，可以放心地说关于市场化对国际学校校长良好心理状况的影响，福斯克特等人（Foskett et al.，2002）所提出的4种假设或许在某种程度上是适用的，尽管这一点还需要更多的实证研究来证明。

减轻工作压力的途径

减轻公关人员的工作压力有许多方法，尽管每一种方法都有潜在的困难和阻碍。首先，减少国际学校公关人员一般性的管理事务，这是有例可循的。对荷兰 18 所国际学校（Edelenbos and de Jong-Heeringa，2003）的调查显示 80% 的家长是在咨询了其他家长以后才作出选择的，只有 10% 的家长通过学校宣传手册和学校网站来了解学校情况。正如前面所述，学校开展的许多公关活动并没有多少实实在在的价值。麦特福（Metafour）对 60 所英国中学的研究显示，80% 的公关人员认为他们的公关活动没有实际效果（Doe，1995）。公关活动的有效性对家长选择国际学校的影响还需通过对大量样本学校开展进一步的实证研究来探讨。公关活动的有效性研究可以成为诸如国际教育联盟等独立而客观的研究机构可靠的研究资源。

其次，公关活动中某些方面的事务，例如，陪同家长参观校园等，可以委托给其他教师处理，甚至可以委托给学生，这在调查中也有大量例子。苏格兰“班级助手倡议书”（Classroom Assistant Initiative）显然为这方面的工作增添了一双“额外的手”（Wilson et al.，2003），尽管这项活动并没有达到预期的效果，但是，这双“额外的手”可以使公关人员腾出时间处理诸如与当地社区联系、数据收集等被忽视的事务。

然而，对于部分公关人员来说也存在这样的问题：如上文所述，职权范围内的某些事情，例如带领家长参观学校，实际上会导致心理上的快乐，因此，有些国际学校的校长可能不愿意把这项工作委托给别人去做。当然，这只是导致工作负担过重的部分原因之一。这里还存在着另一个问题，针对英国中学教学人员对学校营销活动的态度的研究显示，大多数人认为这项工作只是在替别人做事（Foskett et al.，2002）。尽管如此，在教育管理领域人们对“分布式领导”越来越感兴趣（Woods，2004），对“科层式领导”则越来越质疑（Davies，2003）。最近有文献阐述了分布式领导所具有的、潜在的、促进学校发展的有利影响（Harris，2004）以及“扁平式领导结构”（flat leadership structure）对减轻微观领域紧张的政治氛围的影响（Johnson，2004）。对于国际教育联盟与国家学校领导学院这两个研究伙伴来说，针对国际学校校长快速的人事变动展开研究将会是一个富有成效的领域。

再次，从逻辑上来分析，对国际学校公关人员工作压力的众多指责表明，这种工作岗位上缺乏规范的书面工作岗位说明书，已有的一些工作岗位说明书过于复杂。为了研究而收集到的、典型的公关人员工作岗位说明书竟然包含了40多项。很显然，公关人员的职责范围需要缩小，而且应该很清晰地聚焦到学校的办学目标上，同时还需要更加清晰地阐明公关人员具体的、明确的工作职责。这里还出现了一个基本问题，许多国际学校根本就没有正式的发展目标和营销目标。在谈到国际学校时，布兰西（Blaney，2001：159）的话似乎一语中的：对于国际学校的管理和校长的领导活动来说，规划不算是一项重要的内容。只有70%的公共关系从业人员表示他们需要正式的、结构化的、理性的市场营销规划，也有70%的人向莱盖特和汤普森（Leggate and Thompson，1997）坦言发展规划对于学校来说是必不可少的。

有市场营销规划的学校仅过半数，这似乎也充分证明了巴罗（Barlow，1996）的观点：为数不多的国际学校有市场营销的专业人员，而制定有效的市场策略和规划的学校更少。一般情况下，只有规模稍大的国际学校才有正式的市场规划，只有1/3的小型学校有正式的市场规划。有趣的是，或者说更令人担忧的是，有10%的学校摒弃了市场规划，理由是其学生已经很多，生源充足。莱盖特和汤普森（Leggate and Thompson，1997）还发现大多数国际学校连短期规划都没有。对于像国际教育联盟这样的独立组织来说，关于市场规划“优秀做法”的研究将是又一个富有成果的研究领域。

最后，有证据表明，许多国际学校的不断发展已经使其出现了过于复杂的组织机构，这恐怕也是公关人员工作压力增加的部分原因。现在，有些国际学校出于公关目的开始对学校机构进行改组，大中型学校尤其如此，因为这些学校都设有单独负责学校发展的主管部门和主管人员。事实上，1/5的学校正在评估设立“发展办公室”的可行性，但是有多少学校会付诸实施却不得而知。机构改组的目的在于把各自为政的公关人员集中到一起，使他们共享数据和文秘材料。小型学校认为没有必要这样做，尽管公关人员表达了他们的担忧：这样做可能会导致负责学校发展规划的人员“抢占”他们的工作，而不是真正的资源共享、责任共担。然而，这也表明：国际学校在真心实意地减轻公关人员的工作压力。对于国际教育联盟来说，国际学校的机构重组也许是另一个值得考虑的重要研究领域。

国际学校出于像公关之类的目的对内部机构进行重组并不是新鲜事。哈格里夫斯（Hargreaves，1994）曾要求建立一个“学术”型的组织，并为学校间分享资源的主张提供论据，为公关人员辞掉工作加入其他组织进行辩护。这似乎与国际教育联盟正在形成的合作意识、资源分享的价值观非常合拍。国际教育联盟的一个目的就是为各成员学校收集毕业生的信息，这将大大减轻公关人员与校友打交道的负担，同时减轻他们的工作压力。国际学校欧洲委员会2002年11月的会议讨论了国际教育联盟出现以来产生的五种可能的结果，其中一个就是“大使模式”（Hayden and Haywood，2003）。从长远的角度来看，也存在着这样的可能性：国际教育联盟承担与媒体联络的角色；如果真能这样做，将会大大减轻公关人员与新闻界打交道的工作压力。

除了微观政治环境可能造成的紧张之外，国际学校因为公共关系需要而进行的机构改组中还有另一个潜在问题。研究发现（Kyriacou and Harrison，1993），公关人员由于对自己的前途没有把握或者由于信息不畅，通过机构合并进行的改组可能会造成人际关系紧张。在香港开展的关于缩减规模对企业组织中“留任经理”的影响的研究证明这一做法会导致更大程度的工作超负荷（Leung and Chang，2002）。人们普遍认为工作单位的机构改组会导致工作人员精神上不适应（Pollard，2001）和工作压力增加（Swanson and Power，2001）。富兰和哈格雷夫（Fullan and Hargreaves，1996）论证说，机构改革，比如下放学校管理权限，会引起教师负担加重、工作压力加大，因为改革给员工留下的是一个零碎的、不连贯的经历。一般说来，所有组织都是这样。有研究（Beech and Johnson，2005）表明，组织机构战略性的改变对工作的连贯性有破坏性的影响。与工作相关的自我认同对中层领导非常重要（Busher，2005），对学校公关人员亦是如此。

还有研究（Oplatka，2005）表明，强制性地改变学校内部组织结构可以促进员工自我发展和能力的提升，对女性员工尤其如此，这在国际学校公关人员身上也非常适用。况且，越来越多的文献证明学校各职能部门的紧密团结或有凝聚力的“职业团队”有助于学校的全面发展（Visscher and Witziers，2004）。同样，把涉及公共关系方方面面因素的人统合在一起的“发展办公室”也会发挥相同的作用。当然，国际学校也要反思过去若干年中突然的、大规模的、毫无计划的扩张对学校组织带来的影响以及由此引起的工作压力对学校内部管理职位的影响。上述观点不仅适用于从事公共关系的人员，也同样适用于其他行业的从业人员。

参考文献

Association for the Advancement of International Education (AAIE) website. Available at: http//: www. aaie. org

Barlow, A. (1996) 'Strategies and Plans for Marketing International Schools', *International Schools Journal* 16 (1): 58 –65.

Bartlett, K. (1994) 'Translating Philosophy into Action', *International Schools Journal* 18: 59 –67.

Beech, N. and Johnson, P. (2005) 'Discourses of Disrupted Identities in the Practice of Strategic Change: The Mayor, the Street-fighter and the Insider-out', *Journal of Organizational Change Management* 18 (1): 31 –47.

Blackmore, J. (2004) 'Leading as Emotional Management Work in High Risk Times: The Counterintuitive Impulses of Performativity and Passion', *School Leadership and Management* 24 (4): 439 –459.

Blandford, S. and Shaw, M. (2001) 'The Nature of International School Leadership', in S. Blandford and M. Shaw (eds) *Managing International Schools*, pp. 9 –28. London: Routledge Falmer.

Blaney, J. (1991) 'The International Schools System', in P. Jonietz and N. Harris (eds) *World Yearbook of Education: International Schools and International Education*, p. 10. London: Kogan Page.

Blaney, J. (2001) 'Long Term Planning in International Schools', in M. C. Hayden and J. J. Thompson (eds) *International Schools and International Education: Improving Teaching, Management and Quality*, pp. 158 –168. London: Kogan Page.

Brown, M. and Benson, J. (2005) 'Managing to Overload?: Work Overload and Performance Appraisal Processes', *Group and Organizational Management* 30 (1): 99 –124.

Bodycott, P. and Walker, A. (2000) 'Teaching Abroad: Lessons Learned about Inter-Cultural Understanding for Teachers in Higher Education', *Teaching in Higher Education* 5 (1): 79 –94.

Bunnell, T. (2003) 'A Study of Public Relations Activity in International Schools and its use as an indicator of their Distinct Character', unpublished PhD thesis, University of Southampton.

Bunnell, T. (2004) 'Overload and Role Ambiguity in International Schools: The Evidence from Public Relations Activity', *International Schools Journal* XXIII (2): 22 - 27.

Bunnell, T. (2005a) 'Strategic Marketing Planning in International Schools', *International Journal of Educational Management* 19 (1): 59 - 66.

Bunnell, T. (2005b) 'Career Metaphor and the International School Teacher', *International Schools Journal* XXIV (2): 59 - 67.

Bunnell, T. (2005c) 'Perspectives on International Schools and the Nature and Extent of Local Community Contact', *Journal of Research in International Schools* 4 (1): 43 - 63.

Bush, T. and Jackson, D. (2005) 'Preparation for School Leadership', *Educational Management Administration & Leadership* 30 (4): 417 - 429.

Busher, H. (2005) 'Being a Middle Leader: Exploring, Professional Identities', *School Leadership and Management* 25 (2): 137 - 153.

Caldwell, B. (2004) 'A Strategic View of Efforts to Lead the Transformation of Schools', *School Leadership and Management* 24 (1): 81 - 99.

Cambridge, J. (2000) 'International Schools, Globalization and the Seven Cultures of Capitalism', in M. C. Hayden and J. J. Thompson (eds) *International Schools and International Education: Improving Teaching, Management and Quality*, pp. 179 - 192. London: Kogan Page.

Cambridge, J. (2002) 'Recruitment and Deployment of Staff: A Dimension of International School Organization', in M. C. Hayden, J. J. Thompson and G. Walker (eds) *International Education in Practice: Dimensions for National and International Schools*. pp. 158 - 169. London, Kogan Page.

Cambridge, J. and Thompson, J. J. (2004) 'Internationalism and Globalization as Contexts for International Education', *Compare* 34 (2): 161 - 175.

Canterford, G. (2003) 'Segmented Labour Market in International Schools', *Journal of Research in International Education* 2 (1): 47 - 65.

Carber, S. and Reis, S. (2004) 'Commonalities in IB Practice and the Schoolwide Enrichment Model', *Journal of Research in International Education* 3 (3): 339 - 359.

Castle, M. (1991) 'Heads Press for PR Skills', *Times Educational Supplement* 14 September: 12.

Chan Po King, B. (2004) 'Educating the 21st Century Child: A New Approach to International Education', paper presented at The Alliance for International Education Conference, Dusseldorf, 2 October.

Chaplain, R. (2001) 'Stress and Job Satisfaction among Headteachers: A Question of Balance', *Educational Management Administration & Leadership* 29 (2): 197 – 215.

Coles, A. and Kaur, H. (2004) 'Building Communities across Continents', *IB World Magazine* 41: 17.

Conley, S. and Woosley, S. (2000) 'Teacher Role Stress, Higher Order Needs and Work Outcomes', *Journal of Educational Administration* 38 (2): 179 – 201.

Cooper, C. and Kelly, M. (1993) 'Occupational Stress in Head Teachers: A National UK Study', *British Journal of Educational Psychology* 63: 130 – 143.

Cranston, N., Ehrich, L. and Billot, J. (2003) 'The Secondary School Principalship in Australia and New Zealand: An Investigation of Changing Roles', *Leadership and Policy in Schools* 2 (3): 159 – 188.

Cranston, N., Tromans, C. and Reugebrink. M. (2004) 'Forgotten Leaders: What Do We Know about the Deputy Principalship in Secondary Schools?', *International Journal of Leadership in Education* 7 (3): 225 – 242.

Danish Ministry of Education (2004) 'Enhanced Internationalisation of Danish Education and Training', *Policy Paper to Parliament* April.

Davies, E. (1988) 'PR—Why Bother?', *Management in Education* 2 (1): 34 – 36.

Davies, B. (2003) 'Rethinking Strategy and Strategic Leadership in Schools', *Educational Management Administration & Leadership* 31 (3): 295 – 312.

De Vita, G. and Case, P. (2003) 'Rethinking the Internationalisation Agenda in UK Higher Education', *Journal of Further and Higher Education* 27 (4): 383 – 398.

Devlin, T. (1990) 'Paying for PR', *School Governor* October: 28 – 29.

Devlin, T. and Knight, K. (1989) *PR and Marketing in Schools.* London: Heinemann.

Doe, B. (1995) 'Marketing Is Unmapped Territory', *Times Educational Supplement* 13 October: 6.

Draper, J. and McMichael, P. (1998) 'Making Sense of Primary Headship: The Surprises Awaiting New Heads', *School Leadership and Management* 18 (2): 197 – 211.

Droppert, A. and Bale, R. (1985) 'International School Administration: Constraints and Stresses', *International Schools Journal* 10: 45 – 56.

Edelenbos, P. and de Jong-Heeringa, P. (2003) *Image of and Expectations towards Dutch International Schools.* GION, Institute for Educational Research, University of Groningen.

Elrick, J. (1996) 'Aspirant for PR Strikes it Lucky', *Times Educational Supplement* 13 September.

Ellwood, C. (2004) 'From the Editor', *International Schools Journal* XXIV (1): 5.

Fail, H., Thompson, J. J. and Walker, G. (2004) 'Belonging, Identity and Third Culture Kids', *Journal of Research in International Education* 3 (3): 319 – 338.

Foreman, M. (1981) 'The Effect of Bilingualism on Cognitive Development', *International Schools Journal* 1: 73 – 81.

Foskett, N. (1992) *Managing External Relations in Schools.* London: Routledge.

Foskett, N., Hemsley-Brown, J. and Oplatka, I. (2002) 'The Voice of Teachers in Marketing Their School: Personal Perspectives in Competitive Environments', *School Leadership and Management* 22 (2): 177 – 196.

Foskett, N., Lumby, J. and Fidler, B. (2005) Evolution or Extinction? Reflections on the Future of Research in Educational Leadership and Management', *Educational Management Administration & Leadership* 33 (2): 245 – 253.

Frembgen, L. (2003) 'Problem Isn't with Teachers but with Unscrupulous Heads', *The International Educator* April: 16.

French, J. (1992) 'Marketing and PR for Schools', in J. Donnelly (ed.) *The School Management Handbook*, pp. 26 – 34. London: Kogan Page.

Friedman, T. (2000) *The Lexus and the Olive Tree.* New York: Anchor Books.

Fullan, M. and Hargreaves, A. (1996) *What's Worth Fighting for in Your School?*, 2nd edn. New York: Teachers' College Press.

Gacel-Avila, J. (2005) 'The Internationalisation of Higher Education: A Paradigm for Global Citizenry', *Journal of Studies in International Education* 9 (2): 121 – 136.

Goodman, D. (1986) 'Transcending the National: Unfinished Agenda for International Schools', in B. Bereday and M. Lauwerys (eds) *The Year Book of Education*, pp. 7 – 9. New York: Harcourt, Brace, Jovanovich.

Gorard, S., Rushforth, K. and Taylor, C. (2004) 'Is There a Shortage of Quantitative Work in Educational Research?', *Oxford Review of Education* 30 (3): 371 – 395.

Gunesch, K. (2004a) 'Education for Cosmopolitanism: Cosmopolitanism as a Personal Identity Model for and within International Education', *Journal of Research in International Education* 3 (3): 251 – 275.

Gunesch, K. (2004b) 'International Education's Internationalism Complemented by Cosmopolitanism: A Personal Cultural Identity Model', *IB Research Notes* 4 (4): 2 – 6.

Halpin, T. and Owen, G. (2004) '... but They Still Last Longer than Fatcats', *The Times* 1 May: 7.

Hampden-Turner, C. and Trompenaars, F. (1997) *Riding the Waves of Culture.* London: Nicholas Brealey.

Hanchanlash, C. (2004) 'International Cultural Overpass: Its Relation to an Alienation from Indigenous Culture', *International Schools Journal* XVIII (2): 7 – 16.

Handy, C. (1985) *Understanding Organizations*. London: Penguin.

Harding, P. (1999) 'Small Schools: Does Size Really Matter', *International Schools* 1 (2): 17.

Hardman, J. (2001) 'Improving Recruitment and Retention in Quality Overseas Teachers', in S. Blandford and M. Shaw (eds) *Managing International Schools*, pp. 123 – 135. London: Routledge Falmer.

Hargreaves, D. (1994) *The Mosaic of Learning: Schools and Teachers for the Next Century*. London: DEMOS.

Harris, A. (2004) 'Distributed Leadership and School Leadership', *Educational Management Administration & Leadership* 32 (1): 11 – 24.

Harvey, T. (2002) 'Professional Vitality and the Principalship: A Construct Validity Study', unpublished PhD dissertation, University of Maine.

Hayden, M. C. (2001) 'International Education in Practice', in M. C. Hayden and J. J. Thompson (eds) *International Education: Principles and Practice*, pp. 1 – 8. London: Kogan Page.

Hayden, M. C. and Haywood, T. (2003) 'Towards an Alliance for International Education', *IB Research Notes* 3 (1): 7 – 10.

Hayden, M. C. and Thompson, J. J. (1995a) 'Perspectives of International Education: A Preliminary Study', *International Review of Education* 41 (5): 389 – 404.

Hayden, M. C. and Thompson, J. J. (1995b) 'International Schools and International Education: A Relationship Reviewed', *Oxford Review of Education* 21 (3): 327 – 334.

Hayden, M. C. and Thompson, J. J. (1997) 'International Schools and International Education: A Relationship Reviewed', *Oxford Review of Education* 21 (3): 327 – 344.

Hayden, M. C. and Thompson, J. J. (1998) 'International Education: Perceptions of Teachers in International Schools', *International Review of Education* 44 (5 – 6): 549 – 568.

Hayden, M. C. and Thompson, J. J. (2000) 'International Education: Flying Flags or Raising Standards?', *International Schools Journal* XIX (2): 48 – 56.

Hayden, M. C. and Thompson, J. J. (2001) 'Preface to the Paperback Version', in M. C. Hayden and J. J. Thompson (eds) *International Education: Principles and Practice*, pp. xii – xix. London: Kogan Page.

Hayden, M. C., Thompson, J. J. and Walker, G. (2002) 'Preface to the Paperback Version', in M. C. Hayden, J. J. Thompson and G. Walker (eds) *International Education in Practice: Dimensions for National and International Schools*, pp. xiv – xviii.

London: Kogan Page.

Haywood, T. (2005) 'The Alliance for International Education—Making Possible the Age of Influence', *International Schools Journal* XXIV (2): 7 – 16.

Hawley, D. (1994) 'How Long Do International School Heads Survive? (Part 1)', *International Schools Journal* 14 (1): 8 – 21.

Hawley, D. (1995) 'How Long Do International School Heads Survive? Part 2', *International Schools Journal* 14 (2): 23 – 36.

Hendrix, W., Ovalle, N. and Troxler, R. (1985) 'Behavioral and Physiological Consequences of Stress and its Antecedent Factors', *Journal of Applied Psychology* 70: 188 – 201.

Heyward, M. (2002) 'From International to Intercultural: Redefining the International School for a Globalized World', *Journal of Research into International Education* 1 (1): 9 – 32.

Hill, I. (2004) 'Early Stirrings in International Education Movement Part VII: IB Diploma Curriculum Design: late 1960s-early 1970s', *International Schools Journal* XXIII (2): 67 – 75.

Holderness, J. (2001) 'Teaching and Managing English as an Additional or Second Language in International Schools', in S. Blandford and M. Shaw (eds) *Managing International Schools*, pp. 63 – 79. London: Routledge Falmer.

Hudson, F. (1991) *The Adult Years: Mastering the Self-Renewal.* San Francisco, CA: Jossey-Bass.

Irish Primary Principals Network (2005) Available at: http://www.ippn.ie/news.php#49. Accessed 18 March.

Jackson, P. (1994) 'Changing Attitudes to Marketing in British Schools', *Education Today* 44 (2): 23 – 28.

Jackson, M. (2005) 'Who Are the Real International Teachers?', *International Schools Magazine* 7 (2): 22 – 24.

James, C. and Phillips, J. (1995) 'The Practice of Educational Marketing in Schools', *School Educational Management and Administration* 23 (2): 75 – 89.

Jefkins, F. (1989) *Public Relations for your Business.* London: Mercury Books.

Johnson, B. (2004) 'Local School Micropolitical Agency: An Antidote to New Managerialism', *School Leadership and Management* 24 (3): 267 – 286.

Johnson, B. and Fauske, J. (2005) 'Introduction: Organizational Theory, Educational Leadership and Educational Research', *Journal of Educational Administration* 43 (1): 5 – 8.

Jones, N. (1999a) 'The Changing Role of the Primary School Head: Reflections from the Front Line', *Educational Management Administration & Leadership* 27 (4): 441 – 451.

Jones, N. (1999b) 'The Real World Management Preoccupations of Primary Schools Heads', *School Leadership and Management* 19 (4): 483 – 495.

Jonietz, P. (1991) 'Preface', in P. Jonietz and D. Harris (eds) *World Yearbook of Education 1991: International Schools and International Education.* London: Kogan Page.

Keen, C. and Greenall, J. (1987) *PR Management in Colleges, Polytechnics and Universities.* Banbury: HEIST.

Kerry, T. (2005) 'The Evolving Role of the Head of Department', *London Review of Education* 3 (1): 65 – 80.

Kemery, E., Mossholder, K. and Bedeian, A. (1985) 'Role Stress, Physical Symptomatoloty, and Turnover Intentions: A Causal Analysis of Three Alternative Specifications', *Journal of Occupational Behavior* 8: 11 – 23.

Kinnunen U. and Leskinen E. (1989) 'Teacher Stress during a School Year: Covariance and Mean Structure Analyses', *Journal of Occupational Psychology* 62: 111 – 122.

Kotler, P. and Fox, K. (1985) *Strategic Marketing for Educational Institutions.* Upper Saddle River, NJ: Prentice-Hall.

Kyriacou, C. and Harrison, P. (1993) 'Teacher Stress and School Merger', *School Organisation* 13 (3): 297 – 302.

Leach, R. (1969) *International Schools and Their Role in the Field of International Education.* Oxford: Pergamon Press.

Leggate, P. and Thompson, J. J. (1997) 'The Management of Development Planning in International Schools', *International Journal of Educational Management* 11 (6): 268 – 273.

Leung, A. and Chang, L. (2002) 'Organizational Downsizing: Psychological Impact on Surviving Managers in Hong Kong', *Asia Pacific Business Review* 8 (3): 76 – 94.

Littleford, J. (1999) 'Leadership of Schools and the Longevity of School Heads', *International Schools Journal* XIX (1): 23 – 34.

Male, D. and May, D. (1998) 'Stress and Health, Workload and Burnout in Learning Support Coordinators in Colleges of Further Education', *Support for Learning* 13: 134 – 138.

Matthews, M. (1989) 'The Scale of International Education', *International Schools Journal* 17: 7 – 17.

Matthews, M. (2003) *Appraisal for Teachers and Heads in International Schools.* Petersfield, UK: ECIS.

Matthews, J. and Sidhu, R. (2005) 'Desperately Seeking the Global Subject: International Education, Citizenship and Cosmopolitanism', *Globalisation, Societies and Education* 3 (1): 49 – 66.

McEwan, A. and Salters, M. (1997) 'Values and Management: The Role of the Primary School Headteacher', *School Leadership and Management* 17 (1): 69 – 80.

Mor Barak, M. and Levin, A. (2002) 'Outside the Corporate Mainstream and Excluded from the Work Community: A Study of Diversity, Job Satisfaction and Well Being', *Community, Work and Family* 5 (2): 13 – 157.

Morrow, C. (1994) 'Stress in an International School: One Administrator's Approach to its Management', *International Schools Journal* 27: 18 – 26.

Mudrack, P. (2004) 'Job Involvement, Obsessive-compulsive Personality Traits, and Workaholic Behavioral Tendencies', *Journal of Organizational Change Management* 17 (5): 490 – 508.

Murphy, E. (2000) 'Questions for the New Millennium', *International Schools Journal* 14 (2): 5 – 10.

Oplatka, I. (2004a) 'The Principal's Career Stage: An Absent Element in Leadership Perspectives', *International Journal of Leadership in Education* 7 (1): 43 – 55.

Oplatka, I. (2004b) 'The Principalship in Developing Countries: Context, Characteristics and Reality', *Comparative Education* 40 (3): 427 – 448.

Oplatka, I. (2005) 'Imposed School Change and Women Teachers' Self-renewal: A New Insight on Successful Implementation of Changes in Schools', *School Leadership and Management* 25 (2): 171 – 190.

Pearce, R. (2003) 'Cultural Values for International Schools', *International Schools Journal* 12 (2): 59 – 65.

Peel, R. (1998) 'International Education Comes of Age', *International Schools Journal* XVII (2): 12 – 17.

Peridot Press (2004) *Guide to International Schools*, 6th edn. Saxmundham, UK: John Catt Educational Ltd.

Pettegrew, L. and Wolfe, G. (1981) *Validating Measures of Teacher Stress.* Nashville, TN: George Peabody College, Vanderbilt University.

Phillips, J. (2002) 'The Third Way: Lessons from International Education', *Journal of Research in International Education* 1 (3): 159 – 182.

Pithers, R. T. and Soden, R. (1998) 'Scottish and Australian Teacher Stress and Strain: A Comparative Study', *British Journal of Educational Psychology* 68 (2): 269 – 279.

Pollard, T. (2001) 'Changes in Mental Well-being, Blood Pressure and Total Cholesterol Levels during Workplace Reorganization: The Impact of Uncertainty', *Work and Stress* 15 (1): 14 – 28.

Porter, G. (2004) 'Work, Work Ethic, Work Excess', *Journal of Organizational Change Management* 17 (5): 424 – 439.

Pyvis, D. (2005) 'Culture Shock and the International Student "Offshore"', *Journal of Research in International Education* 4 (1): 23 – 42.

Richards, N. (2002) 'Professional Development: An International Schools' Perspective', in M. C. Hayden, J. J. Thompson and G. Walker (eds) *International Education in Practice: Dimensions for National and International Schools*, pp. 99 – 111. London, Kogan Page.

Rizvi, F. (2004) 'Debating. Globalization and Education after September 11', *Comparative Education* 40 (2): 157 – 171.

Roberts, B. (2005) 'Allies in International Education', *International School Magazine* 7 (5): 8 – 11.

Rosenblatt, Z. and Shirom, A. (2005) 'Predicting Teacher Absenteeism by Personal Background Factors', *Journal of Educational Administration* 43 (2): 209 – 225.

Ruohotie, P. (1996) 'Professional Growth and Development', in K. Leithwood, J. Chapman, D., Corson, P. Hallinger and A. Hart (eds) *International Handbook of Educational Leadership and Administration*, pp. 419 – 445. Dordrecht: Kluwer Academic Press.

Sai Wong, K. and Hing Cheuk, W. (2005) 'Job-related Stress and Social Support in Kindergarten Principals: The Case of Macau', *International Journal of Educational Management* 19 (3): 183 – 196.

Simkins, T. (2005) 'Leadership in Education: "What Works" or "What Makes Sense"?', *Educational Management Administration & Leadership* 33 (1): 9 – 26.

Sklair, L. (2001) *The Transnational Capitalist Class.* Oxford: Blackwell.

Smalley, L. (1995) *Effective Induction and Training.* London: Kogan Page.

Smylie, M. (1999) 'Stress in Time of Reform', in R. Vandenberghe and A. Huberman (eds) *Understanding and Preventing Teacher Burnout*, pp. 59 – 84. Cambridge: Cambridge University Press.

Southworth, G. (1995) *Talking Heads: Voices of Experience.* Cambridge: University of Cambridge Press.

Sullivan, S. and Bhaqat, S. (1992) 'Organizational Stress, Job Satisfaction and Job Performance: Where Do We Go from Here?', *Journal of Management* June. Available at: http://www.findarticles.com/p/articles/mi_m4256/is_n2_v18/ai_12720965.

Accessed 8 November 2004.

Spear, M., Gould, K. and Lee, B. (2000) *Who Would be a Teacher? A Review of Factors Motivating and Demotivating Prospective and Practising Teachers.* Slough: NFER.

Stephenson, P. (2004) 'Global Creativity: Introduce a Creative , Element to Your Teaching through Global Collaboration', *Improving Schools* 7: 297 - 299.

Squire, L. (2001) 'School Improvement and Professional Development in International Schools', in S. Blandford and M. Shaw (eds) *Managing International Schools*, pp. 105 - 122. London: Routledge Falmer.

Sylvester, R. (2002) 'Mapping International Education: A Historical Survey 1893 - 1944', *Journal of Research in International Education* 1 (1): 91 - 126.

Sylvester, R. (2003) 'Further Mapping of the Territory of International Education in the 20th century (1944 - 1969)', *Journal of Research in International Education* 2 (2): 185 - 204.

Sylvester, R. (2005) 'Framing the Map of International Education (1969 - 1998)', *Journal of Research in International Education* 4 (2): 123 - 151.

Swanson, V. and Power, K. (2001) 'Employees' Perceptions of Organizational Restructuring: The Role of Social Support', *Work and Stress* 15 (2): 161 - 178.

Terwilliger, R. (1972) 'International, Schools: Cultural Crossroads', *The Educational Forum* 36 (3): 359 - 363.

Thearle, C. (1999) 'Women in Senior Management Positions in International Schools', *International School Journal* 17 (2): 38 - 47.

Thomas, P. (1998) 'Education for Peace: The Cornerstone of International Education', in M. C. Hayden and J. J. Thompson (eds) *International Education: Principles and Practice*, pp. 103 - 118. London: Kogan Page.

Tikly, L. (2004) 'Education and the New Imperialism', *Comparative Education* 40 (2): 173 - 198.

Timperley, H. and Robinson, M. (2000) 'Workload and the Professional Culture of Teachers', *Educational Management Administration & Leadership* 28 (1): 47 - 62.

Travers, C. and Cooper, C. (1996) *Teachers Under Pressure: Stress in the Teaching Profession.* London: Routldege.

Tschannen-Moran, M. and Gareis, C. (2004) 'Principals' Sense of Efficacy: Assessing a Promising Construct', *Journal of Educational Administration* 42 (5): 573 - 585.

Tsuneyoshi, R. (2004) 'The "New" Foreigners and the Social Reconstruction of Difference: The Cultural Diversification of Japanese Education 1', *Comparative Education* 40 (1): 55 - 81.

Tsuneyoshi, R. (2005) 'The Dilemmas and Possibilities of Study Abroad Programs Using English', *Journal of Research in International Education* 4 (1): 65 – 86.

Useem, R. (1976) 'Third Culture Kids', *Today's Education* 65 (3): 103 – 105.

Vidovich, L. (2004) 'Towards Internationalizing the Curriculum in a Context of Globalization: Comparing Policy Processes in Two Settings', *Compare* 34 (4): 443 – 461.

Visscher, A. and Witziers, B. (2004) 'Subject Departments as Professional Communities?', *British Educational Research Journal* 30 (6): 785 – 800.

Walker, A. and Dimmock, C. (2004) 'The International Role of the NCSL: *Tourist, Colporteur or Confrere?*', *Educational Management Administration & Leadership* 32 (3): 269 – 287.

Walker, G. (2000a) 'One Way Streets of Our Culture', *International Schools Journal* 14 (2): 9 – 11.

Walker, G. (2000b) 'International Education: Connecting the National to the Global', in M. C. Hayden and J. J. Thompson (eds) *International Schools and International Education: Improving Teaching, Management and Quality*, pp. 193 – 209. London: Kogan Page.

Walker, G. (2002) 'The Language of International Education', in M. C. Hayden, J. J. Thompson and G. Walker (eds) *International Education in Practice: Dimensions for National and International Schools*, pp. 208 – 216. London: Kogan Page.

Walker, G. (2003) 'IBO: Now for the Stage of Influence', *International Schools Magazine*, 6 (1): 9.

Watts, R. (1977) *PR for Top Management.* New Malden: Crozer Publications.

Weindling, M. and Earley, N. (1987) *Secondary Headship: The Early Years.* London: NFER.

Wilkinson, D. (2002) 'International Education and Issues of Governance', in M. C. Hayden, J. J. Thompson and G. Walker (eds) *International Education in Practice: Dimensions for National and International Schools*, pp. 185 – 196. London: Kogan Page.

Wilson, V., Schlapp, U. and Davidson, J. (2003) 'An Extra Pair of Hands: Managing Classroom Assistants in Scottish Primary Schools', *Educational Management Administration & Leadership* 31 (2): 189 – 205.

White, P. (1998) 'Heads Mentors Deserve Better', *Times Educational Supplement* 2 January: 22.

Woods, P. (1993) Responding to the Consumer: Parental Choice and School Effectiveness, *School Effectiveness and School Improvement* 4: 205 – 229.

Woods, P. (2004) 'Democratic Leadership: Drawing Distinctions with Distributed Leadership', *International Journal of Leadership in Education* 7 (1): 3 – 26.

Yamato, Y. (2003) *Education in the Market Place: Hong Kong's International Schools and their Mode of Operation.* Hong Kong: The University of Hong Kong Comparative Education Research Centre.

Young, B. and Brooks, M. (2004) 'Part Time Politics: The Micropolitical World of Part-time Teaching', *Educational Management Administration & Leadership* 32 (2): 129 – 148.

Zilber, E. (2005) 'International School Educators and Their Children', *Journal of Research in International Education* 4 (1): 5 – 22.

[作者简介]

特里斯坦·邦内尔，哥本哈根国际学校经济学系主任。他论述了公共关系活动是国际学校的一个独有特征，并因此获得了南安普敦大学博士学位。

[联系方式]

TRISTAN BUNNELL, Copenhagen International School. Hellerupvej 22 – 26, 2900 Hellerup, Denmark. [email: tristanbunnell@ cisdk. dk]

关键词翻译对照表

Aboriginal people	土著人
accountability	问责制
Alliance for International Education, AIE	国际教育联盟
alternative functioning combinations	替代性职责组合
ambassador model	大使模式
an Indigenous world	土著世界
anti-racist	反种族主义者
audit Commission	审查委员会
Australian Research Council	澳大利亚研究委员会
autism	孤独症
basic capabilities	基本能力
Beacon School	灯塔学校
beacon special school	灯塔特殊学校
behavioural difficulties	行为障碍
Best Value in England	英格兰优值计划
black refugees	黑人难民
Blueprint for Government Schools	《公立学校发展蓝图》
book clubs	图书俱乐部
British Institute of PR	不列颠公共关系研究所
British private school Dulwich College	英国私立德威学校
career-changers	跳槽的人
center for behavioural research, CBR	行为研究中心
Certre for Behavioural Research at Stavanger University College, CBR	挪威斯塔凡格大学行为研究中心
Chief HMI	（英国）皇家大督学
Children Care Provision	《关爱孩子法案》
chung	忠诚
classroom leadership	课堂领导
cognitive dissonance theory	认知不和谐理论
co-leadership	合作领导

combined capabilities	综合才能
communitarianism	社群主义
communities of practice	实践社团
conceptual map	概念地图
conflicts of power	权力冲突
Confucian	儒家
constructionalist leadership	建构主义者领导
contingency theory	权变理论
core competencies	核心能力
cosmopolitanism	世界主义
critical pedagogy	批判教育学
cross-culture	跨文化
cross-sectional investigations	横断调查
cultural change	文化变革
culturally Indigenous ways of knowing research	研究土著文化的方式
curriculum leadership	课程领导
Deakin University	迪肯大学
decentralised strategic	分权战略
decentralization of power	赋权，分权
deceptive discourse	虚假叙述
defending routines	防御性惯例
democratic leadership	民主型领导
demographic	人口统计学
Department of Education and Employment, DfEE	英国教育与就业部
dependent variable	因变量
Diamond Organizational Model	钻石组织模型
director of logistics	后勤主任
Disability Discrimination Act 1995	《1995 年残疾歧视法案》
disablism	残疾歧视
disadvantaged groups	弱势群体
dispersal and distribution of power	权力的分布和分配
distributed leadership	分布式领导
district director	学区主管

diversity indicators	多元化指标
diversity management	多元化管理
diversity	多元化
double binds	双重承诺
dysfunctional	功能紊乱
Early Years Development and Childcare Plan	早期发展与关爱孩子计划
economic regeneration	经济再生
Education Action Zones	教育行动区域计划
Educational Leadership Ltd	教育领导有限公司
emergent strategy	即时战略
emotional and behavioural difficulties	情绪行为障碍
emotional difficulties	情绪障碍
emotional leadership	情感型领导
empirical	实证主义
entrepreneurialism	企业家精神
equal opportunities	机会平等
Estyn	威尔士地方教育监督机构
ethical leadership	道德型领导
ethnic balance	种族平衡
European Directives	《欧洲法令》
Excellence in Cities	杰出城市项目
exemplary classroom performance	示范性的课堂表现
External Relations Officer	校外关系主管
factor analysis	因素分析
failing schools	薄弱学校
federation	联盟
feminist	女性主义者
flat leadership structure	扁平式领导结构
forward planning	远景规划
Frankfurt International School	法兰克福国际学校
functionally illiterate	功能性文盲
further education colleges	继续教育学院
GCSE	普通中等教育证书

gender balance	性别平衡
general affairs section	总务处
genocide	种族灭绝
Global nomads	国际流动学生
good business	优质商机
good education	良好教育
goodness	善
Greek Republic	希腊共和国
harmonic mean	调和平均数
heads of department, HoDs	学科组长
Headteachers Induction Programme, HIP	校长入职程序
headteacher	校长
HEI	皇家督学
Her Majesty's Chief Inspector of Education and Training in Wales	威尔士皇家首席教育与培训督学
Her Majesty's Inspector of Education in Scotland	苏格兰皇家教育督学
Higher Colleges of Technology in the United Arab Emirates	阿拉伯联合酋长国高等技术大学
homogeneous	同质性
homogenise leadership	同化领导
homogenization of theory	一元化的理论
homogenize	同质化
homogenous subsets	同质性子集
homosociability	同质社交性
humanist	人文主义
inauthentic practice	虚假的行为
inclusive school	全纳学校
independent variable	自变量
indifference	无动于衷
individualism	个人主义
information structures	信息体系
ingroup	内部集团
instructional leadership	教学领导

integration	一体化
internal capabilities	内在潜能
internals	内控论
international education	国际教育
international school	国际学校
international students	国际学生
internationally-minded	国际意识
intrapreneurship strategic	内部企业家战略
job comfort	工作舒适度
job fulfilment	工作成就感
job satisfaction	工作满意度
jobholder	工作者
knower	求知者
knowing	求知
knowledge management	知识管理
knowledge transfer	知识转化
Leader Behaviour Description Questionnaire, LDBQ	领导行为描述问卷
Leadership Development Framework	领导发展框架
Leadership Incentive Grants, LIGS	领导激励基金
Leadership Programme for Serving Headteachers, LPSH	校长领导力项目
leading and managing Australian schools	领导和管理澳大利亚学校
Leading Edge Partnership Programme	前沿合伙互助计划
leading teachers	骨干教师
learnig-centred leadership	学习中心的领导
LEAs	地方教育管理机构
LEA	地方教育委员会
legalism	条文主义
locus of control	控制轨迹
longitudinal case study	纵向个案研究
maintenance (consideration)	保健取向（关心下属）

mammy work	土著工作
managing diversity	管理多元化
marginalize	边缘化
marketing officer	市场营销主管
marketing	市场营销
market-led thinking	市场导向观念
master teacher	骨干教师
memory storage	记忆存储
mental map	心灵地图
mental models	心智模式
merit selection	绩效甄选法
meta-narrative	元叙事
methodological and respondent triangulation	三角测量法
micro-political	微观政治
middle manager	中层管理者
mind-set	思维定式
moral dilemma	道德困境
moral leadership	道德领导
multi-cultural	多文化
multidimensional	多面性
multi-ethic	多种族
multifaceted educational problems	多元教育问题
multiple analysis of variance, MANOVA	多元方差分析
multiple intelligence	多元智能理论
National College for School Leadership, NCSL	国家学校领导学院
National Remodelling Team	国家重塑团队
National Standards for Headship	英格兰国家领导能力标准
negative freedoms	消极自由
negative linear relationship	负向线性关系
neo-liberal	新自由主义的
network leadership	网络领导
New Zealand principal selection process	新西兰校长甄选过程
nominal group technique, NGT	群体提案评估法
non-Aboriginal people	非土著人
non-Indigenous world	非土著世界

notions of identity	身份认同观
null hypothesis	零假设
objective realities	客观实体
Ofsted	教育标准局
one-way ANOVA	单因素方差分析
ordinary school law	普通学校法
organizational change	组织变革
organizational culture	组织文化
outgroup	外部集团
outsourcing	外部资源引进
paired-reading	配对阅读
pedagogy of leadership	领导者的教育学
peer group coaching procedure	同行小组训练程序
performance cultures	绩效文化
phonic-basic teaching	有声教学
policy on teaching and learning	教学政策
policy supply initiatives	政策后备力量方案
positive discrimination techniques	积极偏见手段
positive freedoms	积极自由
positive linear relationship	正向线性关系
post colonial theory	后殖民理论
post-colonial countries	后殖民国家
PR Audit Model	公共关系审查模式
PR Process Model	公共关系流程模式
Principal's Qualification Program, PQP	校长资格项目
principles of economic rationality	经济理性原则
professional communities	专业团队
professional development	专业发展
professional growth	专业成长
professional isolation	专业孤立
professional learning communities	专业学习团队
progressive methods of teaching	渐进式教学方法
public relations, PR	公共关系

qualitative and longitudinal approaches	质性研究和纵向研究的方法
quality assurance of teaching	确保教学质量
Questionnaire on Teacher Interaction, QTI	教师影响问卷
questionnaire	调查问卷
quick fixes	快速调整
Race Relations Amendment Act 2000	《2000年种族关系修正案》
racism	种族偏见，种族主义
radicals	激进主义者
rationale linear approach	基本线性方法
rationalism	理性主义
reflective practitioner modelse	反思性实践者模式
reflexive strategies	反思性策略
religious festivals	宗教假日
remote controlling	遥控
reserved outlook	潜在的预期
resource planning	资源规划
role conflict	角色冲突
school improvement movement	学校改进运动
school participation of the local community	学校参与地方管理
school psychology service, SPS	学校心理服务中心
School Standards and Framework Act	《学校标准与架构法案》
search for excellence	追求卓越
self-actualization	自我实现
self-report instrument	自我诊断工具
sexism	性别歧视
shared understanding	共同理解
significance values	特征值
Slippery Constructs	滑动的结构
social and hierarchical relations	社会等级关系
social identity	社会身份
social justice	社会公正
speech and language difficulties	言语障碍
standard multiple regression	标准多元回归分析
standardized coefficient beta values	标准化系数β值

standards of achievement 成就标准
standards of educational achievement 教育成就标准
strategic architecture 战略体系机构
strategic capability 战略能力
strategic intent 战略意图
strategic planning 战略规划
style of leadership and management 领导和管理的风格
styles of leadership 领导风格
superintendent 学监
sustainable leadership 可持续领导
symbolic leadership 符号型领导

task (initiating structure) 任务取向（激励结构）
teacher education degree 教师教育学位
teacher leadership 教师领导
Teacher Training Agency, TTA 英国教师培训机构
teacher's subjective realities 教师主观实体
teaching affairs section 教务处
teaching dean 教务主任
technicism 技术主义
The 2002 Education Act 《2002年教育法案》
the Association for the Advancement of International Education, AAIE 国际教育促进协会
the Commission for Racial Equality 种族平等委员会
the Cronbach alpha 克伦巴赫 α 系数
the Cronbach's alpha reliability coefficients 克伦巴赫 α 信度系数
the discrepancy model 差异模型
the European Council of International Schools, ECIS 国际学校欧洲委员会
the Hay McBer Report 《赫·麦克白报告》
the Hong Kong international school 香港国际学校
the Indigenous women 土著妇女
the inducements-contribution theory 动机—归因理论
the Innovation Unit at the Department for Education and Science （英国）教育与科学部改革处
the International Baccalaureate, IB 国际中学毕业会考制度

the International Education System Pilot Project	国际教育体制试验工程
the job characteristics model	工作特征模型
the Job Satisfaction Survey, JSS	工作满意度调查问卷
the Learning and Skills Research Centre	学习和技能研究中心
the Learning and Skills Sector	学习技能机构
the learning country	学习型国家
the Local Education Community	地方教育委员会
the Local Educational Training Centre	地方教育培训中心
the Ministry of Education	教育部
the Multifactor Leadship Questionnaire, MLQ	多因素领导调查问卷
the National Curriculum	国家课程
the National Professional Qualification for Headship, NPQH	校长专业资格检定制度
the National Union of Teachers	（英国）全国教师工会
the School Standards and Framework Act 1998	《1998 年学校标准和结构法案》
the standards agenda	标准化教育程序
the Treaty of Amesterdam	《阿姆斯特丹协议》
the University of Lincoln	林肯大学
the University of Warwick	沃里克大学
the Washington International School	华盛顿国际学校
theories of leadership	领导理论
trait theory	特质理论
transactional leadership	交易型领导
transformational classroom leadership	变革型课堂领导
transformational leadership	变革型领导
t-tests	T－检验
Tukey HSD	图基最实在性显著差异检验
two-way ANOVA	双因素方差分析
University of Athens	雅典大学
University of Bath	帕斯大学
University of Crete	克里特大学
University of Glamorgan	格拉摩根大学
University of Ioánnina	约阿尼纳大学

University of Manchester	曼彻斯特大学
University of Patra	佩特雷大学
University of the Aegean (Rhodes)	爱琴海大学（罗得岛）
University of Thessalia	帖撒罗尼迦大学
University of Thessaloniki and its branch at Flórina	塞萨洛尼基大学及其弗罗里纳分校
University of Thraki	斯拉克大学
vision statement	愿景陈述
vision	愿景
visit teachers' classroom	听课
Wales Programme for Improvement	威尔士改进计划
Western Education and Library Board	北爱尔兰西部教育与图书馆委员会
white man's world	白人男性世界
work ethic	职业道德
work-based learning organization	以工作为中心的学习型组织
workload	工作负担
workshops	工作坊
world mindedness	国际意识
written job description	工作岗位说明书
Yew Chung Education Foundation	耀中教育基金会
zone of proximal development	最近发展区

人名翻译对照表

Adey	阿迪
Al-Beraidi	埃尔贝拉迪
Alf Crossman	阿尔夫·克罗斯曼
Allison	艾利森
Alma Harris	阿尔玛·哈里斯
Ann Briggs	安·布里格斯
Antoninis	安特尼尼斯
Apple	阿普尔
Argyris	阿吉里斯
Aroha	阿罗哈
Bakioglu	贝基尔戈鲁
Ball	鲍尔
Barbara	芭芭拉
Barlow	巴洛
Bauman	鲍曼
Beachum	毕茨姆
Benjamin	本杰明
Bennett	贝内特
Benson	本森
Berger	伯杰
Bernstein	伯恩斯坦
Berry	贝里
Blackmore	布莱克莫尔
Blancy	布兰西
Blandford	布兰福德
Boisot	博伊索特
Boscardin	鲍斯卡丁
Bourdieu	布迪厄
Boyle	波义耳
Brent	布伦特

Bridges	布里奇斯
Brighouse	布里格豪斯
Brown	布朗
Brundrett	布伦德里特
Brush	布拉什
Buckley	巴克利
Bullock	布洛克
Burnham	伯纳姆
Bush	布什
Caldwell	考德威尔
Cambridge	坎布里奇
Canterford	坎特福德
Carlson	卡尔森
Castle	卡斯尔
Chaplain	查普林
Cheng	程
Chris James	克里斯·詹姆斯
Christos Saitis	克里斯特斯·塞提斯
Clark	克拉克
Coad	科德
Coleman	科尔曼
Connolly	康奈利
Cooper	库珀
Cornelius	科尼利厄斯
Crossley	克罗斯利
Cynthia Dillard	辛西娅·迪拉德
Daniel Muijs	丹尼尔·缪吉斯
Daniel	丹尼尔
Darley	达利
Darling-Hammond	达林－哈蒙德
David Mercer	大卫·默瑟
David Middlewood	大卫·米德伍德
Davies	戴维斯

Day	戴
De Pree	德·普雷
Dentith	丹提斯
Derek Glover	德里克·格洛弗
Devlin	德夫林
Dinham	迪纳姆
Ditomaso	迪托马斯
Duke	杜克
Earley	厄利
Ebers	埃博斯
Edmonson	埃德蒙森
Elizabeth Leo	伊丽莎白·利奥
Eraut	厄劳特
Eraut	伊拉奥特
Evans	埃文斯
Farrel	法瑞尔
Feldman	费尔德曼
Festinger	菲斯廷格
Fiedler	菲德勒
Fisher	费希尔
Fletcher-Campbell	弗莱彻－坎贝尔
Foskett	福斯克特
Foster	福斯特
Fox	福克斯
Fullan	富兰
Gagnon	加尼翁
Gardner	加德纳
Gewirtz	格维尔茨
Gibson	吉布森
Gillborn	吉尔伯恩
Ginsburg	金斯伯格
Glover	格洛弗

Goldstein	戈尔茨坦
Goodheart	古德哈特
Goodman	古德曼
Gratton	格拉顿
Grayson	格雷森
Gray	格雷
Greenall	格林纳尔
Griva	格利瓦
Grundy	格伦迪
Gunter	冈特
Guskey	古斯金
Hacker	哈克
Haeusler	霍伊斯勒
Hall	霍尔
Hamel	哈梅尔
Hampden-Turner	汉普顿－特纳
Handal	汉达尔
Hanfand	汉福德
Harding	哈丁
Hardman	哈德曼
Hardy	哈迪
Hargreaves	哈格里夫斯
Hawley	霍利
Hayden	海登
Helen M. Gunter	海伦·M. 冈特
Herzberg	赫茨伯格
Higgins	希金斯
Hill	希尔
Hirschhorn	赫希霍思
Hjern	耶恩
Holmes	霍姆斯
Hooijberg	霍伊伯格
Howard	霍华德
Howell	豪威尔

Hoyle	霍伊尔
Hudson	哈德森
Husband	哈斯本德
Huxham	哈克斯汉姆
Isles	艾尔斯
Jackson	杰克逊
Jacky Lumby	杰克·卢姆比
Jack	杰克
Jacobsen	雅各布森
Jacqueline Jordan Irvine	杰奎琳·乔丹·欧文
Jaeger	耶格
James S. Pounder	詹姆斯·S. 庞德
James	詹姆斯
Jill Blackmore	吉尔·布莱克莫尔
Joekes	乔克斯
Jones	琼斯
Karin Barty	卡林·芭蒂
Kassotakis	卡梭塔克斯
Kazamias	卡扎弥斯
Kedd	凯德
Keen	凯恩
Kickert	基科特
Kinnunen	金伦
Knight	奈特
Kooiman	库伊曼
Korac-Kakabadse	考拉克－卡卡巴德斯
Kotler	科特勒
Koustelios	科斯特里奥斯
Kousteliou	科斯特里欧
Kremer-Hayton	克雷默－海顿
Kristian Sood	克利斯安·索德

Lai Ri	赖日
Lam	拉姆
Leavett	利维特
Leggate	莱盖特
Len Barton	莱恩·巴顿
Leskinen	莱斯金伦
Lewin	卢因
Lieberman	利伯曼
Lingard	林加德
Little	利特尔
Locke	洛克
Lomax	洛马克斯
Lorbiecki	洛比克
Luckmann	勒克曼
Luechauer	路切尔
Luthans	卢森斯
Lynn	利恩
MacBeth	麦克贝斯
March	马奇
Maria Eliophotou Menon	玛丽亚·埃利弗欧特尤·梅纳恩
Marlene Morrison	马琳·莫里森
Marquand	马昆德
Marshall	马歇尔
Martins	马丁斯
Mattessich	马特西奇
Matthews	马修斯
Ma	马
Metafour	麦特福
Meyer	迈耶
Michael Connolly	迈克尔·康诺利
Michael Wilson	迈克尔·威尔逊
Michie	米奇
Milbourne	米尔本

Milliken	米利肯
Mintzberg	明茨伯格
Monsey	蒙西
Morrow	莫罗
Narver	纳瓦尔
Nias	尼亚斯
Nussbaum	努斯鲍姆
O'Hara	奥哈拉
O'Sullivan	奥沙利文
O'Toole	奥图尔
Ojodeetd	欧杰德
Oshagbemi	欧沙格伯弥
Oswald	奥斯瓦尔德
Paine	帕因
Papanastasiou	帕帕纳斯塔斯欧
Parry	帕里
Pascal	帕斯卡尔
Pat Thomson	帕特·汤姆森
Paula	葆拉
Pauline Perry	波林·佩里
Penelope Harris	佩内洛普·哈里斯
Perrewe	佩瑞尔
Pettegrew	皮特格鲁
Phillips	菲利普斯
Pierre	皮埃尔
Poppleton	珀普勒顿
Porter	波特
Prahalad	普拉哈拉德
Pritchard	普里查德
Proctor-Thomson	普罗克特-汤姆森
Putnam	帕特南

Qiang	强
Qucike	奎克
Reynolds	雷诺兹
Rhodes	罗兹
Ribbins	里宾斯
Richmon	里士满
Rickards	里卡兹
Riseborough	瑞斯伯诺
Roberts	罗伯茨
Rowan	罗恩
Saiti	塞提
Schaffer	谢弗
Schön	舍恩
Scott	斯科特
Senge	圣吉
Sen	森
Sharman	沙曼
Sherrill	谢里尔
Shulman	舒尔曼
Silva	席尔瓦
Simon	西蒙
Singh	辛格
Slater	斯莱特
Smylie	斯迈利
Smyth	史密斯
Sosik	苏西克
Southworth	索思沃思
Spinks	斯平克斯
Squire	斯夸尔
Stalk	斯托克
Staw	斯涛
Stewart	斯图尔特
Sullivan	沙利文

Tanya Fitzgerald	塔尼娅·菲茨杰拉德
Tett Crowther	泰特·克劳瑟
Thearle	舍尔勒
Thomas	托马斯
Thompson	汤普森
Thornes	索恩斯
Thrupp	思拉普
Tichy	蒂奇
Toonen	图恩
Travers	特拉弗斯
Trehan	特里亨
Tristan Bunnell	特里斯坦·邦内尔
Trompenaars	特普纳尔
Tsakloglou	查克洛哥楼
Van der Heijden	范·德·海登
Van	范
Vince Stroud	文斯·斯特劳德
Vygotsky	维果茨基
Walker	沃克尔
Wallace	华莱士
Walumbwa	瓦兰姆瓦
Washington	华盛顿
Wasley	瓦斯利
Weber	韦伯
Weiss	韦斯
Whilst Crowther	威斯特·克劳瑟
White	怀特
Willmott	威尔莫特
Wilson	威尔逊
Winter	温特
Wise	怀斯
Wolf	沃尔夫

Wong	黄
Woods	伍兹
Wubblels	武贝尔斯
Yamato	雅马图
York-Barr	约克－巴尔
Youdell	尤德尔
Zembylas	泽姆巴莱斯

责任编辑　吴莉莉
版式设计　尹明妤
责任校对　刘永玲
责任印制　曲凤玲

图书在版编目（CIP）数据

教育管理与领导（第2卷）/褚宏启主编．—北京：教育科学出版社，2009.12

书名原文：Educational Management Administration & Leadership

ISBN 978－7－5041－4605－2

Ⅰ．教…　Ⅱ．褚…　Ⅲ．教育管理学：领导学　Ⅳ．G46

中国版本图书馆 CIP 数据核字（2009）第111002号

北京市版权局著作权合同登记 图字：01－2009－4430号

出版发行	教育科学出版社		
社　　址	北京·朝阳区安慧北里安园甲9号	市场部电话	010－64989009
邮　　编	100101	编辑部电话	010－64981252
传　　真	010－64891796	网　　址	http://www.esph.com.cn
经　　销	各地新华书店		
制　　作	北京金奥都图文制作中心		
印　　刷	北京人卫印刷厂	版　　次	2009年12月第1版
开　　本	169毫米×239毫米　16开	印　　次	2009年12月第1次印刷
印　　张	21.25	印　　数	1—3 000册
字　　数	320千	定　　价	45.00元

如有印装质量问题，请到所购图书销售部门联系调换。

English Title:

Educational Management Administration & Leadership

The articles included in this collection are selected from the English language journal published by Sage Publications of London, Thousand Oaks, New Delhi, Singapore and Washington D. C., © British Educational Leadership, Management and Administration Society (BELMAS), 2006.